日本地域社会の歴史と民俗

神奈川大学日本経済史研究会 編

雄山閣

序

本書は、一九七〇年から一九九四年にかけて神奈川大学大学院日本経済史研究室に院生として在籍し、または研究会に参加して以来、各分野で研究活動を続けてきた研究者たちがまとめた論文集である。当時、本研究室には、近世、近現代の日本経済史を学ぶ院生が大勢集い、日々研鑽を積んでいた。修了後は、それぞれの研究場所を求めて研究室を巣立っていったが、各自がめいめいの問題関心から論文を書き上げ、このたびの刊行に漕ぎ着けたものである。

執筆にあたっては、徹底した史料批判による実証分析を重視すること、地方文書を研究素材としながらも、単に地域の個別分析にとどまらず、その個別分析を通して通説を乗り越えるような研究内容とすること、時代区分論を再検討する意味からも、時代を超えた視角をもつこと、一研究領域の限界性を克服するため、必要に応じて近接研究領域の分析手法を導入すること、などの基本方針が共通認識として織り込まれている。

ところで、本書では、統一的なテーマを設けず、各自の研究領域にそって自由にまとめる方針を採用したため、各章が独立した内容・テーマとなっている。そこで、それぞれの論文の要旨を述べて読者諸賢の便宜を図ることとしたい。

まず川鍋論文は、隠居や老人の視点から扶養や介護の問題に、江戸時代の「家」や村、地域社会がどのように関わってきたかを検討している。甲州都留郡小野村で発生した村外への強制隠居の事例では、五人組や村役人、地域社会の扱人や郷宿が関わって村外への強制隠居の処置がとられたとして、それは、「村追放」の論理と同一線上でとられた「悪」の村外への排除であると主張する。また、養子を迎えての「家」の相続についても、それは単に家業や「家」の永続を願うだけでなく、そこには老後の扶養や介護が最大の問題関心事として存在し、そのことを養子への「家産」譲り渡しと引替えに依託したものであるという見解を展開している。

田上論文は、主に元禄・宝永期に紀伊国学文路村の大畑才蔵によって著された「地方の聞書」を素材として、近世社会の根幹をなす石高および免の性格について究明したものである。この石高の規定については、初期検地の評価とあいまって、中世から近世への移行期の問題として、近世社会の成立をどのように理解するかといった問題とも関わっている。そうした重要な課題を内包しているにもかかわらず、石高の性格や免の機能についても未解明のままであり、本論文では従来の石高＝生産高説の矛盾を指摘し、石高＝年貢高説の立場から通説の克服を試みた。そのことによって、近世史をリードしてきた幕藩制構造論の再検討、新たな検地論の構築を目指そうとするものである。

泉論文は、幕末・明治初年における豪農の農業技術のあり方を、下野国河内郡下蒲生村の田村家の農業経営分析を通して考察した。そこでは、従来の商品生産か自給生産かという二者択一的な基準によって農業の発展水準を見極めようとするものではなく、経営を取りまく諸条件の中でいかなる経営努力がなされていたか、その独自で固有な発展形態を捉えようとする視角を重視している。そして、田村家は自給生産農業に生活の基盤を置き、富の蓄積にさほど執着していなかったとの結論を導き出し、その自給生産農業に基盤を置きながらも、不断の経験と観察の積み重ねを通じて、農業技術を経験科学という科学的段階にまで押し上げ、その成果を農書としてまとめたことに注目している。

関口論文は、江戸幕府が発布した一連の人身売買禁令や奉公年季制限令に関する研究成果を把握し、研究上の対立点や残された課題の確認を試みたものである。周知のように、この研究については、戦前以来の膨大な蓄積があり、封建制の成立との関わりなどその歴史的意義をめぐって活発に議論されてきた。ところが、議論の基礎となるべき法文解釈での対立点は多く、その一方で禁令の運用実態や禁令以降も人身売買が消滅していない事実についてはほとんど語られてこなかったと指摘する。筆者は、能登をはじめ各地に伝存する近世の人身売買・長年季奉公関係文書に接してきた経験から諸法令の内容と人身売買・長年季奉公の事実とを統一的に把握することの必要性を提唱している。

津田論文は、建築史学の立場から神奈川縣農会が明治三四・三五年の県下農村の様相を統計的に調べた中川村・金田村・綾瀬村・豊田村の四つの村是調査書、および大正一〇・一一年の農舎・農地を調べた『神奈川縣下における自作及小作農家四十六カ所の農舎及農地に関する現状』をもとに、当時の神奈川県下の農村及び農家の住生活の実態について解明したものである。その場合、主屋規模・宅地規模・家財道具・間取りなどが主な分析の対象となっている。本論文では、厳密な資料批判とともに、村々における主屋や宅地などの規模の違いやその変遷を江戸期とも比較検討しつつ克明に追究することにより、当時の農村の人々の生活を浮き彫りにしている。

安藤論文は、日本の軍国主義、植民地政策の負の遺産として社会政策的視点で捉えられる傾向が強かった従来の戦後開拓の評価に対し、果たして負の要素のみが戦後開拓であったのだろうかと疑問を呈して、栃木県の事例を中心にしながらその通説の克服を試みている。現在の栃木県は、内陸工業地域として大きく発展しているが、農業生産においても生乳生産量が北海道に次ぐ全国第二位、また、いちご生産はここ数年全国第一位を持続する発展を遂げており、戦後開拓がその発展、成長に大きく貢献していると主張する。主穀以外の酪農、いちご、高原野菜などの分野は、戦後開拓と何らかの関わりをもって、あるいは直接の基盤となって成長し、主産地形成していることに注目し、戦後開拓の負の面とともに正の面も評価すべきことを提言した。

及川論文では、従来の民芸運動は民衆が生活の中で営んできた生活技術に「美」という芸術観念を見いだそうという思想運動として捉えられてきたが、それは民芸運動の「運動」としての側面を一面的に捉えた見方に過ぎないとして、新たな分析視角を導入することの必要性を強調する。美の発見だけでなく、民衆の新たな経済生活を支える美の創出こそが重要であり、民芸を農家の副業として成り立たせようとする柳宗悦の思い、その実験の場となった昭和八年に山形県新庄市に設立された積雪地方農村経済調査所の所長山口弘道の信念、さらには経済更正運動の中心的人物であった小平権一の理解にも相通じるものがあるとして、民芸運動と経済更正運動との関連において考察する新たな方法論を提起した。

有馬論文は、近世中・後期から明治初年にかけて、栃木、埼玉、神奈川（三浦半島）、千葉（上総）の各地域で犂耕が実施されていた事実を立証した。とくに、その犂耕で具体的にどのように犂が使われていたのか、史料的な限界もあって不明であったが、関東地方に博物館や民俗資料館などに保存されている犂を丹念に採寸するとともに、同地方の犂耕経験者に聞き取りを行ってその使用方法を解明している。犂の形態の掌握と耕犂経験者からの精力的な聞き取りの結果、聞き取り対象とした犂耕経験者の民俗知識により、①犂の種類、②犂の機能、③犂の進め方（犂耕法）、④犂耕の階層性の四項目について新しい特性を発見するにいたった。

この三〇年間の研究動向をふり返ってみれば、近世、近現代の研究分野とも大きく推移した。しかし、地域史研究を単に地域の個別研究にとどめず、その具体的な事例研究から通説を克服するという、当時の神奈川大学大学院日本経済史研究室で学んだ研究スタイルは現在でも有効であると思われる。事実、本研究室を巣立った研究者の多くが、本書に収載した論文をはじめ、通説を塗り替えんとするような論文を発表している。その意味でも本書を公刊する意義は大きい。ただ、各執筆者にとってはいずれも中間的な仕事であり、今後さらにそれぞれの研究を深化させる必要があるが、現段階での到達点の論文としてこのような形で一書にまとめ、大方のご批判を仰ぐこととしたい。

目次

第一章

江戸時代、隠居・老人の扶養と村・地域社会

―独居老人の扶養と介護、隠居の世話と隠居免相続―

川鍋　定男

はじめに

現在の日本は高齢化社会を迎え、新たな老人介護保健制度がはじまったところであるが、両親の介護はその家族と子女におおきく依存しているのが現状である。また、都市における土地の高騰による住宅取得の困難さ、家賃の高騰などによって、一部では二世帯住宅が建てられ、親世帯と息子夫婦世帯あるいは娘夫婦世帯との同一建物内での別住・別食・別家計の暮らしが見られるようになってきている。こうした二世帯住宅での親子二世代の生活は、現代版別居隠居といってもよいであろう。

さらなる高齢化社会を迎えようとしている現在、公的な社会福祉や施設、介護の充実が必要なことは言うまでもないが、サラリーマン世帯において、子が親の看病や介護を十分にできるかというと、経済的・社会的条件のなかで難しいのが現状である。だが、都市において増えはじめた二世帯住宅での親子二世代の別住生活が志向されはじめてい

ることは、歴史的に親子がどのように生活し、親の看病や介護は庶民の「家」でどのように行われてきたのか。あるいはまた、老人の扶養や介護を江戸時代の村や地域社会はどのように受け止め、どう対処してきたのか、といった問題を歴史的にも検討してみる必要があろう。

隠居の研究については、法制史の分野で大正期に穂積陳重の『隠居論』が出版され、それに対する三浦周行・中田薫の批判が展開した。[1] その後、民俗学・社会学の分野で研究が進められ、各地の隠居慣行が明らかにされてきた。民俗学の分野で、大間知篤三は、隠居制は東北日本には薄く、西南日本に濃く分布しており、しかも太平洋側に濃厚であると指摘している。[2] 全国の民俗慣行調査の研究成果を踏まえ、また各地の隠居慣行調査をとおして日本列島上の地域的特質にも論究された、竹田　旦の『民俗慣行としての隠居の研究』がある。

近世史研究の分野において江戸時代の農民の隠居に関する研究は、太閤検地論争と相俟って検地帳登録人の性格や近世村落構造の研究のなかで進められ、畿内やその周辺村落の分析においてその存在が確認され、その役割が指摘されてきたに過ぎない。すなわち、宮川　満は、検地帳にあらわれる無屋敷登録人や三反歩以下の層は、その実態が隠居やヘヤ住の者、あるいは名子・被官などの者で、彼らは年貢を有力農民を通じて納め、有力農民の屋敷内の小家・ヘヤ・隠居などの別棟で生活していたことが指摘されている。[3] また、江戸時代の農民家族や相続問題を研究された大竹秀男によると、摂州武庫郡上瓦林村や同州西成郡大道村などで、近世前期に別家隠居（隠居分家）が行われていたことを明らかとし、この時期、そうした隠居分家制を介して分家が創出され、村の家数が増加したことを指摘している。[4] そうした隠居分家による分家の方が、近世前期の東国、相模国足柄上郡赤田村においても支配的であったことを前稿で指摘した。[5]

民俗学の研究成果によると、隠居の問題は「家」における世代交代であり、「家」の繁栄を期待した一種の再生期待がみられると指摘されている。[6] だがそれは、次世代に家督を譲った者の老後の生活方式でもあるが、農民の隠居の場合は、隠居した後も農作業に従事し、働けるまで働く隠居の姿も報告されている。(7)しかしまた、隠居は生前に家督を譲り、「家」を相続することであるが、同時にそこには扶養や介護の問題がはらまれていたことにも注目する必要がある。

本稿では、まずはじめに親子間紛争から、親が村外へ強制隠居させられた事例を検討する。これは親が望んで村外へ隠居したのでなく、本来のいわゆる隠居とは異なる。親子間紛争には色々な事例がみられるが、この親子間紛争においては、村外への強制隠居は親にとって厳しいものであり、制裁の観があった。そこでの紛争解決法には、近世後期の訴訟の時代における郷宿や村外の扱人などが入って解決する方法がみられ、そこには「村追放」の論理がみとめられたことを検討する。

江戸時代の農民の「家」では、相続人がいなかった時、養子を迎えて「家」の相続を図るが、そこには「家」の相続と永続ばかりでなく、老人の扶養や介護の問題が潜んでいた。したがって、隠居と「家」相続の問題を検討するなかで、江戸時代の隠居や老人の扶養・介護の問題にせまりたい。

有力農民の「家」では、隠居する時に隠居免の別財を保持して別竈の生活を始めるのが通例であった。だが、中小の農民が養子を迎えて隠居する場合、隠居財などを保持して隠居する余裕はなく、自分たちの扶養と介護を養子に期待しての相続であった。しかし、養子と養父母との間にはしばしば不和が起こり、なかには虐待にあう老人も出現した。そうしたことからも「孝」の徳目による親の扶養や介護の強制が必要となった。

「家産」をほとんど持たないに等しい小百姓や、子供や縁者がいない独居老人は、他村にいる縁者の弟や甥のところに引き移り、そこで老後の扶養や介護を受けた。また、町場の独居老人の場合、五人組や村、寺などが関わりをもって独居老人の介護問題を解決していたこと。そしてまた、隠居の生活資金となる隠居免の土地は、隠居の死後に本家に戻るという観念が近世後期に一般化してきたが、そうしたなかで、隠居の世話や介護と、隠居免の土地相続問題がどのように関わっていたかについても検討を加えたい。

一　隠居・老人と村・地域社会

（一）村外への強制隠居と村・地域社会

富士山の東南に位置する駿州駿東郡山之尻村では、親子間紛争に五人組や近所の者、村役人などが仲裁に入り、親を強制的に隠居させたり、あるいは別居隠居させた例がみられる[8]。また、甲州都留郡（「郡内」と称する）では、跡式（家督）相続人として迎えた養子と養父の間がうまくいかず、養父が隠居別家する場合がみられた。近世後期の東国の村々では、父子夫婦不同居を原則とする隠居でなく、親子間の不和から隠居する場合も多々みられた。親子間紛争では、親が相続人の息子を代官所へ訴えると、それに対抗して息子は、親の不行跡から「家」が存立しなくなるとして、親を代官所へ逆訴している例もみられる[9]。

江戸時代の親子間紛争では、親の側に非があって強制的に隠居させられたり、別宅させられたりする事例がみられ、常に親の側に正当性があったとは限らなかった。親子間紛争から隠居免の土地も剥奪され、父親が他村に強制隠居させられた事例を検討することにしよう。それは、富士山の北東に位置する甲州都留郡小野村でみられた、父八郎右衛門と息子与次郎との親子間紛争で、天保七年（一八三六）十二月という天保飢饉のまっただ中でみられた。

その紛争の経緯や結末は、つぎに検討する議定書から、親が不利な立場で強制隠居させられたことがわかる。しかし、そうした結末に至った親の不行跡の実態はわからない。この親子間紛争の解決には、村や地域社会が大きく関わっていたことがわかる。

その親子間紛争の仲裁議定書は、つぎのようなものである。(10)

為取替申議定一札之事

小野村八郎右衛門義、同人相続人与次郎と之間柄差縺、既ニ村内ニおいて度々取扱済方相成候義も及違変、八郎右衛門義、今般駈込為御訴訟罷出候処、下谷村郷宿五郎左衛門差押、与次郎は勿論、村役人并先立入人へも及懸合、四日市場村年寄小重郎一同取扱候ニ付、双方自得仕候処、左之通

一八郎右衛門義、是迄与次郎同居罷在候処、右様数度差縺候上は、今般立入人取扱を以、八郎右衛門義は谷村へ隠居いたし、自力および候丈、勝手宜渡世いたし、已来与次郎へ厄介不相掛、且与次郎義は、八郎右衛門跡大切ニ相続いたし、同人娘きんは与次郎方ニて致世話、実子同様ニ取計可申筈、乍併与次郎実子出生いたし候ハヽ、実子を以相続為致、若実子出生も無之候ハヽ、右きんニ相続為致候筈ニて、八郎右衛門母隠居免柴山・桑畑、其外之義は、与次郎相続之義ニ付、同人進退いたし、都合宜敷ニ取計候筈、然上は八郎右衛門義、谷村隠居ニ付候ても、一円手当無之ニ付、金壱両与次郎より差出、扱人へ受取、夫より八郎右衛門へ相渡、双方無申分熟談行届候上は、已来親子合睦敷議定通重て違変致間敷、万一心得違いたし候ハヽ、此証文を以立入人より御役所へ申立、急度御吟味受可申候、依之為取替連印証文差出申処、如件

天保七申年十二月

小野村
与次郎㊞
同人父　八郎右衛門㊞
組合総代　作左衛門㊞
組合惣代　市右衛門㊞
村役人惣代

名　主作右衛門㊞
立入人惣右衛門㊞
四日市場村年寄
扱　人小　重　郎㊞
下谷村郷宿
扱　人五郎左衛門㊞

この親子は、これまでに度々問題を起こし、五人組や村役人のあつかいで問題解決をはかってきた。だが、そうした村方の取り計らいに満足せず、父親の八郎右衛門は、ここにきて谷村陣屋へ駈込み訴をしようと、下谷村の郷宿五郎左衛門のところへ相談に行った。そうしたところ、郷宿（公事宿）は、親八郎右衛門の駈込訴を差し控えさせ、村方の息子や村役人などへそのことを連絡した。そうしたことから、村役人や立入人、さらには四日市場村の年寄小重郎と郷宿五郎左衛門が扱人となり、訴訟を止めさせ、右のような議定書を成立させて問題を解決した。

この親子間紛争では、親八郎右衛門が隣村の谷村の町場へ隠居し、勝手よろしき渡世によって自力におよぶ限り一人で生活を続け、息子与次郎には厄介を掛けないと誓約している。右の議定に、親が「自力」に「および候」だけ渡世を続けるとあるのは、自力におよばなくなった場合は、息子が面倒をみるという意を含んでいたのであろう。やはり親子間不和から親が隠居別居した他の事例では、「老衰におよび、家業不行届」節は倅方へ引き取り、「抱方（介抱）無落度致候筈」といった文言もみられ、息子が最終的に介護することが約束されている。(11)

右の議定書には、父親にとってさらに不利な隠居条件が加わった。すなわち、隠居の生活費に充てられるべき隠居免の土地（柴山・桑畑）は持たせないとある。その隠居免の土地を含め、同家の「家産」は、すべて相続人の与次郎が大切に相続するとしている。そして、隠居する八郎右衛門の娘「きん」を相続人の与次郎が養育し、実子同様に育てるとある。しかし、与次郎夫婦に実子が生まれた場合は、その実子に「家」を相続させ、実子が生まれなかった場合は「きん」に相続させるとしている。

ここで、親八郎右衛門の娘「きん」は、相続人の与次郎の妹になるが、その娘を与次郎夫婦が実子同様に育てるとしている。したがって、その「きん」はまだ幼少であったことがわかる。そして、その「きん」は、親八郎右衛門が最近、誰かに生ませた子であったのであろう。そうすると、親八郎右衛門が村外隠居となったこの親子間紛争の原因は、その娘「きん」にあったことが想像されるが、それればかりではなかったのであろう。

それはともかく、親八郎右衛門は、村を出て隣村の町場である谷村に移り、そこで自分の渡世で生活をしなければならなかった。当面の生活費として金一両を相続人が親に渡すとしているが、それも直接でなく、扱人を通して渡すとしている。そうしたところにも、この親子間紛争の溝の深さがうかがわれる。

このように、村外隠居させられる親にとっては、きわめて不利な隠居条件であったといえる。だがそうした条件で、五人組や村役人、隣村の扱人、郷宿などが入って議定書を取り交わし、親子間紛争を解決したのである。こうした解決内容になったのは、親の側に相当な非があったことによろうが、またそれは、親の行跡や行動が村社会や地域社会の常識や秩序をも乱すものであると認識されたことから、五人組や村役人、地域社会の人々が介入して村外への強制隠居となった。

この小野村の八郎右衛門は、天保七年（一八三六）十二月という天保飢饉のまっただ中で谷村の町へ強制隠居させられたわけであるが、その谷村の町は、天保七年八月十五日の夜に、七軒の米穀商が打ちこわされ、甲州騒動の先駆け的な打ちこわしが起きた町であった。郡内では天保飢饉で人口の一六、七パーセントの人々が餓死する大飢饉に突入する時期であったが、[12]そうした時期に、八郎右衛門は谷村の町で店借りをして隠居し、自力におよぶ限り一人で生活しなければならなかった。

さて、こうした五人組や村役人、扱人、郷宿が入り、「議定書」を作成しての問題解決法は、近世後期の訴訟が一般化した時代の内済（和解）方式の解決法を反映しており、そこには、訴訟の時代のなかで村と村を越えた地域社会のなかでの解決法であった。

ところで、郡内に隣接する富士山の東南部にあたる山之尻村（現、御殿場市）では、親子間紛争に五人組や近所の者、村役人などが仲裁に入り、親を強制的に隠居・別居隠居させた例がみられた。その山之尻村では、村方一同（惣百姓）の惣寄合が村役人中の寄合の上位に位置し、村の最高審議機関、最高裁判機関となっていたというが、[13]郡内では、訴訟の広汎な展開のなかで形成された、地域の有力者や顔役と称される「年寄」層が「扱人」となり、また谷村の郷宿などが入る問題解決法が、村を越えた地域社会のなかに形成されていた。「扱人」が務められる地域の有力者の「家」には、結婚のためや離婚のために駈入る男女が多々あり、また諸種の問題を解決するために駈入る人々がいた。そうした地域社会の諸問題を解決する役割を果たす者＝「扱人」が訴訟の一般化と相俟って形成されていたこと、先の「議定書」は関連していた。

近世後期の甲州郡内は、代官蓑笠之助支配の文化三年（一八〇六）、「郡内領之儀公事出入多クニ付」ということから、五カ年間の試みとして谷村陣屋での訴訟の取扱いを停止し、国中（甲府盆地地域）の石和陣屋で取り扱うという陣屋仕法替えが実施された。[14]近世後期の郡内は「訴訟の時代」と呼ぶべき訴訟の多い地域であった。近世の民事訴訟は、多くの場合、一、二回の訴訟の途中で内済（和解）証文を取り交わして和解するのが通例であったが、なかには数年におよぶ訴訟もみられるようになり、若者達と一〇年を越す訴訟を続けた事例もみられる。その訴訟や和解に、扱人・立入人が入り、和解が成立すると料理屋などで一席が設けられ、礼金も支払われた。そのため幕府は、そうした訴訟の扱人や腰押人のなかには、渡世同様の者がいるとして、彼らを排除しようとした。郡内は、その後も「公事出入多」きところとして代官に認識され、また「支配ヲ差越駈込訴・御駕籠訴等致」す者が多いと認識されていた。

したがって、そうした公事（訴訟）人は取り調べ、「我意不当之儀申募り候者」は、容赦なく吟味するという御触が近世後期にはしばしば触れられていた[15]。したがって、甲州郡内の村々では、五人組や村役人による従来の問題解決法ばかりでなく、地域社会の顔役や扱人、郷宿などを介在させて問題解決を図る方法が近世後期には一般化してきていた。

ところで、村外への強制隠居は、近世の「村」で広範にみられた村制裁のひとつである「村追放」と同じ線上で採られた、悪の村外への排除の論理であった。右の場合、五人組惣代や名主などの村役人がそこに関わって「議定書」が作成されていたことからもそれはわかる。近世の村制裁は、過料や村八分・組八分などが一般的であったが、なかには「石埋」「打殺」などという厳しい制裁規定を決めていた村もみられた[16]。また、東北地方の天明飢饉や天保飢饉時には、村社会の「自分成敗」や「カマスかぶり」といった、盗人を殺害におよぶ極刑が村人によって行われていた[17]。だが、そうした厳しい制裁を除けば、「村追放」が近世の村社会の最高刑であった[18]。「村追放」は、村の仕来りを破り、村の社会秩序を乱した悪しき者＝悪を村外へ追放（排除）する論理であり、それによって村の平和や村社会の秩序が回復できると考えた観念にもとづくものである。それは、時疫が流行ったときに村で行われた疫神送りや、盗人の犯人が見つからない時に藁人形を犯人に見立て、それを村外へ送り出す「盗人送り[19]」などと同じ観念にもとづく生活空間からの排除の論理であった。そうした村の制裁権とその行使は、近世の村社会では中世社会よりは弱められ、制約されてはいたが、その一部は近世の村にも遺されて継承されてきていた。

（二）養子による「家」相続と老人の扶養・介護

「家」を相続する跡取りがいない場合、親類や他家から養子を迎えて、「家」の相続を図る方法が近世の農民の間でもひろくみられた。養子を迎えた時に作成した証文には、「家業大切に致すべく」とか、「御百姓相続大切に頼み入れ申し候」という、「家」の繁栄と永続を願う文言がみられる。しかしまた、「親に孝行をつくし」とか、「両親に不孝つかまつらず」とか、あるいは「老後の介抱を頼み入れ申し候」などという文言のある証文が多々みられる。養子を迎えての「家」の相続は、家業や「家」の永続を願うことばかりでなく、自分たち老夫婦への孝養と老後の介抱（看病・介護）がそこには期待されていた。江戸時代の文書には「介抱」の用語がつかわれている。

江戸時代においては、小農民家族による農業経営が支配的となってきたから、老人の扶養や介抱は、相続世代の夫婦やその子供に任されていた。それゆへ、子供がいない夫婦は養子を迎えて、家産の相続と引き替えに老後の扶養や介護を依託し、後顧の憂いなく老後を送りたいと望んだ。そして、養父母への孝養を養子に期待したのであるが、時には養子に邪魔者扱いされたり、虐げられたりして、領主に訴えを起す養父母もいた。それゆえ、養子が不孝や不実をはたらいた場合は、養子を追い出す条件を証文に記したものもみられる。しかしまた、譲るべき「家産」のない老人や町場の下層独居老人の場合は、養子を迎えることができなかったから、どのように老後を迎え、扶養や介護がどのように行われたかが問題である。この点については項を改めて検討する。

養子を迎えて「家」の相続を図る場合、上層クラスの農民の家督譲渡し証文には、隠居財としての隠居免の土地を明記するのが通例であった。それに対して、中層以下のクラスの農民の場合は、隠居免の土地に関する記載がみられない証文が多い。それは、隠居免の土地を分与しうるだけの所持地がなかったことによろう。そうした「家」では、米銭が隠居財として相続人から渡されたのであろうが、その場合、飯米などの契約証文が作成されたかどうかもわからない。後項の二、（一）で検討する隠居への「飯米送り方証文」が残されている場合は、やはり上層クラスの農民である。

まず、はじめに検討する甲州郡内の弘化二年（一八四五）の「譲り渡申跡式家督之事」には、隠居免の土地記載がみられる証文で、これは、養父善兵衛が境村の水右衛門の倅元三郎を養子に迎えた時のものである。こうした場合、多くはマキや「一家《いっけ》」などの同族や親類筋から養子を迎える場合が多いが、この養子の場合、そうした親類筋であるかどうかわからない。

甲州郡内地域の「跡式譲渡証文」では、相続させる土地を一筆毎に書き上げ、それをすべて養子に譲り渡すとしている。この証文には、はじめに養子に譲るべき家や蔵、家財の外、一筆毎に田畑を書上げ、譲る土地を明記している。そして、最後に隠居免の土地が、これも一筆毎に明記され、養父母がそれらの土地を隠居財として保持して隠居生活に入ることが記されている。[20]

譲り渡申跡式家督之事

一家蔵家財　不残

〆（記載なし―筆者注）

居野舞　小沼庄右衛門請

一畑高壱石壱斗弐升六合　内五斗六升弐合　田方

五斗六升四合　畑方

同　半兵衛分

一畑壱斗壱升

（以下五六筆中略）

是より隠居面分

東海戸道下　喜兵衛請

一田高壱石八升八合　籾（記載なし―筆者注）

（以下一一筆中略）

打こね　孫右衛門請
一畑高三斗壱升弐合　　桑畑壱ケ所
〆高七石八斗七升三合　　升目〆籾四斗五升蒔
　　畑壱ケ所

内田高（記載なし）
畑高（記載なし）

惣高
小以　高弐拾九石弐斗六升壱合
柴壱斗七升弐合
見取壱斗弐升
稗弐斗四合

右之通り我等跡式ニ譲り渡申候間、家業大切ニ御百姓相続頼入候、勿論隠居面高七石八斗七升三合之義も、我等夫婦之者死後ニは、本家江無相違相戻し可申候、依之譲り状相渡申所、如件

弘化弐年
巳六月
養父善　兵　衛㊞
親類久　　八

境村
水右衛門殿
忰
元　三　郎殿

この証文は筆数が多く、途中の筆数や隠居免の筆数を省略したが、まず最初に家や蔵、家財などを残らず譲るとしている。そして、本田畑や桑畑など四四筆、水菜畑一ヶ所、槙林・杉林・柴山など一三ヶ所を譲るとしている。この他、隠居免の田畑一三筆もそこには書き上げられているが、そうした隠居免の土地も含めた惣石高二九石余の土地がこの家の「家産」であり、それをすべて養子に相続させるとしている。[21]

この証文には、養父善兵衛が住む村名が記されていないが、おそらく境村からそう遠くない村であったろう。この地域は山間地域であったため畑や山畑が多く、水田が多い村は限られていた。したがって、そうした地域のなかで二九石余の土地を所持し得たことは、とりわけ水田の比率が高い村であったことが想像される。それにしてもこの地域の村で、二九石余を所持した「家」は、最上層クラスの有力農民の「家」であったと考えられる。そうした大高持の「家」の跡式（家督）を、境村の水右衛門の倅元三郎が相続することになった。しかし、養父善兵衛も、七石八斗余という中農層並みの石高を「隠居免」として保持し、隠居することが明記されている。そして、その隠居免の土地は、「我等夫婦之者死後ニは、本家江無相違相戻し可申候」と明記しており、隠居財として持って出る土地は、隠居夫婦の死後には本家へ戻るという観念がうかがわれる。

この幕末期の事例では、養子を迎えると別棟などでの別財・別竈の隠居生活が行われたことであろう。しかし、隠居分家とはならなかったから、隠居の死後には隠居免の土地は本家に戻すということが明記され、隠居免の土地は「家産」であるという観念がうかがわれる。

上層農クラスの「家」によっては、隠居免の土地が「先前より為隠居免相定置」かれた土地であることを明記している場合もある。[22]そうした家では、代々隠居免の土地が指定されており、その土地を保持して隠居する習わしとなっている場合もみられた。

養子を迎えての家相続には、養子の持参金を期待し、あるいは養子方による借金返済を約束して養子を迎え、傾いた「家」の再興を図ると同時に、家の相続や永続を期待する場合もあった(23)。

ところで、中・下層農の養子への家督譲渡し証文には、隠居免の土地などの記載はみられない。そのかわりに老後の親への孝養を期待した文言がみられる。つぎの証文は、甲州郡内加畑村の久兵衛が同郡小形山村の善左衛門の息子善兵衛を養子に迎えたときの「家督譲り証文之事(24)」である。

家督譲り証文之事

百六拾番
一家屋敷　上畑壱畝拾弐歩　高壱斗五升四合
久兵衛受
百五拾九番
一同屋敷続ニて下畑弐畝拾八歩　高壱斗三升
うしろ沢ニて
一桑原壱ヶ所
よこまくれニて
一桑原壱ヶ所
ほり切ニて
一桑原壱ヶ所
今般貴殿御子息善兵衛殿、拙者相続ニ貰請度、其御村方弥兵衛殿・当村宗兵衛殿相頼候処、御承知被下忝存候、然上ハ右地所相続候間、相続可被成候
一御公儀様御法度は不及申、両親ニ不孝不仕、夫婦・兄弟中能、家業大切ニ可致候、万一親不孝、又ハ身持悪敷、勝手我儘ニ家出致候ハヽ、其身其儘差出可申候、若又我等方より無訳も差出候ハヽ、右家督半分相

渡可申候、仍之媒人・親類・組合一同連印仕差出申処、依て如件

嘉永二酉二月日

加畑村

元方　久　兵　衛㊞

親類　与五左衛門㊞

組合　市右衛門㊞

媒人　宗　　蔵㊞

善左衛門殿

前書之通相違無之ニ付奥印致候、以上

名主　与　兵　衛㊞

養子を迎える久兵衛家は、屋敷一畝一二歩と屋敷続きの下畑二畝一八歩、それに桑原三ヶ所を所持するに過ぎない小百姓の家であった。したがって、さきの家のような隠居免の土地記載はなく、証文に「両親ニ不孝」つかまつらず、夫婦・兄弟仲良く、家業大切にすることを求めている。そして、「万一親不孝」か「身持ちが悪敷」く、勝手に家を出た場合は、家督（土地）を少しも渡さず、その身一つで出ていくこと。また、養父方より訳もなく追い出す場合は、家督の半分を渡すとしている。

ところで、四日市場村の忠右衛門が安政七年（一八六〇）二月に、小形山から養子を迎えた時の「家督譲状」には、田六反一〇歩、畑一反六畝二三歩、屋敷二八歩を譲るとしているが、この譲状にも隠居免の土地記載はない。四日市場村は畑より水田が多い村であったから、この忠右衛門の譲状には田が多い。また、屋敷の面積が二八歩と小さいが、この地域の検地帳の屋敷地面積はみな小さい。これは、寛文検地が「百姓検地」と称される、農民に有利な検地であったことによると思われる。それはともかく、この中農層の譲状にも、「孝養大切ニ心掛、御百姓相続可致候」とある。(25)

つぎに紹介する「家督譲状之事」(26)は、上吉田村の富士講の宿坊を営む御師の家のものである。それは、分家相続の約束がされていた者を、その約束を覆して婿に迎えた時のもので、そこには約束していた相続先の老母看病などまでが誓約されており、家相続と老人看病の関りが大きかったことを物語っている。

家督譲状之事

一私隣家小林河内義、男子無之、女弐人有之候処、姉は他家江嫁（入脱カ）り、妹ふさへ婿匂受、為致相続候心組之処、貴殿御子息三男佑三郎殿と内縁有之由ニ付、以和泉殿ヲ河内方家督相続人ニ匂受度無心申入候処、佑三郎殿義、自幼年御分家直右衛門殿相続人ニ相極置、今以老母存命ニ候へ共、指遣し候事ニ難相成旨、御尤ニ付、御老母病気等指発り候節は、夫婦共看病ニ指遣シ候対談ニて、相続人ニ借受候処、実正ニ御座候、依之両家並親類・組合一同致連印、家督証文指出シ候処、如件

明治二年

巳正月六日

小林河内兼

親類　雁丸主計㊞

親分　大俵和泉㊞

親類　田辺左京㊞

組合　松尾屋幸八㊞

下吉田

金左衛門殿

御師の小林河内家では、娘が二人いたが、姉は他家に嫁ぎ、妹に婿を迎えて相続させせなければならなかった。その娘と下吉田村の金左衛門の三男佑三郎は恋愛関係にあった。だが、その佑三郎は、同家の分家直右衛門家に養子に入り、分家を相続する約束が幼年の時よりなされていた。しかし、そうした婿を御師の小林河内家が迎えるにあたり、

養子入りが約束されていた分家の老母が病気になった時などには、小林家の婿夫婦を看病に差し向けることで、相手の親の了承を得て婿に迎えている。すなわち、ここでは、分家相続が決まっていた三男を婿にもらい受けるにあたっては、その分家の老母看病のことまで誓約しないと、婿にもらえなかったことを物語っている。こうしたことからも、江戸時代、子供のいない家は、養子を迎え、家督相続を引替えに、老後の扶養や介護を養子に依託するのが最善の方法であったことがわかる。

つぎの事例も、小百姓が養子を迎えての家相続であるが、そこでも隠居免の記載はなく、養父の老後の扶養と介護が期待されたものであったことがうかがわれる。

甲州郡内古川渡村の養父伝左衛門が、養子弥市に渡した元治元年（一八六四）の「譲渡申家督証文之事」[27]は、屋敷と建家、五升蒔きの田、二升と四升蒔きの桑畑（二筆）、百駄苅りの柴山を相続させるというものである。五升蒔きの田とは、郡内枡での五升蒔きであり、面積にすると約五畝歩程にあたる。畑の二升蒔きや四升蒔きがどれくらいの面積になるかわからないが、合わせて六升蒔きの畑は、そう大きい面積ではなかったろう。したがって、養父伝左衛門は下層の農民であった。そうした小百姓の家督譲渡し証文には、隠居財の記載などはなく、文言部の最初に「我等養子ニ貰受、老後之介抱頼入申候」とあり、また不縁の時の家督分割条件なども記されていない。そして、「家業第一ニ相暮、家相続頼入申候」とある。したがって、この伝左衛門にとっては、老後の介抱（介護）が最大の関心事であり、それに次いでこの「家」を潰すことなく相続してもらうことが期待されたのである。小百姓層においては、その家における代々の隠居免の土地慣行などはなく、わずかな土地と居屋敷を養子に相続させることを条件にして、自分の扶養や介護を依託するのが精一杯であり、わずかな土地と家を基にぎりぎりの生活を続けてきたのが彼らの現実であった。

ところでまた、町場における町人の養子による相続事例においても、親へ孝養を尽くしてもらうことが切実な問題であった。享保三年（一七一八）、下谷村中町の孫右衛門家の居跡相続は、いわゆる両養子相続であった。五次右衛門と「おまつ」への「譲状之事」[28]には、町屋敷（表九間半・裏行二〇間）・家財人馬残らず、田畑を四筆（田二筆町枡二斗蒔、畑二筆四駄ふり・五駄ふり）を書上げて譲り渡すとしている。だがそこには、「両親之儀随分大切」にいたし、両親に「不義・不孝」いたすにおいては、町屋敷や田畑を譲らないという条件をつけている。町場の町人層においても、家産・家業の譲り渡しを条件として、養父母を大切にし、孝養を尽くしてもらうことが期待されていた。

こうした養子による家督譲渡し証文には、必ず「親への孝行」の文言があるとは限らないが、傾向としては中・下層農の養子への家督譲渡し証文には、「親への孝行」文言が多くみられ、彼らほど孝の論理に依存して老後の扶養と介護を期待したことがうかがわれる。それは、隠居免の土地を保持することもできなかったから、わずかな家産を代償にして、親孝行の通俗道徳に期待せざるを得なかったのであろう。

(三) 独居老人の扶養・介護と五人組・縁者・寺

相続できる家産（居屋敷・土地）を所持した老人は、養子を迎えて老後の扶養や介護が期待できた。だが、そうした居屋敷や土地を持たない老人やわずかの土地しか持たなかった老人は、どのように人生の最期を迎えたのであろうか。また、「家産」をまったく持たない一人暮らしの老人は、村方よりは町場に多く存在したであろうことは想像に難くない。彼らの多くは借家人として暮らしていたから、老人介護の問題の多くは、どちらかと言うと村方よりも町場に多く生じる問題であった。

まず、わずかな土地を所持して暮らしていた、子供のない後家老人の場合は、所持地を処分し、その金子を持って他村にいる甥のところへ移り、そこで世話になっている。それは、宝暦九年（一七五九）、武州多摩郡野津田村の後家「りん」の場合でみられ、彼女は子供がなく、「少分之百姓ニて遺産相続成」がたく、また年寄の「女儀ニて御年貢・諸役」など「勤め兼」ね、さらに「扶食ニ相詰り、旁々難儀至極仕候」という状況であった。そこで、「少々御座候田地」を他人に譲り、その「祝金」を持って多摩郡麻生村の「姥（甥カ）之方へ罷越申度」と村役人に願い出ている[29]。この後家老人の少々の所持地面積がどれほどあったかわからないが、他村の甥のところで世話になるとして、そのわずかの土地を処分して絶家となることを村役人へ願い出ている。

また、甲州郡内の綱野上村でも、宝暦十二年（一七六二）、甥の新八が上大野村の叔母を引取り介抱するため、上大野村の役人中へ次のような「一札」を入れている[30]。

差出申一札之事

一私叔母其御村文四郎妻御座候処、前方文四郎相果候以後、叔母年罷寄、渡世も送兼候ニ付、叔母并私義御村方江御願申候て、内舎諸埒相片付、御相談ヲ以私方江引取介抱仕候、然上は叔母・私願ヲ以御村方之人別寺判までも御滅被下、引取候上は私人別江入置、随分大切ニ相抱可申候、（後略）

宝暦十二年
午二月

綱野上邑
甥　新　八㊞
同　所
五人組　藤　七㊞

上大野村
御役人中
新　田　郷
御組合中

この叔母は、夫文四郎が死亡して年寄となり、渡世も送り兼ねる状態であったから、おそらく家産もほとんどなかったのであろう。そこで、他村に暮らす甥が「諸埒」を片付けて引き取り、介抱することを相手の村役人や五人組中に誓約している。それゆえ、相手村方の人別から叔母を除いてもらい、自分の家の人別に入れて大切に世話するとしている。

このように叔母を甥が面倒をみるかたちが確認されるが、また、近村に住む弟に面倒をみてもらう場合もあった。それは、元文元年（一七三六）の武州多摩郡野津田村で、年老いた「前地百姓」の系譜を引く者が、遺跡を継ぐべき息子も病死し、娘も「不斗《ふと》出」してしまい、一人暮らしとなっていた。そうしたことから、隣村の小山田村にいる弟に世話になるとして、主家や村役人に「一札」を入れている。そこには、「小作御年貢之儀、不残上納仕」り、「金銀貸し借り、当村ハ不及申、何方ニも一切無御座候」とし、また、「拙者儀ニ付」いかなることが起きても村役人中や主家には迷惑をかけないとしている(31)。

この事例は、老いて子供もなく、財産もきわめてわずかしかなく、また主家に従属した「前地百姓」の系譜の者であったから、養子を迎えることなどできなかった者である。したがって、他村に住む弟という縁者のもとへ引き移り、そこで扶養や介護を受けるというものであった。江戸時代、子供がいない老人で、家産がきわめて少なく、養子を迎えて「家」の相続や永続が図れないような者の場合、その扶養や介護は村内や他村に住む縁者に頼るのが通例であった。

だが、そうした縁者がいない場合はどうしたのであろうか。とくに縁者がいない独居老人の最期は、誰がその扶養や看病・介護をしたのであろうか。そうした老人は、農村よりは都市の借家人層に多くみられたであろうことは想像に難くない。

そうした事例を、甲州郡内の下谷村で確認することができる。つぎの文書は、谷村の町場にのこされた「一札」であり、そこでは、独居老人の世話を五人組が扶助していたことがわかる興味深い文書である(32)。

差出申一札之事

一私共五人組内しも儀、年来後家暮ニて外ニ当村血縁も無之、皆々之世話ニ罷成居候処、今度病身ニ相成、歩行も出来兼、五人組打寄日番ニ介抱仕候得共、兎角遠慮致、扨又血縁無之候故、労敷奉存候、其御村ニハ少々血縁も有之候ニ付、右之段御談申上候処、不便ニ思召、菩提寺林照院へ御引取被下、介抱被下候段忝奉存候、勿論病中之内は、壱ケ年ニ籾四俵ツ、慈悲を以何様相働候共、差送り可申候間、何分御引取、病人安心仕候様奉願上候、快気仕候ハヽ、尚亦御戻可被下候、万一老人之儀ニ付、病死仕候ハヽ、私共立会林照院へ取置、聊其御村方御苦労掛ケ申間敷候、尤儀定之通扶持米差支候ハヽ、加印之者ニて引請、差支無之様可仕候、右之通双方共病人へ慈悲之儀ニ付熟談仕候、依之為念書付差出申処、仍て如件

文化八年未二月

下谷村
しも五人組　宗　林㊞
同　源　蔵㊞
（九人略）
同村
立会人　小兵衛㊞
同
同　理　八㊞
同
同　清左衛門㊞

玉川村

御役人 八浪(ママ)右衛門殿
弥　兵　衛殿

下谷村で一人暮らしの後家老人「しも」は、夫に先だたれて身寄りもなく、看病や介護を必要とする状態に陥っていた。そうした場合、五人組で引取り薬用や看病をし、その費用は村で扶助することを幕府は近世後期には触ていた。[33]だが、この独居老人「しも」の場合、五人組がこれまで世話を日々交代で行ってきていた。そして、しだいに病身となり、五人組の世話や介護をうけることを遠慮したという。その世話や介護期間がどれくらいであったかわからないが、ここにきて五人組は、隣村玉川村には後家「しも」の「少々血縁の者」がいる村なので、その村の菩提寺林照院で看病と介抱をしてもらうことになった。そして、その看病や介護費用は、五人組が寺に年間籾四俵を支払うことで依頼したとしている。[34]

この文書には、「しも」が五人組の世話をうけることを遠慮したとあるが、それは、近所の迷惑になる気持ちが「しも」にあってのことは間違いないであろう。しかしまた、五人組にとっても、後家老人の世話や介護が負担になってきていたのも事実であろう。そこで、五人組が老人の食い扶持や介護費用を出し合って寺に依頼したのである。江戸時代、こうした場合、縁者が面倒をみるのが通例であった。この場合、多少の血縁のある者が玉川村にいるとあるが、その縁者は、後家「しも」の看病や介護をしてもらえる近親の縁者ではなく、また介護する余裕もなかったのであろう。そのため、五人組がその介護費用を出し合って寺に依頼したのである。その後の「しも」がどうなったかわからないが、現代と違って延命治療が行われたわけでないから、そう長い期間、五人組が寺に介護費用を負担することはなかったであろう。

このように江戸時代においても、寺が病院兼介護施設の役割を果たしていたことがみられるが、こうした事例が江戸時代に一般的であったわけではない。この林照院が後家「しも」を引き受けたのは、特別の措置であったのであろう。しかし、寺が実際に病院の役割を果たしていた寺もあった。それは、戸沢村の定次郎が病気となり、天保期に療養のために大幡村の広教寺へ入院し、療養中に同寺の世話で大幡村甚左衛門家の養子に入っていたことがみられる[35]。その時期、広教寺には僧医がいたかどうかわからないが、同寺が病人を受け入れていたことは間違いない。なお、幕末の甲州郡内では、安政期に舟津村の円通寺の住職千野東逸は医者であった[36]。また、修験系の上谷村の東正院は医者を兼ねており、怪我をした小児の入院治療を引き受けている[37]。この地域の寺は、結婚・離婚のための「駈入」や詫びのための「入寺」慣行がみられ、寺が民衆生活と大きくかかわっていたが、右のように老人介護を寺が引き受ける場合もみられた。

（四）幕府の老人対策と扶助システム

独居老人の看病や介護を隣保組織である五人組が担っていたことが確認できたが、五人組のそうした扶助機能について、幕府の政策を若干検討してみよう。

幕府は、寛永飢饉時の寛永十九年（一六四二）七月、村内に独身の百姓が病気になり、耕作ができない場合は、村として相互に助け合うことを触れている[38]。そして、翌年には、「壱人身之百姓煩紛なく、耕作成兼候時ハ、五人組ハ不及申、其一村として相互ニ助合、田畑仕付、年貢令収納候様[39]」にせよとしている。すなわちそこでは、領主への年貢収納のために、五人組と村人の相互扶助を強制していたのである。だが、そうした領主による上からの村人への相互扶助の強制以前から、村には村人がお互いに協力し合う地縁的扶助機能は形成されていたものと考えられる。そうした在地の扶助機能を領主が利用して年貢滞納の回避をはかったものと理解できる。

幕藩領主によって組織させられた五人組は、近隣のものが互いに監視しあう治安警察的機能をめざした隣保組織であったが、戦国期の村には七人組といった隣保組織がすでにあったようである[40]。そうした組織を前提に五人組が組織され、そこに相互扶助機能や連帯責任を強制することになったが、その主眼は領主への年貢皆済を目指したものであった。それはその後、「五人組帳前書」の条文に組み込まれたが、その本質は変わらなかった(41)。

しかし、近世中期の貞享四年(一六八七)、相州津久井県沢井村の「五人組帳前書」には、「親類縁者ハ不及申ニ、五人組ニて助合(42)」いとあり、この時期になると、五人組ばかりでなく親類・縁者が加わっての互助が説かれた。これは、百姓の「家」の分割相続(分家創立)が行われるようになり、村内でマキやイツケなどの同族が増加してきたが、そうしたことを背景として親類・縁者の互助が条文に加わったのであろう。これはまた、現実に村内や近村の親類・縁者によって行われていた互助を反映したものでもあろう。

さらに明和三年(一七六六)正月の「五人組前書条目解題(43)」になると、「むら中に便なき病人御座候ハヽ、親類・縁者之儀ハ不及申、五人組ともに寄合、念比(懇)ニ可仕」とあり、田畑仕付けや年貢収納の文言がなくなる。そして、ここにきて身寄りなき病人の看病や介護の問題が条文にあらわれてくる。この背景には、農村で直系家族や単婚家族が増加してきたなかで、小百姓の暮らしの不安定性や没落に瀕する小百姓が増え始め、地域によっては村の家数や人口減少が生じてきていたことがあった。そうした農村の危機的状況に対応して、身寄りのない病人への扶助の緊急性が生じていたことによろう。

とくに北関東農村では、没落して潰百姓となる家が増加し、それは年貢収納額の減少につながってきていたから、幕藩領主にとっても重大な問題であった。したがって、寛政期には、北関東の幕府代官は入百姓政策を採らなければならなかった。また、村方においても、村の家数・人口の減少と荒地の増大による荒廃が問題となっていた。例えば、寛政九年(一七九七)の下野国都賀郡下初田村の村議定書には、「村方潰株又は極老之者共多出来」とあり、村に潰百姓や極老の者が増加していた(44)。そのため、惣作の田畑(潰百姓の耕地を村全体で請負い耕作する田畑)が増えているので、その年貢を減額してもらい、倹約などにより村の復興を計りたいと決めている。

さらに文政七年（一八二四）になると、幕府代官吉川栄左衛門の触の第一ヶ条には[45]、親類・縁者のいない老人の看病や世話は、五人組や村で扶助するようにとある。すなわち、

一年老て子供并親類縁者も無之、農業出来かね、又ハ無高等ニて可及飢ニ程之者、并老若ニ不限独身等ニて相煩、看病いたし遣候もの無之者ハ、組合之者引取、薬用・看病等致遣シ、貯等も無之分ハ、村内申合せ、扶助致遣候様可致候

とある。天明飢饉を乗り越えた化政期には、一定度の経済的進展がみられた時期であったが、そうした時期には、また一方で鰥寡孤独の者や無高の者、潰百姓となって村を出て行く者が出現していた。そのため、文政期に幕府代官は、身寄りのない独居老人や独身者の看病や介護について、右のような触を出し、そうした者の扶助や看病を五人組や村に押しつけて対処させようとしたのである。そうした領主の触を請けて、村の側でもそれに対応した扶助が行われていたことは、すでに甲州郡内下谷村の独居老人「しも」を五人組の者が介護している事例で確認できた。

宝暦五年（一七五五）、駿州志太郡伊久見村の継母扶養についての「一札」[46]には、継母との不和で、継母が一〇か年ほど「村方介抱」をうけて、「未存命」であるから、以後は息子が引き取り実母同様に介抱するようにとあり、村方が継母を介抱していたことがうかがわれる。その村方介抱は、どのように村が介抱してきたのか分からないが、村方が介抱してきたようである。継母が一〇年もの間、放り出されて一人で暮らしてきたのは、継母の年齢がまだ若かったからであろう。そうした継母が一人では自活できない年齢となったことから、村役人が介入して息子に引き取ることを勧めたのであろう。その引き取りも、小屋を建て、そこで継母は暮らし、年間の飯米五斗五升を贈るという方式での扶養であった。

そしてまた、明治元年（一八六八）十一月、武州都筑郡片平村の名主が神奈川知県事に答えた文書にも、鰥寡孤独の者や貧窮者、病難者などに対する村方での対応が確認できる。すなわち、病難者や災害に遭った者は、「其組合」

（五人組）や村内の「好身《よしみ》」の者が「助力」しているとある。そして、それは「村極」めであると答えている。[47]ここでいう村極とは、村議定や村定で取り決めていたという意味ではないであろう。そのように扱うのが村の決まり、習わしであるという意であろう。したがって、鰥寡孤独の者や病難者の看病や介護を村が行うとはいっても、その実は、村内の好誼者が面倒をみるというのが実情であったことがうかがわれる。隣保組織である五人組や村内の好誼者が病難者を介護するシステムは、近世に成立した村社会の歴史的展開のなかで、領主と農民の必要性のなかで形成されたものであったといえよう。

しかし、老人や病難者を扶助・介護するのは、血縁者の子供であり、または迎えられた養子であり、あるいは親類などの縁者であった。したがって、前述したように、老人が村を出て甥や弟などの縁者がいる村へ移り、そこで扶助や介護を受けるのが通例であった。そうした縁者がいない場合に限り、五人組や村の好誼者が扶助や介護を行ったのである。

幕藩体制のもとでは、老人や病者を扶助・介護するシステムがなかったから、それは家族や五人組、村に任され、孝や家族イデオロギーをとおして実現させようとした。ただ、九〇歳以上の高齢者には、扶持米の下賜を幕藩領主が行ったが、それは、八〇歳ないしは九〇歳以上という、いわば極老扶持とでもいうべき内容でしかなかった。[48]九〇歳以上の老人には、例えば小田原藩では、「男女不寄九拾以上之者、御米壱年ニ御扶持三俵被下候」[49]とあり、九〇歳以上の高齢者に、年間の食い扶持にあたる三俵の養老米が藩主より下賜された。東北の守山藩では、寛政年間、九〇歳以上の長寿者に籾二俵が御褒美として下賜されたという。[50]また、長寿者への褒美銭も下賜された。例えば、甲府の町年寄が記した天保七年（一八三六）の「御用日記」[51]には、九一歳になった長寿者に銭三貫文、八六歳の盲目の夫を介抱している妻に銭三貫文が下賜されている。これはいわば敬老金・褒美金であり、わずかな金銭であった。

江戸時代における老人の扶養や介護は、まず「家」相続者の息子夫婦、そして親類縁者、そのつぎには町や村によるという三段階の構えであったが[52]、町場では、さきにみたように後家老人を五人組が世話・介護し、最後には五人組が費用を出し合って寺に看病と介護を依頼していた。したがって、江戸時代における老人の扶養や介護は、なんといっても「家」相続者の夫婦にその責任があり、それが不可能な場合は親類縁者にその責任が拡散した。そして、それも不可能な場合にのみ、五人組や村の好誼者などの地縁社会が、さらに、時には「寺」が関わるということもあった。それゆえ、江戸時代の村社会では、「家」と縁者、好誼の者、五人組、村、寺などの順で、老人や鰥寡孤独の者の扶養・介護に関わり、対処するシステムが形成されてきていた。

老人問題以外でも、村や地域に疫病が流行した時、あるいは飢饉などの時にも、こうした扶助システムが機能した。だが飢饉時には、そうした扶助システムに領主の御救いや有徳人の救恤なども加わり、それに対処したが、それでも飢饉に対処しきれず、地域によっては多くの餓死者や村を離れて他国へ袖乞に出る者を出現させた。

二　隠居免による扶養とその相続

（一）飯米・金子による隠居の扶養

隠居は隠居する時、「家産」のなかより隠居分として多少の財産を留保することができたが、それは、金子である場合と不動産である場合とがあった[53]。土地ではなく、隠居が年間必要とする生活費を米や金子でもらう場合、隠居が農作業に従事する年齢を過ぎているとか、あるいはまた、その「家」の慣行によった。隠居財が金子や米の方が、隠居の生活費としての意味を直接的にあらわしている。

隠居する時に、年間必要な飯米や金子を隠居に差し出し、隠居の生活を扶養することを、子が親に誓約した文書がのこされている。隠居財を土地にするか、米銭にするかは、傾向としては「家」の相続が均分相続から長男への単独相続へと歴史的に展開したなかで、隠居免の土地から米銭へと歴史的には展開してきたが、米銭による隠居免から逆に土地に変わる「家」もみられた。

まず、均分相続がみられた時期の元禄十一年（一六九八）の甲州都留郡上郷地域の「隠居免之事」(54)には、兄弟で均等に隠居へ扶養米を差し出すことを約束している。

隠居免之事

一御隠居被成候ハヽ、兄弟三人ニて、壱人ニ付籾壱表宛、三斗表ニて壱年ニ参表宛、急度進上可申候、少も違背申間敷候、為後日仍て如件

元禄十一戊寅年十二月廿四日

惣領　九　兵　衛 ㊞
次男　勘五右衛門 ㊞
三男　半右衛門 ㊞
証人　五郎右衛門 ㊞
（証人六人略）

父親　新兵衛様参

ここでは、兄弟三人が年に籾一俵ずつ、計三俵を隠居する親に差し出すとしている。こうした兄弟が均等に扶養米を出すことを約束しているのは、その背景に、この時期のこの「家」では均分相続が行われていたことを想像させる。甲州郡内での均分相続は、元禄から享保期に盛んに行われ、宝暦期頃を境にして消滅し、その後は長男への単独相続へと移行した。しかし、長男への単独相続の時期においても、小面積の土地を兄弟で均等に分割して、ともに没落する小百姓の家も時にはみられた。だが傾向としては、宝暦期頃を境にして長男への単独相続が一般化してきたといえ

第一章

る。

ところで、均分相続が行われていた最後の時期にあたる、宝暦期の隠居免の事例をもう一つ紹介しよう。

隠居免之覚

一稗弐斗八升・夏麦七升・大豆壱升　新右衛門分
小使銭百五拾文　同　人分
一籾弐斗弐升・夏麦七升・大豆壱升　伝左衛門分
小使銭百五拾文　同　人分
一籾弐斗弐升・夏麦七升・大豆壱升　長三郎分
薪之儀ハ長三郎世話ニ仕筈ニ御座候　同　人
右は年々無間違御袋方江差出シ可申候、以上

宝暦十三年
未極月四日

下吉田村
新右衛門
伝左衛門
長三郎
立合伝右衛門
（立合二人略）

御袋様[55]

これは、甲州郡内下吉田村の新右衛門外二人の兄弟三人が、隠居の母親へ隠居免として、米ではなく稗・麦・大豆

などの雑穀、銭・薪などを差し出すことを誓約した文書である。この村は田が三四町四反歩余、畑が六九町一反余、家数が五〇八軒、人別が二〇二五人の村で[56]、田の面積が畑の約半分であったことから、また当家の耕地の事情から、稗・麦・大豆などの雑穀を隠居免として母親に差し出すとしている。そしてまた、兄弟が均等に稗・麦・大豆、小遣銭を差し出すことを誓約している。燃料の薪については長三郎が世話をすることになっているから、三男長三郎が母親と一緒に生活したことが想像される。

つぎに、甲州郡内大幡村の七郎兵衛家については、数代に亘って隠居免のことが分かり、家督相続と隠居免の飯米・金子との関係も明らかになる。そこで、この家をとおして家督相続と隠居免の関係、米銭額の変遷、隠居免の飯米から土地への変更などについて検討してみたい。

この家の場合、家督を相続する時に隠居財の飯米額が決められ、息子の側から両親に「飯米送り方覚」という契約証文が渡されている。それは、父親から息子へ渡される「家産」譲渡し証文（「田畑書立之覚」）と引き替えに渡されたものである。したがって、親子間で家督の譲り渡しが行われる時に、お互いにそれぞれの証文を取り交わしたことがわかる。そうした証文の形式からみると、家督相続と隠居免の証文との関係は、親が子へ家督（家産）を譲り渡すことを誓約し、同時に子は親へ飯米や金子を年々遣わすことを誓約した恰好になっている。

そこでまず、その家督相続の内容がわかる「田畑書立之覚」から検討していこう。これは、父親の七郎兵衛が安永二年（一七七三）、息子に「家産」を譲り渡すというもので、そこには、居屋敷以下の田畑・山畑・桑原・柴山などを書き上げている[57]。

田畑書立之覚

一居屋鋪七升蒔

北海戸

一大おさより大ないま迄
　田籾壱斗六升蒔
溝下
一同籾五升蒔
（中　略）
馬塚
一畑麦六升蒔　外麦弐升蒔
（中　略）
家ノ上
一麦弐升蒔　茂右衛門分
わつ原
一同壱升五合蒔
家ノ上
一同二升五合蒔　おゆき油免分
あか石
一山畑三駄ふり
一桑原　平山筋市兵衛畑ケ迄
一のう田　桑原三駄ふり
一柴山　矢下通り赤石弐ひら、秋山平山通り不残

右親より申請候田畑・柴山・山畑等迄相渡シ申処、仍如件

安永弐年

巳三月八日

七郎兵衛㊞

立会名主

市右衛門㊞

五兵衛方江

ここには、村の名主が立会人になって連印し、この「家」の家督相続を村役人が保証している。そして、「家産」である居屋敷のほか田畑・柴山などすべてを書き上げている。山畑・柴山などを除く田畑の合計は、籾二斗三升蒔の田と麦六斗四升五合蒔の畑である。ここにある二斗三升蒔きの田とはどのくらいの面積になるのであろうか。郡内枡の一升は京枡二升五合に当たり、「大枡」といわれ、大枡一斗蒔きは田一反歩に当たるとあるから、(58) 田籾二斗三升蒔は田約二反三畝一〇歩となる。しかし、畑の六斗四升蒔きはどのくらいの畑面積になるかわからない。しかし、当家の天明七年（一七八七）の所持石高は七石五斗八升余あり、(59) この石高の当家は、この村では村落上層に位置したと思われる。なお、近世後期には当家は名主役を務める家となる。この家は、分家であるという伝承があり、本家は現在も田圃を挟んで東に位置してある。

右の証文には、自分が「親より申請候田畑・柴山・山畑等」を相渡すとしているから、この「家」は、少なくともこの七郎兵衛の前代にはすでに分家していたことになる。また証文には、「茂右衛門分」と「おゆき油免分」と注記された二筆の土地がある。この「茂兵衛」と「おゆき」は五兵衛の弟と妹に当たるのであろう。この時期の「宗門帳」が残されていないため確認できないが、それらは、おそらく五兵衛の弟や妹への相続分であろう。「おゆき油免分」とは、妹の灯油代分であろうか、その点はよくわからない。病弱な娘などへわずかな土地を分与して相続させたり、化粧免の土地なども時にはあるが、「油免分」とはよくわからない。弟へ一筆の麦二升蒔きのわずかな面積の畑が譲

り渡されているが、こうした例は、均分相続ができなくなった時期にはみられることである。その畑地へ家を建て、分家させたのであろうか。

ところで、親七郎兵衛が右の「田畑書立之覚」を作成して、息子五兵衛に譲渡した同じ日付で、今度は逆に息子五兵衛から両親宛に「親飯米送り方之覚」という証文を作成して渡している。この二通の同じ日付の証文は、明らかに筆跡が異なっているので、こうした証文の場合、差出人の自筆が求められたことがうかがわれる。近世の地方文書のなかで、自筆証文が原則として求められたのは、個人と個人の間で取り交わされた詫び証文や離縁状、質地証文、小作証文などがあった。離縁状の「三くだり半」では、「自筆実印」「自書押印」「自書爪印」が本来求められたことが明らかにされている[60]。それと同様に、こうした「家」の相続証文や遺言状なども自筆が原則であった。遺言状に、時には「自筆故印判なし」と注記されたものもある[61]。

それでは次に、息子五兵衛から両親に宛てた「親飯米送り方之覚」を検討しよう[62]。

親飯米送り方之覚

一籾　八俵
一粟　壱俵
一麦　壱俵
一小使金　壱両弐分

右之通り俵数并金子等迄年々十月限りニ遣シ可申候、以上

安永弐年巳三月八日　五　兵　衛㊞

名主　市　兵　衛㊞

伝右衛門㊞

御両親方江参

ここでは、親への飯米として、年間籾八俵・粟一俵・麦一俵、それに小遣金一両二分を毎年十月に遣わすと約束している。隠居免の土地については、生前に親が家産を息子に相続させると同時に、隠居免の土地を留保して隠居財に当てたと理解されてきた。しかし、この飯米や小遣金の証文をみると、隠居の側に隠居財の飯米や小遣金を決定する権利があったと理解するには無理があろう。すなわち、文書形式からみると、息子から親へ隠居免の飯米・金銭を遣わすという契約となっている。隠居へ渡される年間の飯米額や金額は、隠居の側が決めたのであろうか、それとも息子（相続人）の側が決めたのであろうか。

隠居免の土地については、その「家」で代々決められていた土地があった場合がある。そうした「家」の場合は、その「家」の隠居免の習わしを継承して、代々隠居がその土地を持って隠居した。だが、隠居免が飯米や金子である場合は、隠居の側にその決定権があったというよりも、その「家」の経済事情と親と相続人の間での話し合いで、飯米額や金子額が決められたものと考えられる。

ところで、右の証文では、年間に粟・麦を各一俵、それに米を籾で八俵、金子も一両二分を遣わすとしている。ここで約束されている籾八俵は、元禄期の籾俵三斗入りで計算すると、玄米では一石二斗となる。それに麦や粟など各一俵が加わったから、それらの隠居財で隠居夫婦の生活は充分であったであろう。こうした隠居財の額も、同家のつぎの家督相続の時期には、その額が変わっているから、その時々の親子間で、家計や経済状態などにより決定されたと考えられる。

右の七郎兵衛の隠居から三〇年後の享和三年（一八〇三）、今度はつぎの世代への家督相続が行われ、その時の「親飯米方之事」という証文が遣されている。だがこの時、同時に作成されたであろう先のような「田畑書立之覚」という家督相続文書は遺されていない。ちなみにその「親飯米方之事」を示すと、つぎのようになる。(63)

親飯米方之事

一籾　　　四俵

一粟　　　壱俵

一小使金　　三分

右之通俵并金子等迄、年々十月限遣シ可申候、以上

享和三年

戌正月日

七郎兵衛

市右衛門㊞

栄　蔵㊞

武兵衛㊞

御親父方へ

ここでは、隠居する五兵衛（父親）には、年間籾四俵と粟一俵、それに小遣金三分が息子七郎兵衛から毎年十月に遣わされることが約束されている。ここでの隠居財の額は、さきの安永二年（一七七三）の時の隠居財額よりも少なく、籾は半額となり、小遣の額も金三分と半額になっている。そして麦は一俵もない。この原因は、さきの証文が「御両親方」となっていたが、ここでは「御親父方」とあるから、父親一人分の隠居財であったことによるのであろうが、麦は約束されていない。

また、この時の相続人が七郎兵衛を名乗っているので、祖父の名を継いでいたことがわかる。この家の場合、一代おきに祖先の名前を継承していたことがわかる。そして、この享和三年（一八〇三）に家督相続した七郎兵衛は、その後天保九年（一八三八）に死亡し、その七郎兵衛の居跡を相続した者がやはり祖父の名の五兵衛を継いでおり、祖先を意識した家名の継承がみられる。家によっては、家督相続すると代々同じ名前を継いでいる家も出現してくるが、

このように名前が「家名《いえな》」となってくると、その名前を村内の誰かが使用すると、その名前の使用禁止を求める訴訟が起される場合があった。近世中後期には、村内でも有力な家は代々の名前を「家名」として意識するようになってくる。この家の場合も、そうしたことから一代おきに祖先の名が繰返し使用されている。ちなにみ、五、六年前に亡くなられた同家の当主も五兵衛を名乗っていたことを付記しておこう。

ところで、その後の天保二年（一八三一）十二月晦日に、家督を相続した五兵衛の場合、その時の家督相続証文や飯米に関する文書は遺されていない。だが、同家の年々の家計記録である「萬代競察記」には、隠居の「小遣壱両弐分之儀ハ」、「字大野原ニて畑八升蒔」を当てるとあり、小遣いの「残金弐分」は、その畑の年貢金や伝馬・諸役金を相続人が上納するので、それに当てるとしている。したがって、天保期の家督相続では、小遣金一両二分は実際には畑（八升蒔）で渡されていたことがわかる。小遣金の額も、さきの安永二年（一七七三）と同額であったことがわかる。[64]しかし、ここでは米穀の隠居財はなかったようであるから、隠居財全体は減額されたことになる。なお、天保二年十二月に家督相続が行われたわけであるが、その三年後の天保五年の「宗門帳」をみると、隠居七郎兵衛はまだ同家の筆頭人（表名目人）として記載されており、隠居による表名目人の変更手続きがとられていない。これは、実態と事務手続きのずれによるものであろう。江戸時代、こうしたことはしばしばみられた。

以上のように、隠居財が土地ではなく、米穀や金子で毎年渡される隠居の場合、家督を相続した相続人がその額を保障する証文を入れて親の扶養が行われた。そしてまた、均分相続が行われていた時期には、兄弟が均等に隠居財の飯米や金子を仕送りして親の扶養が行われていた。隠居免が土地である場合は、「家」によってはその土地が決められていた場合がみられるが、隠居免が米や金子の場合は、親の側が隠居財を留保して隠居したというよりは、親子間で隠居時に飯米額や金額を決めて、その証文を取り交わして隠居が行われていた。しかし、すでに養子による「家」相続と扶養のところで指摘したように、隠居免を保持して、あるいは保障されて隠居できた老人は、村の上層や中層以上の農民であり、中・下層の農民は、隠居財の保障を子から取ることはできなかったのが現実であった。

(二) 隠居の世話と隠居免の土地相続

隠居が持って出る隠居免の土地は、隠居の死後本家に戻されるという観念が近世後期には一般化してくるが、隠居が本家を出て次男の家で扶養や介護を受けた場合、その隠居の保持した隠居免の土地は、隠居の死後どのように扱われたのであろうか、そのことを兄弟で取決めた議定書から検討してみよう。

その事例は、隠居がはじめ本家の長男夫婦と一緒に生活していたが、何らかの事情で隠居が本家（長男夫婦）のもとを出て弟夫婦の家へ移り、そこで隠居生活を送っていた。そうした状況のなかで、隠居が死亡した後における隠居免の土地の取り扱いをめぐって、隠居の生存中に兄弟間で取り決めが行われている。その議定書から、隠居免の土地に対する観念をうかがうことができる。

それは安政四年（一八五七）、甲州郡内戸沢村の兄弟が取り決めたもので、そこでは隠居免の土地は隠居の死後、兄（本家）の元へ戻すとしているが、死後すぐに本家に戻すとしていないところに、この議定書の特徴がある。その議定書は、次のようなものである。[65]

儀定書付之事

一我等共両親、是迄礼助方ニて世話致居候処、両様両親夫食米為手当高、畑桑原下段并狐久保、右二ケ所支配致居候処、尤礼助儀、権右衛門相続ニ相極候上ハ、両親死去之後ハ、兄所左衛門方へ差戻可申之処、両親老衰致、養育も難渋ニ付、何時両親死去致候共、其年より五ケ年延、礼助方ニて支配致、其上六ケ年目ニ相成候ハヽ、右二ケ所桑原、兄所左衛門方へ差戻候様、貴殿方立入対談致候処、相違無御座候、為後日儀定書付、仍て如件

安政四巳年
八月
戸沢村
兄　所左衛門
弟　礼　助
立入人　源　七
上花咲
親　類　与右衛門

この議定書は、隠居の生存中に、しかも隠居が介入せず、兄弟と立入人、それに親類が加わって、隠居が死亡した後の隠居免の土地の取扱いについて決めている。この問題で隠居が署名していないのは、「両親老衰致、養育も難渋ニ付」という状態であったことによるのであろうか。その辺のところは詳らかでないが、この時の父親の年齢は六三歳であった。

ともかくこの兄弟は、親のまだ生存中に、なぜ親の死後における隠居免の土地の取扱いについて決めなければならなかったのであろうか。それは、親の生存中に相続することを領主は勧めていたことにもよるが、隠居の土地をめぐる問題が隠居の死後起こる可能性があったからであろう。隠居の死後における隠居免の土地の対処について検討してみよう。

右の議定書によると、弟の礼助は、隠居（両親）と一緒に暮らし、弟夫婦が親の世話をしてきたことがわかる。またその弟礼助は、村内で廃絶した権右衛門家を相続することによって、一軒前の自立した百姓となっていた。そうした事情も絡んでか、隠居免の土地を隠居の死後、本家に戻すことが兄弟間で取り決められたのである。しかし、その土地を本家に戻すとはいうものの、隠居の死後直ちに戻すというのではなく、隠居の死後五ヶ年間は、弟礼助がその土地を専有し、六年目に兄の所左衛門家（本家）に戻すというものである。隠居の死後五ヶ年間、弟がその土地を専有するということは、弟の礼助が隠居の世話をしてきたことへの代償として採られた対処であろう。

またもし、弟の礼助が廃絶した「家」を相続していなかったとしたら、隠居免の土地は弟の礼助が相続したのであろうか、その可能性がまったくなかったわけではなかったであろう。そうした心配から、本家相続人の兄は、この議定書の作成を望んだものと考えられる。

この隠居の場合、本家を出て弟のところで世話を請けて暮らしていたが、その弟の「家」は、隠居分家でも隠居別家でもなく、六年前にわずかな土地を分与されて「新門」を設立した分家であった。その弟の家へ両親が何らかの事情で移り、弟夫婦の扶養と介護を受けてきたのである。したがって、この村の「田畑高改帳」には、親万右衛門の名で本家（兄）の土地はまだ登録されていたし、右の議定後の安政七年（一八六〇）の「宗門帳」でも、親万右衛門（六四歳）と妻「たよ」（六三歳）は、兄の所左衛門（三九歳）夫婦のところに、しかも筆頭人（表名目人）として記載されている。したがって、村の公文書の上ではまだ長男に家督を譲ったことにはなっていなかった。だが実際は、隠居免の土地を持って弟の家に身を寄せ、そこで扶養・介護を受けていたのである。

その弟家は、「宗門帳」では兄の「家」に続いて記載されており、弟礼助（三二歳）と妻「たか」（二五歳）の二人が記載されているのみである。そしてまた、名前もまだ礼助と記されており、廃絶した家の名である「権右衛門」に改名されていない。だが、この「宗門帳」の後半部に綴ってある同年の「五人組帳」には、礼助ではなく「権右衛門」と記載されていることが、捺印された印字によってわかる。

このように、安政七年（一八六〇）の「宗門帳」上では、まだ「礼助」の名前のままであった。しかし、四年後の元治元年（一八六四）の「宗門帳」になると、礼助ではなく「権右衛門」に改名されている。したがって、「宗門帳」の記載は、現実の居住した家族員の名前をすぐに訂正して記されなかったり、家督相続が行われていても、その手続きがすぐに執られず、「宗門帳」の筆頭人の改名がなされていない場合があった。

ともかく「宗門帳」の上では、両親は本家の兄と一緒に暮らしているように記載されており、しかも親は六〇歳を過ぎていたにもかかわらず、「表名目人」として筆頭人記載されている。そうした記載からもわかるが、本家を相続したのは兄であり、弟は先にも述べたように分家していた。この本分家関係のなかで、両親は長男夫婦と折り合いが悪く、隠居免の桑原二ケ所を持って弟の家へ移り住み、そこで扶養・介護を受けていた。そうしたことから、隠居免の土地がそのまま弟家に渡ることをおそれた兄は、弟が廃絶した「家」を相続した時期をとらえ、「議定書」の作成を求めたのであろう。その背景には、両親を世話した者が隠居免の土地を相続することになる懸念があったからであろう。したがって、隠居の世話や介護をした弟を考慮し、隠居免の土地を両親の死後五ヶ年間は弟が支配してもよいとし、六ケ年目に兄の所（本家）へ戻すと決めたのであろう。

最後まで両親の世話・介護した者が隠居免の土地を相続するという観念は、ある意味では理にかなった考え方であったといえる。また現実に、そうした観念が存在した地域もあった。それは、末子相続が行われていた信州諏訪地方でみられたが、そこでは「隠居免は親と最後迄居を同じくした者が相続することを当然としていた」という。[66]

甲州郡内の元禄期の史料でも、隠居の介抱をした者に、隠居免の土地を譲り渡すとしたものがある。郡内上郷の村（現、富士吉田市内、村名不明）で、元禄三年（一六九〇）二月、隠居する市郎右衛門には二人の息子、留兵衛と五郎右衛門がいた。その親市郎右衛門は、隠居に当たり「隠居いせきゆつり状手形之事」を息子留兵衛に渡したが、その留兵衛に渡された手形が遺されている。[67]

そこには、「吉田原の畑、半分は」隠居市郎右衛門分（隠居分）として隠居が保持しているが、この畑地は、隠居の「壱代より後ハ、命ノ内かいほう次第」、「皆五郎右衛門ニゆつり可申候」とある。しかし、五郎右衛門が「かいほう不仕候ハヽ」、隠居「望ノものにくれ可申候」として、二人の息子に隠居を「たいせつニ」するようにとしている。

すなわち、市郎右衛門は隠居にあたり、二人の息子それぞれに家産を半分ずつに分けて譲り渡す手形を作成していたが、そこでは、隠居の世話や介護をする者、すなわち五郎右衛門に隠居免の土地を譲り渡すとしている。しかし、それは親の介護を条件としていた。

この時期の証文では、隠居免の土地を相続させる権限を親が持っていたことがうかがわれる。そして、こうした均分相続がみられた時期には、隠居免の土地は「家産」の内にあるという観念は薄く、親の意志でその土地を、介護した兄弟の内どちらかに相続させることができると考えられていた。それは、甲州郡内においては元禄・享保期、養蚕・絹織の進展による生産力の上昇にともなって、均分相続がひろがったこととも関連していた。だが、隠居免の土地は「家産」の内であるという観念が、その後の長男への単独相続へという、相続形態の歴史的展開のなかでしだいに伸長し、隠居の死後本家に戻るという観念がひろがったものと考えられる。しかし、さきの幕末の安政期にみられた、隠居の世話をした弟が隠居免の土地を相続できるという観念も、まだ十分に存在していたと考えられる。それゆえ、さきのような議定書が作成されたのである

甲州郡内では、享保期前後に隠居分家や二、三男への均分相続によって家数が増加した時期であったが、その後の近世後期には均分相続や分家創立が不可能な時代となった。したがって、長男への単独相続へと展開をとげたことから、「家産」を細分化して分家を創立し、「家」の存続を危うくしないという志向が生まれてきていた。また、地域によっては、隠居分家を村議定で禁じたところもあった。それは、豆州加茂郡石部村で、文政十年（一八二七）に「当村分家之儀、古来より勝手次第ニ隠居相立候処」、「只今ニ至て相互ニ難渋之様子ニ付」「隠居面相立分地」をさせてはならないと取り決めている。そうした近世後期の村落状況のなかで、隠居分家ではなく、別財・別竈の隠居制がひろがってきた。近世後期の村落全体の隠居制の実態と隠居の居住形態については、なかなかわかる史料が残されていない。

ところでさきに、一項の（三）でみた、わずかな土地を処分して甥のところで世話や介護を受ける老人を確認した

が、隠居が甥に世話になり、その隠居免の土地をめぐって甥と隠居の相続人との間で紛争が起きる場合もあった。

それは、元文二年（一七三七）九月、隠居の叔母を世話している立保村（伊豆国田方郡）の甥の兵左衛門と隠居家の相続人である天野村（同国同郡）の善左衛門との間で、隠居免の土地をめぐる相続問題が起き、その問題の解決時に取り交わされた証文が遺されている。(70) その証文には、隠居の夫が死亡し、残こされた妻＝叔母が支配する隠居免の土地、一〇石三升二合をめぐっての問題であった。とくにこの場合は、隠居の叔母が甥に世話になっていたことから問題が複雑化した。また、そこには隠居免の土地相続をめぐっての遺言などもからんで複雑化していた。遺言の内容は分からないが、世話をしていた甥は、その土地の支配を望んで江戸へ出訴した。しかし、そこで公事宿が入って内済となったが、その内済には、隠居免の土地一〇石三升二合の内には、隠居の買地（家産以外地）二石五斗があるので、その買地分として二両を一年に二度に分けて仕送りする。だが、その分の年貢は隠居＝叔母が上納すること。また、隠居が支配する薪山一ヶ所があるが、この分としては米二俵を年々隠居に渡す。だがこの薪山は、隠居の「一生」の支配に致し、叔母が死亡した後には相続人の善左衛門家に戻すこととしている。

このように、他村に住む甥が老齢の叔母を世話するという、通常と異なる世話や介護が行われたことが、隠居免の土地をめぐって問題を複雑化したと考えられる。この叔母が死亡した後に、買地分がどうなったかわからないが、この分は世話をした甥が相続する可能性があった。それは、薪山のみが隠居の「一生」の支配としているのみであるから、買地分はそう考えられる。こうした甥が世話した場合でも、隠居免の土地の「家産」分は隠居の「一生」の支配で、死後には本家に戻るという観念がここでも強く働いていたことがわかる。隠居免の土地に対する観念は、それは家産と別扱いのもので、それは誰かに分地相続できるという観念と、「家産」の内であり、本家が相続するものという二つ観念があった。その両観念の相克のなかで歴史的な展開をとげてきたと考えられる。

ともかく近世後期には、隠居の死後、隠居免の土地を本家に戻すという観念が強くなってきたことは間違いない。

したがって、そうした観念を前提に、さきの安政期の議定書を考えると、隠居の面倒をみた弟に対し、多少の配慮がされてはいるが、隠居の死後、隠居免の土地を本家に戻すという内容の議定が必然であったといえる。だが、隠居免の土地に対するそうした観念が強くなって来ていたとしても、隠居の面倒をみた弟夫婦が、そうした観念通りに隠居免の土地を本家に戻すとは限らないと、本家の兄は懸念したのであろう。そのため、さきにみたような議定書の作成を兄は望んだのである。それはまた、隠居の死後に土地をめぐる出入（訴訟）がしばしばみられたから、本家に戻るという観念が一般化していたとしても、兄は立入人や親類を交えて議定書を作成し、隠居免の土地の取扱いを明確にして置いたのであろう。

近世社会において兄弟間や親子間で、右のような議定書や前述したような「飯米送り方覚」、「田畑譲渡証文」などの証文が作成されたのは何故であろうか。それは、兵農分離制以降の近世社会において、隠居免の土地に関する幕藩領主の法規範が整備されていなかったことによろう。すなわち、幕領の「五人組帳前書」には、親の死後に兄弟間で相続紛争を未然に防ぐため、親の「存生中」に名主・組頭立ち合いの上で「譲状」を作成し、そこに彼らの印形をとって置くようにという指示がある程度であり、領主の直接的干渉や規制はみられなかった。それは、幕藩領主の農民取締り書というべき「五人組帳前書」[71]の箇条のなかでもうかがえる。

しかし、近世幕藩制社会において農民支配を徹底した金沢藩（加賀藩）においては、高持百姓は高主の死亡以外では相続は行い得ず、相続人は「耕作慥ニ可致者」でなければならず、成年長男以外の者への相続時には、「改作奉行」に願い出なければならなかったという[72]。だが、東国の幕領においては、分地制限と跡式をめぐる兄弟・縁者の訴訟を未然に防ぐための証文の作成を指示するにとどまっていた。それゆえ、百姓の「家」相続や隠居免の土地に関しては、領主法の制約がなく、基本的には地域社会における人々の観念や慣習法にまかされていた。そのため、親子間や兄弟間、本家と分家間で、さきのような議定書や田畑譲渡証文などを作成する必要があった。そして、江戸時代の農民は、村社会のなかで基本的には「家」を単位に、屋敷や「家産」を基盤にして稼業を営み、家族生活を続けなければならなかったから、それだけにそうした「家産」に関する証文が必要であったのである。

おわりに

本稿では、隠居・老人の視点から老人の扶養や介護の問題、また独居老人の扶養や介護の問題に、江戸時代の「家」や村、地域社会がどのように関わってきたかを検討してきた。

まずはじめに、村外への強制隠居の事例を検討したが、それは、村社会の秩序をみだすような親は、五人組や村役人、地域社会の扱人や郷宿（公事宿）が関わって村外への強制隠居の処置が採られたことをみた。そして、そうした問題の解決法には、村社会の秩序維持のための村制裁のひとつであった、「村追放」の論理と同じ線上で採られた悪の村外への排除の論理がうかがわれた。そしてまた、近世後期の甲州郡内で展開した「訴訟の時代」のなかで形成された、郷宿や扱人も関わる内済方式の延長線上で採られた方法を利用して、村と地域社会のなかで親子間紛争の問題を解決していた。

養子を迎えての「家」の相続は、家業や「家」の永続を願うことばかりでなく、そこには老後の扶養・介護が最大の問題関心事としてあり、そのことを養子への「家産」譲り渡しと引替えに依託していた。また、小百姓層の養子を迎えての家督譲渡し証文には、土地にしろ飯米にしろ隠居免の記載はみられず、わずかな土地と居屋敷を養子に相続させることを条件に、自分たちの老後の扶養や介護を依託するのが精一杯であり、そこには親孝行の通俗道徳観念への依存がつよくみられた。

そしてまた、分家に養子に入ることが約束されていた男子を婿に迎えた御師家の場合では、その約束されていた分家の老母の看病まで誓約して婿を迎えており、それだけに老後の介護が養子に期待されていたことがわかる。江戸時代においては、子供のいない老人の場合、老後の扶養や介護は、養子に面倒をみてもらうのが最善の方法であった。しかし、養父母が養子に虐げられる場合もあり、養子を迎えても、老後の扶養や介護が保証されていたわけではなかった。

老いて子供もなく、財産もきわめてわずかしかない者は、養子を迎えることができなかった。そうした老人は、他村に住む甥や弟といった縁者のもとへ引き移り、縁者の扶養や介護をうける方法で老後の扶養・介護問題を解決していた。江戸時代、「家産」もなく子供もいない老人は、扶養や介護をなんといっても縁者に頼るしかなかった。だが、そうした縁者もいない老人は、五人組や村が代わって扶養や介護をしたが、老人の最期の段階では、寺が老人の看病や介護を引きうける場合があった。

江戸時代における老人の扶養や介護は、まず「家」の相続者である息子夫婦や他の子供、そして親類や縁者にあり、そのつぎに好誼の者や五人組、村・町の地縁社会にあるという三段構えで対応されていた。だが、町場の谷村の事例でみられたように、独居老人を五人組が世話・介護し、最期には五人組が費用を出し合って「寺」に看病と介護を依頼した場合があった。

親や老人の扶養・介護を、家族・縁者などの血縁者と五人組や村など地縁社会が担うことになったのは、農民のなかにあった親子の孝や地縁社会にあった扶助の社会関係をベースに、幕藩領主が「考」を基本とする家族イデオロギーと五人組や村による扶助や連帯責任の論理で繰り返し上から教諭してきたことにもよる。だがそこには、幕藩領主が褒賞して顕彰した、献身的で絶対的な親への孝行者像にみられる「孝」とは違うものが、民衆の間にはあったものと考えられる。その意味では、幕藩制社会における農民の「孝」の実態や認識について検討する必要がある。

隠居財が土地ではなく、米穀や金子で毎年渡される隠居の場合、家督を相続した相続人がその額を保障する証文を入れて親の扶養が行われた。それはまた、均分相続による分家や隠居分家がみられた近世中期には、兄弟で均等に隠居免の飯米や金子を負担して親を扶養する事例がみられた。隠居免が米や金子の場合、親の側が隠居免を留保して隠居したというよりは、親子間で隠居の時に隠居財の飯米・金子の額を話し合いで決めていたものと理解できた。しかし、そうした隠居財を保持して隠居できた老人は、村の上層や中層以上の農民であり、下層の農民の多くは、隠居免を保証してもらう契約証文を子供（相続人）と取り交わすことはできなかったのであろう。

親の世話と介護は、隠居の死後における隠居免の土地相続とどう関わっていたかという問題を検討したが、それは時期によって変化がみられ、隠居免の土地は死後本家に戻るという「家産」観念がつよくなると、兄弟間でその問題を回避するための議定書が作成されていた。そうした議定書が必要であったのは、百姓の「家」相続や隠居免の土地に関する領主法の制約がなく、基本的には地域社会における人々の観念や慣習法にまかされていたからである。それゆえ、親子間や兄弟間、本家と隠居分家間で議定書や田畑譲渡証文などが作成された。そして、江戸時代の農民は、村社会のなかで、基本的には「家」を単位に屋敷や「家産」を基盤にして稼業を営み、家族生活を続けなければならなかったから、それだけにそうした「家産」に関する証文が必要であった。また、隠居や老人は、それだけに「家産」を介して老後の扶養と介護を期待せざるをえなかった。それゆえ、養子への家督譲渡し証文には、親への孝養と介護が期待されていた。そうした親への孝養や介護が必要になった背景には、傍系家族や複合家族の大家族から直系家族や単婚家族の小家族への家族形態の変質があった。そうした家族形態の変質にともなって、居住形態も屋敷内や建物内に兄弟家族が建物や部屋を別にして生活した段階から、屋敷地を別にして家を建てて分家し、それぞれが独立した小農民の「家」を創立して生活する小農民家族が広汎に簇生されたことから、幕藩領主は「孝」を基礎とした家族イデオロギーを「五人組前書」をとおして説く必要性が生じてきたものと考えられる。

注

（1）穂積陳重『隠居論』（有斐閣書房　大正四年）。「家族・婚姻」研究文献選集2として復刻、一九八九年、クレス出版。三浦周行「隠居制度論」『法制史の研究』岩波書店、大正八年初版、大正十三年第四刷。中田薫「隠居論第二版を読みて」『法制史論集』岩波書店、大正十五年初版、昭和四十五年再版。隠居研究の研究史整理は、竹田　旦『民俗慣行としての隠居の研究』（未来社、一九六四年）のなかで詳述されている。

（2）大間知篤三「隠居家族制について」『大間知篤三著作集』第一巻、未来社、一九七五年、二九二頁。

（3）宮川　満『太閤検地論第Ⅰ部』御茶の水書房、一九五九年、二二五～二二七頁。

（4）大竹秀男『封建社会の農民家族』創文社、昭和五七年改訂版、一六〇～一六二頁。

（5）「江戸時代の隠居と隠居分家」『商経論叢』第三十二巻第一号、一九九六年六月。

（6）竹田　旦前掲書。

（7）竹田　旦氏は、こうした末子に至るまで隠居分家する形態を「完全隠居分家」と名付け、途中で分家を止めてしまうものを「不完全隠居分家」と名付けて区分した。『「家」をめぐる民俗研究』弘文堂、昭和四五年、七六頁。

（8）大藤　修『近世農民と家・村・国家』吉川弘文館、平成八年、四一〇頁。

（9）『都留市史　資料編近世Ⅱ』史料二五四。

（10）『都留市史　資料編近世Ⅱ』史料二八五。ここでは、人名が伏字となっているが、仮名で「八郎右衛門」と「与次郎」とした。

（11）『都留市史資料編　近世Ⅱ』史料二五四。

（12）谷村の打ちこわしについては、「甲斐騒動聞書」参照（『都留市史　資料編近世Ⅱ』史料三八三）。都留郡の一〇五ヶ村で餓死者八〇三八人を数えているが、これも実際より少ない人数であった（「中郷より下郷村々死失退転其外取調帳」『都

留市史　資料編近世Ⅱ』史料三七三）。また、上谷村の史料によると、上谷村の餓死者は天保八年正月より同年八月下旬まで一三五人としている（天保八年六月「諸国飢饉米穀相場附并喰物控」都留市上谷　西村光家文書）。郡内全体の死者は、江川太郎左衛門の手代根本定助が天保九年八月の郡内探索報告書では一万二八七三人としている（『韮山町史』第六巻下）。天保九年三月頃書かれた「凶年日記」では一万七千人としている（『都留市の古文書』第一集）。都留郡の餓死者については、拙稿「養蚕・絹織物生産地域における天保飢饉」『商経論叢』（第三八巻第四号、二〇〇三年四月）で、約一万一千人と推定した。

(13) 当主が不法・不埒な行為から村の制裁として「押込隠居」に処された事例もある。村方一同による「惣寄合」が開かれ、藤右衛門と藤吉の二人を「押込」に処し、藤右衛門家は後家を、藤吉家は倅を当主に立てることに決したという。大藤　修『近世農民と家・村・国家』吉川弘文館、四一〇～四一三頁。

(14) 文化三年七月「陣屋仕法替反対訴訟」『富士吉田市史史料編近世Ⅰ』史料三九。

(15) 文政五年四月「申渡」。文政十一年九月「御申渡御請書帳」は、そうした訴訟取締法令である（多摩市　牛田輝秋家文書）。

(16) 落合延孝「近世村落における火事・盗みの検断権と神判の機能」（『歴史評論』四四二号　一九八七年）には、村議定で「石埋」「打殺」による殺害規定が記されたものがあるとしている。

(17) 菊池勇夫氏によって明らかにされた「カマスかぶり」とは、天明・天保の飢饉時の奥羽社会で広くみられた村の制裁で、蕎麦・稗・大根などを盗む野荒しの盗人を捕まえ、叺を頭からかぶせ、河や谷に放り込み殺害するという制裁であった。菊池勇夫『飢饉の社会史』（校倉書房、一九九四年）第四章　盗犯と村の制裁。

(18) 水本邦彦「公儀の裁判と集団の掟」（『日本の社会史』第五巻（岩波書店、一九八七年）二、村の掟。

(19) 板橋春夫「盗人送り慣行と村落の秩序」『葬式と赤飯』煥乎堂、一九九五年。

(20) 都留市境　米山源之助家文書。
(21) 水菜畑とは、水を畑に注ぎ込み、他の肥料を用いずして菜を栽培する方法の畑をいう。同様に水かけ麦の栽培が富士北麓の村々では中世から行われてきた栽培方法である。こうした栽培ができた田畑は石盛が高かった。増田昭子氏は『粟と稗の食文化』(三弥井書店、平成二年)のなかで、当該地域の「水かけ麦の民俗」を分析している。
(22)『群馬県史　資料編10近世2』史料三三五。
(23) 隣郡の相州津久井県牧野村馬本の与五右衛門は、元禄三年(一六九〇)十月の「手形之事」で、「我等儀身体不罷成、段々借金重ク身体立かたく候ニ付、・・・其方ノ男子彦三郎を我等聟ニもらい、我等惣領娘ノたきと夫婦ニいたし、我等借金拾弐両弐分五百文、不残其方被相済候筈ニ相究候、我等持高四石三斗七升八合之内、いなりノ前ニて上畑壱畝廿七歩、我等三男うしニくれ申筈、・・・不残彦三郎・たき夫婦ニ相渡し可申候」とある(神奈川県津久井郡藤野町牧野　佐々木久三家文書)。この家の所持高は山間村落であるため、耕地条件を考慮すると四石三斗の石高は少ない石高ではない。また、津久井県日連村杉の久兵衛は、宝暦三年(一七六三)四月、「居跡証文之事」を作成して養子を迎えているが、そこには持参金四両二朱請取り、「我等持高不残、家財共ニ」譲り渡すとあるが、石高記載はなく、「夫婦共老年迄も大切可被致候」とある(同家文書)。
(24) 都留市小形山　山本茂作家文書。
(25) 都留市小形山　小俣信雄家文書。
(26)『山梨県史　資料編12近世5在方Ⅲ』史料三七〇。
(27) 都留市小形山　井上敏雄家文書。
(28)『山梨県史　資料編12近世5在方Ⅲ』史料三三八。
(29) 安沢秀一氏は村内の絶家の事例として、この宝暦九年の「指出申願一札」を利用しているが、この史料は、老人の扶養・介護の視点からも利用できる。史料にある字は「姥」であるが、「うば」「おうな」では意味が通じず、「甥」の字の宛字と理解した。安沢秀一『近世村落形成の基礎構造』吉川弘文館、昭和四七年、六一七～六一八頁。

(30)『山梨県史　資料編12近世5在方Ⅲ』史料三五七。

(31)安沢秀一氏は、こうした絶家となる事例は、経営規模が小さく、再生産条件が劣悪であるため、養子のなり手がないという事情が背景にあったとは無視できないとしている。注29前掲書、六一八～六一九頁。

(32)『都留市史　資料編近世Ⅱ』史料二七〇。

(33)「公儀諸法度につき請書」『富士吉田市史　史料編近世Ⅰ』史料三四。一、年老て子供并親類縁者も無之、農業出来かね、又ハ無高等ニて可及飢ニ程之者并老若ニ不限独身等ニて相煩、看病いたし遣候もの無之者ハ、組合之者引取、薬用・看病等致遣シ、貯等も無之分ハ、村内申合せ、扶助致遣候様可致候、・・・相続人無之者ハ、村役人ハ勿論、一同申合世話いたし、相応之もの見立遣可申候事」とある。

(34)『都留市史　資料編近世Ⅱ』史料二七〇。

(35)文久二年七月乍恐以書付御下奉願上候（戸沢村百姓伝三郎より本家相続方一件）、都留市戸沢　志村英仁家文書。

(36)拙稿「江戸時代、甲州における医療と医療意識」『山梨県史研究』第七号。

(37)『都留市史　資料編近世Ⅱ』史料二七二。

(38)寛永十九年七月に、代官成瀬五左衛門が相州幕領に触れた「覚」に、「独身之百姓義、相煩又ハ人手間之無之、かうさく成兼候輩ニハ、其一村として相互ニ助之可申事」とある。『神奈川県史　資料編近世（3）』史料一二。「覚」『御当家令条』四五五。

(39)「土民仕置條々」『御当家令条』二七九、「在々御仕置之儀ニ付御書付」『徳川禁令考』前集第五、二七八六。

(40)年不詳の「今堀村惣中置目之事」に、「一、七人組ニ仕上は、徒者於有之は、組中としてあらため、惣中へ披露可仕候事」とある。この置目は戦国期か近世初頭のものであろう。『八日市市史第五巻』史料三三四。
(41) 幕領武州橘樹郡白幡村（現、横浜市）の天和四年「武州神奈川領白幡村五人組御仕置一札」には、「壱人身之百姓煩無紛、耕作不罷成時は、五人組ハ不及申、為壱村之者、田畑仕付、収納仕候様ニ互ニ助合可仕候」（『神奈川県史　資料編近世（3）』史料六一）とあり、まだ年貢収納をめざした文言が含まれている。
(42) 『神奈川県史　資料編近世（3）』史料六六。
(43) 『神奈川県史　資料編近世（4）』史料七八。
(44) 『小山市史　史料編近世Ⅱ』史料五一九。
(45) 『富士吉田市史　史料編近世Ⅰ』史料三四。なお、文政十一年の「甲斐国山梨・巨摩郡村々申渡請印帳」の条文にも、同文の箇條がある（『甲府市史　史料編第五巻近世Ⅳ』史料八二）。
(46) こうした継母の扱いが親不孝であり、重罪にあたることがこの「一札」には記されており、公儀御法度の条目を名主が読み聞かせているにもかかわらず、御定法に背いているとある（『静岡県史　資料編12近世四』史料一七〇）。
(47) 明治元年十一月、武蔵国都筑郡片平村の名主勝次郎が神奈川知県事古賀一平に極難貧窮者などについて答申した文書にみられる。「病難其外災害ニ逢候共、其組合幷村内好身合いニて助力致候儀村極ニ仕来り候」とある（『神奈川県史　資料編近世（2）』史料六六五）。
(48) 柳谷慶子「日本近世における家族・地域の扶助介護」『家族と地域社会』早稲田大学出版部、一九九六年。
(49) 貞享三年（一六八六）の「苅野本郷村明細帳」、『神奈川県史　資料編近世（2）』史料一四九。
(50) 昼田源四郎『疫病と狐憑き』みすず書房、一九八五年。
(51) 『山梨県史　資料編9近世2甲府町方』。
(52) 大竹秀男「江戸時代の老人観と老後問題」比較家族史学会監修『老いの比較家族史』三省堂　一九九〇年。

(53)中田　薫『徳川時代の文学に見えたる私法』岩波文庫、二二四～二二八頁。
(54)富士吉田市　小野道男家文書、『山梨県史　資料編12近世5在方Ⅲ』史料三五六。
(55)『山梨県史　資料編12近世5在方Ⅲ』史料三五八。
(56)文化三年「甲斐国都留郡下吉田村明細帳」『村明細帳集』富士吉田市史資料叢書4。
(57)都留市大幡　安田七朗家文書。
(58)郡内では郡内枡（通称オオマス）が使用されており、郡内枡一升は京枡二升五合となるとある「両谷村」（森嶋家文書、都留市蔵）。オオマス一斗蒔きは田一反歩に当るとあるが、京枡に直すと二斗五升となり、反当り二斗五升は大変厚蒔きであったことになる。また、畑の麦何升蒔は反当り播種量が推定できない。
(59)天明七年「田畑所持控牒」都留市大幡　安田家文書　追加Ⅱ「家」。
(60)高木　侃『三くだり半』平凡社選書、一九八七年。同『三くだり半と縁切寺』講談社現代親書、一九九二年。
(61)享保四年二月「書置之事」『都留市史　資料編近世Ⅱ』史料二七三。
(62)前掲安田七朗家文書。
(63)『都留市史　資料編近世Ⅱ』史料二八〇。
(64)この家の「萬代競察記」は、年々の収支を記録したものであるが、それは、天保三年（一八三二）から記録されており、天保二年一二月に家督相続した五兵衛が記録し始めたものである。『都留市史　通史編』でその「萬代競察記」を分析した。五三〇～五四二頁参照。一九九六年。
(65)都留市戸沢　志村英仁家文書。
(66)及川　宏「信州諏訪塚原村に於ける分家について—所謂末子相続の一例として—」（及川　宏『同族組織と村落生活』未来社、一二一頁、一九六七年）。

(67)『富士吉田市史　史料編近世Ⅱ』史料六六八。
(68)『静岡県史　資料編12近世四』史料一五一。
(69)村落内の隠居の居住状態がわかる村絵図を埼玉県上里町内でみたことがあるが、その絵図を再確認できないでいる。記憶によると、村内に誰々隠居と居住家が記されているが、その名前と本家の位置は一致しておらず、村内に隠居所を借りて居住していた様子がわかり興味深い村絵図であった。そして、村内に意外に多くの隠居が確認できたことを記憶している。
(70)『静岡県史　資料編12近世四』史料一六八。
(71)甲州都留郡の元文二年(一七三七)の「五人組帳」(『都留市史　資料編古代中世・近世Ⅰ』史料一〇四)に、

一百姓之子共多持候共、田畑惣領壱人へ譲可申候、次男より耕作之働為致候か、又ハ奉公人・商人・諸職人等之弟子に遣し、末々時(自)分過に仕候様に可致候、高弐拾石、地面弐町以下之百姓、高・田畑分候儀、御法度儀ニ候、但田畑大分致所持、子共ニ配分仕度ものハ、其趣申達、可得差図事
附、百姓跡式之儀、存生之内相極、名主・組頭立合之印形書付仕置、後日出入無之様ニ可仕候事

とあり、次男は耕作の手伝いをさせるか、奉公人や諸職人の弟子に出して自立できるようにせよとしている。そして、二〇石・二町以下の者は分地してはいけないとしている。また、百姓跡式(相続)は、親の生存中に名主・組頭が立合い、書付を作成して置き、後に出入(訴訟)が生じないようにとある。そしてまた、同郡の宝暦三年(一七五三)の「御仕置五人組前書」(都留市加畑、森島芳彦家文書)になると、つぎのようになる。

一田畑譲候節、高拾石より内分ケ申間敷候、無拠子細有之は可申出事

とあり、所持石高が一〇石以下の者は分地してはいけないとしている。また、家の跡式(相続)に関しては、

一跡式之儀、兼て書付置仕、名主・五人組立合致加判、死後ニ出入無之様ニ可仕事

とあり、死後に相続問題が生じないように、名主・五人組の立合い加判の書付を作成することを指示している。この点は先の箇條の「附」と同じである。

また、元禄九年（一六九六）の幕領相州津久井県下川尻村の「五人組帳前書」（『神奈川県史　資料編6近世（3）』一八六～八七頁。）に、

一百姓田畑、子孫ニわけ為取候共、壱人前之高五石より内ハ分ケへからす候、小高之百姓ハ子孫ニわけ為取間敷候、若子細候て分之儀有之は可得差図、惣テ新規ニ百姓有附候は可注進、跡式之儀ハ存生之内ニ庄屋・年寄為寄合書付置、後日ニ出入無之様ニ心かけへき事

とあり、ここでは五石以下は分地しないようにとあり、さきの郡内の基準より少ないが、相続に関する書付の作成はさきのものとほぼ同様の条文となっている。元禄期頃から跡式相続をめぐる争論が増えてきたことから、跡式に関する「附」や「条文」が追加されたものと考えられる。

（72）服藤弘司『相続法の特質』創文社、昭和五七年、五四九～六〇七頁。

第二章

近世地方書にあらわれる高と免に関する一考察
―「地方の聞書」を中心にして―

田上　繁

問題の所在

近世社会が石高制を基礎に成立していたことは、近世史研究者の大方が認めるところである。石高制の研究は、基礎構造に関わる問題として検地研究、とりわけ太閤検地との関連において、すでに戦前から行われ[1]、戦後に入ってから本格的に取り組まれるようになった[2]。石高制は、検地との関係だけでなく、年貢制度、知行制度、社会分業形態にいたるまで、近世社会全体の性格を規定する側面をもつがゆえに、さまざまな問題を内包している。

例えば、近世の石高は、米の収穫高＝生産高を表示したもので、戦国期の年貢高を表わした貫高・石高とはまったく異質のものとする見解がある。そこでは、石高は米の収穫高に近いものとみなし、それが年貢や軍役の賦課基準として実際に機能したと主張される[3]。また一方で、石高は、算面の作りものに過ぎず、知行や格式を表示するための擬制的なものであるとする捉え方もある[4]。さらに、生産高説が主流を占める中で、石高は年貢高に近いものを表示した

ものとみなす指摘もある。(5)

この石高の規定については、初期検地の評価とあいまって、中世から近世への移行期の問題として、近世社会の成立をどのように理解するかといった問題とも重なる。それは、時代区分論の評価に連なる問題でもある。こうした重要な課題が伏在しているにもかかわらず、石高自体の性格が解明されていないのが実状である。石高を基準として年貢がどのように賦課され、免がその過程でいかなる機能を果たしたのか、といった基本的な問題すら解決されていないのである。その原因の一つは、史料の厳密な批判が十分でなかった点に求められるであろう。基礎構造分析の基本となる検地や石高制の解明がなおざりにされ、国家論、身分制論、都市論、さらには社会史研究などへと移っていった研究動向の変化もその一因にあげられる。周知のように、一九五〇年代の「太閤検地論争」以後、近世史研究をリードしてきたのは、幕藩制構造論であった。それ以後、その理論が克服されたかというと、必ずしもそうとはいえない。とはいえ、検地の評価の見直しや、年貢制度の再検討が進み、少しずつではあるが、定説が是正されつつあるのも事実である。(6)とくに、中世史研究者からのアプローチが積極的に行われ、時代区分論をめぐって対立状態に陥っていた、いわゆる中世と近世の「断絶」の溝をわずかでも埋める努力がなされている。(7)

本稿では、石高＝生産高説の矛盾を克服する一つの手がかりとして、高と免の問題を取り上げ、その実証分析を試みる。とくに、高を年貢高と把握する立場から、収穫高、高、免の関係、ならびに百姓取分と領主取分との割合を追究し、そのことを通して近世社会の本質に迫ることとしたい。その場合、分析の対象として近世の地方書を素材とする。近世地方書は、これまでも農業経営分析の対象として多くの先学が取り上げてきた。しかし、地方書には、農業経営に関する記述だけでなく、随所に石高や免についての記述もあり、近世の高や免の性格を理解するには、格好の史料となっている。その高と免の記述部分を抽出して、以下、分析を進めることにしたい。

一　近世地方書にあらわれる高と免

周知のように、近世期には地方巧者によって地方書が数多く書かれた。その内容は多岐にわたるが、その中に、石高と免の関係や、石高そのものの性格について記述したものもかなり見受けられる。高や免について述べたものとしては、「地方凡例録」(8)を始め、「豊年税書」(9)「地方竹馬集」(10)「農業根元記」(11)「農家捷径抄」(12)「地下掛諸品留書」(13)「地方の聞書」(14)など枚挙にいとまがない。そこで、その中から、本節では「地下掛諸品留書」を、また、次節以下では「地方の聞書」をそれぞれ取り上げて、近世における高の性格や免の意味について追究することにする。

まず、文久二（一八六二）年、岩代国熱塩加納村の三浦文右衛門によって書かれた「地下掛諸品留書」の内容を引用しながら、そこにあらわれる高と免の関係を窺ってみよう。(15)この書では、見積収穫量について、領主と百姓がそれぞれどれほどの取分があるのか、その配分試算が四つの事例をあげてなされている。そこでまず、その中から二例を抽出して検討を加えていくことにする。

田畑耕作大積

一、鍬取男壱人　　高八石

此反別中田ニして六反三畝拾五歩

中出来ニして此刈稲五百八束、但壱反歩ニ八十束刈

此出穀三拾壱俵三斗、但壱束ニ二升五合

但壱反歩ニ五俵取ニ当ル

籾附歩刈白眼壱升六合位の出来ニ当り可申候

内

拾四俵三斗三升六合　　御年貢米

但免七つ成

壱斗六升　　　　　　　小割米

但高拾石ニ弐斗位

六升　　　　　　　　　大豆代米スレ

但大ス弐斗六升、高拾石ニ三斗三升位

弐俵弐斗　　　　　　　小割定籾内割銭

此銭八貫文、但高拾石ニ拾貫文位、金拾両ニ米弐拾俵直段

三俵七升　　　　　　　養米

代壱両弐分壱朱百六文、但壱反歩へ壱分積、米廿俵直段銭壱〆六百文

小弐拾壱俵弐升六合

残拾俵弐斗七升四合　　作徳

これは、面積六反三畝一五歩、高八石の中田について、領主と百姓の取分がそれぞれどれほどになるか試算したものである。史料中の数字や換算率を利用すると、一反当たりの収穫量は二石、一俵は四斗、全収穫量は一二石七斗であることが分かる。[16] この全収穫量一二石七斗が、一定の割合によって領主と百姓とに分配されるのである。

高八石に対し、収穫量は一二石七斗である。また、史料中にもあるように、「御年貢米」は、一四俵三斗三升六

合＝五石九斗三升六合であり、その免は、「七つ成」＝七〇パーセントとなっている。ただ、この「御年貢米」五石九斗三升六合を高八石で割っても免七つという数字は出てこない。一四俵三斗三升六合のうち、一四俵分だけ、つまり五石六斗分だけを高八石で割ると、免七つが求められる。残高の三斗三升六合は、このときの純然たる「御年貢米」五石六斗に対し、一石当たり六升ずつかけられる付加税に過ぎない。[17]つまり、史料中の「御年貢米」一四俵三斗三升六合＝五石九斗三升六合は、年貢米と付加税が合計されたものであるということになる。ともかく、ここではまず、「免七つ成」とは、付加税を除いた年貢米の量が高に対してどれほどの比率になるか示したものであることを確認しておきたい。

そのほか、「小割米」「大豆代米スレ」「小割定籾内割銭」「養米」などの諸掛かりが書き上げられる。そして、付加税を含んだ「御年貢米」とそれらの諸掛かりを合計したものが二一俵二升六合＝八石四斗二升六合となる。ほぼ高八石に近い数字である。収穫量一二石七斗からその合計分八石四斗二升六合を差し引いた残りの一〇俵二斗七升四合＝四石二斗七升四合が、「作徳」＝百姓取分として計上される。以上が、史料中から知りうる領主と百姓との配分の内訳である。

グラフを利用して、その配分の内容をさらに詳しく見てみよう。

図1では、それぞれ石数が異なる見積収穫高と高のグラフ、さらにもう一つ、領主と百姓の取分の内訳を明示したグラフを掲げた。領主取分は、前述したように年貢米五石六斗と、付加税の三斗三升六合を合わせた五石九斗三升六合である。その場合の免七つは、年貢米五石六斗について計算されたものであったことはすでに指摘した。それは、高八石に対して、七〇パーセントに相当することを意味する。しかし、それ自体、収穫量に対しては、約四四パーセントを占めるに過ぎない。付加税分を加えたとしても、約四七パーセントの比率を示すだけである。

このほか、収穫量から控除するものとして、「小割米」「大豆代米スレ」「小割定籾内割銭」「養米」などの諸掛かりがある。これらは、年貢米の付加税とは異なり、史料中に記されるように、高に対して一定の割合で算定される。そのうち、前三者は、領主、百姓のどちらか一方の取分に含まれるといった性格のものではない。しかし、百姓の飯米である「養米」は、諸掛かりというよりは、むしろ必要経費として百姓取分に含ませるべきものであろう。したがって、実質的な百姓取分は、百姓作徳四石二斗七升四合にその飯米一石二斗七升を加えた五石五斗四升四合となる。この実質的な百姓取分は、収穫量一二石七斗に対し、約四四パーセントの比率になる。その比率は、付加税を除いた年貢米が収穫量一二石七斗に占める比率とほぼ同率となっている。また、百姓取分は、高八石に対して約六九パーセントの比率となる。免で表わせば、「免六つ九分成」である。領主取分と百姓取分とでは、ほぼ同量となっているのである。

以上のことから、免というのは、収量のうちの領主取分を、高の数字を利用して表示するときの率に過ぎないことが判明する。その場合、免七つというのは、単に領主取分を表わすだけで、百姓取分については何も示していない。各年の「年貢割付状」や「年貢皆済目録」に記載される免の数値は、高に対する

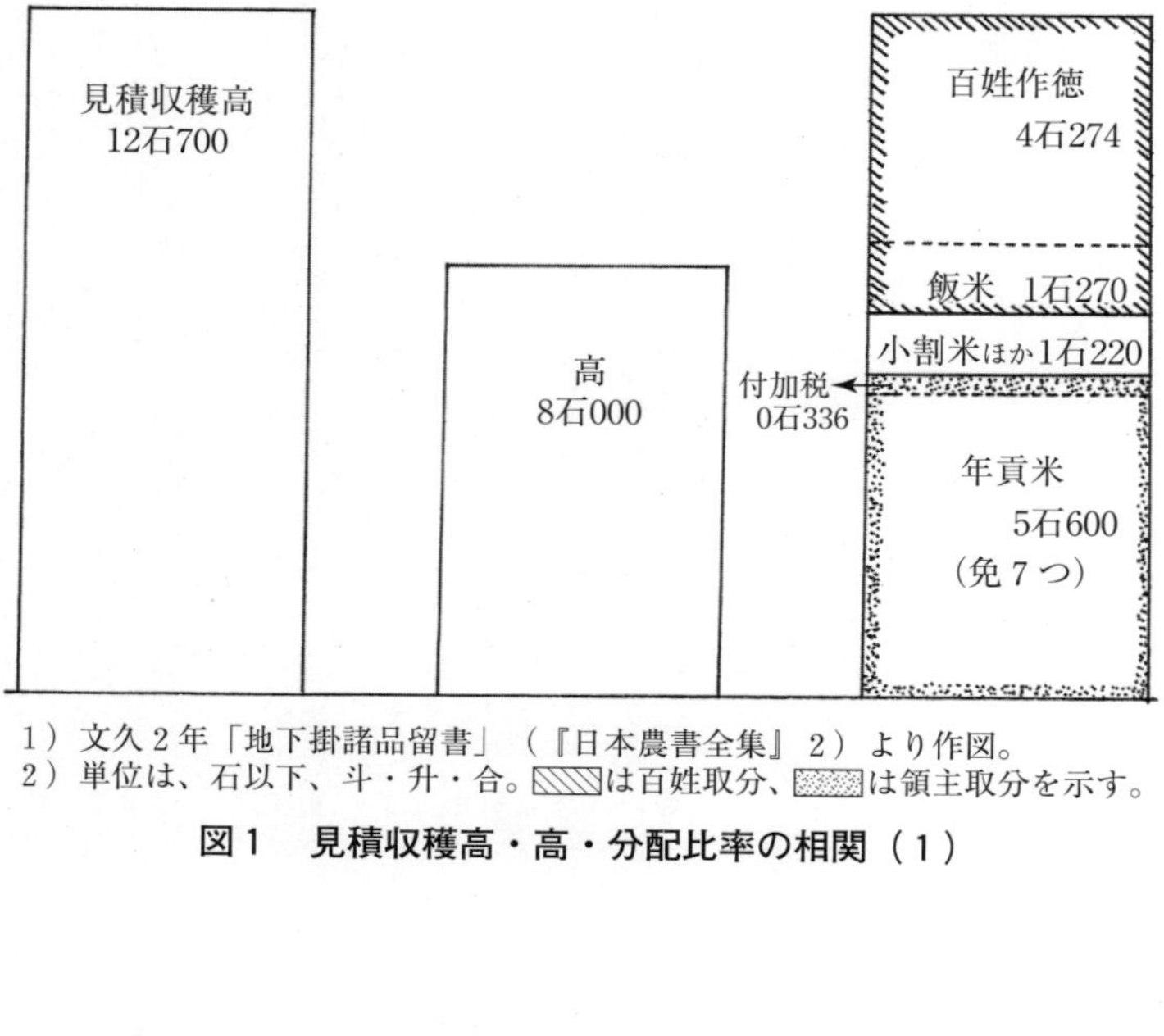

1）文久２年「地下掛諸品留書」（『日本農書全集』 2）より作図。
2）単位は、石以下、斗・升・合。▨は百姓取分、▩は領主取分を示す。

図１　見積収穫高・高・分配比率の相関（１）

領主取分の比率を表わすだけで、百姓取分については、免率からその量がどれほどであるか知ることはできないのである。無論、高に対する免七つが領主取分であるから、高を一〇として、その一〇から七を差し引いた三が百姓取分であるとする理解がまったく的外れであるのは、改めて説明するまでもない。免率が高いからといって、それが即年貢収奪の強化を意味するものでは決してないのである。普通、百姓取分として、領主取分に匹敵するほどの量が確保されていたのである。むしろ、次に検討するように、百姓取分が優先的に確保されたあと、領主取分が確定され、領主取分に応じた免が決定されたと考えるのが妥当であろう。

　例えば、先に引用した史料では、続いて同じ中田六反三畝一五歩、高八石で、一反当たり一石五斗の収穫量が見込まれるときの試算がなされている[18]。記述部分の引用を省略して、その試算による領主取分と百姓取分の割合を前出の図1と同様図示すると、図2のようになる。

　一反当たり収穫量一石五斗の見積であるから、全収穫量は九石五斗二升五合となる。高は、前掲の図1と同様八石である。全収穫量九石五斗二升五合は、純然たる年貢米二石八斗、その年貢米の一石当たり六升ずつの付加税一斗六升八合、「小割米」「大ス代米スレ」「小割定籾内割銭」の合計一石二斗二升、「養米」＝飯米一石二斗七升、それと百姓作徳四石六升七合とに分けられる。年貢米二石八斗については、免は「三つ五

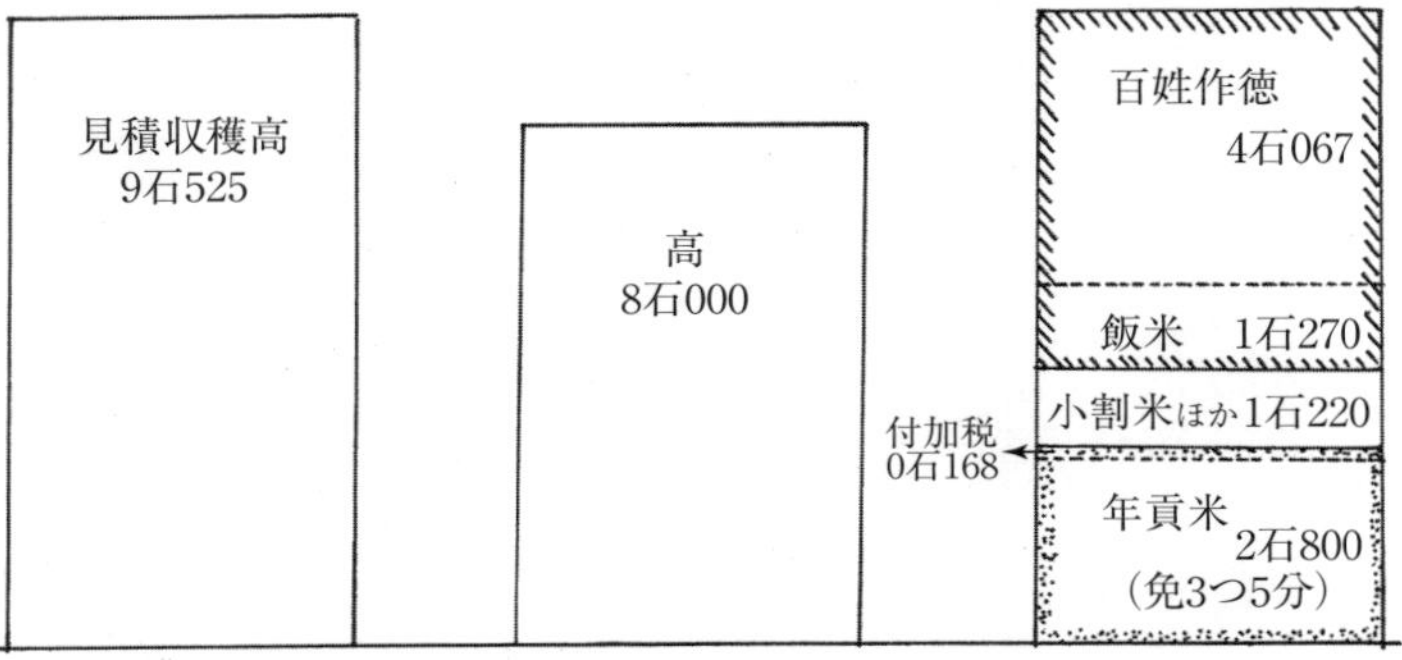

1）出典、単位、取分表示とも図1と同じ。

図2　見積収穫高・高・分配比率の相関（2）

分成」＝三五パーセントとなっている。この免率が高八石に対する年貢米二石八斗の比率を表わすことは、すでに見た通りである。領主取分は、この年貢米と付加税一斗六升八合を合わせた二石九斗六升八合である。それは、わずかに収穫量の約三一パーセントを占めるに過ぎない。付加税を除いた年貢米二石八斗だけでは、約二九パーセントという低率である。一方、百姓取分は、百姓作徳四石六升七合に飯米一石二斗七升を加えた五石三斗三升七合である。収穫量に占める比率は、約五六パーセントにものぼる。領主取分の二倍近くの比率である。高八石に対する比率でも、約六七パーセントを占め、先の図1の約六九パーセントとほとんど同じ数値を示す。

以上の高八石の事例では、百姓側には、豊凶の如何を問わず、高八石に対する約七〇パーセントの取分が保証されていたのである。そのことを前提として領主取分が増減され、その年の年貢量が免によって調整されたのである。ここでも、免率が異常に高いからといって、年貢収奪が強化されたわけでもなく、逆に低いからといって緩和されたわけでもないことが確認される。一般的には、領主取分の免率が高ければ高いほど、その分百姓取分の比率も大きくなる。つまり、領主取分と百姓取分とが、図1のようにおおむね収穫量の五分五分であるとすれば、「免七つ成」のときには、百姓取分もそれと同じ「七つ」の取分があったことになるのである。反対に、免率がかなり低いとしても、百姓取分が大幅に減少することはなく、一定の量は確保されたのである。その分、領主取分が減少するだけのことである。もっとも、収穫量が図1の一反当たり二石よりもさらに多くなると、領主取分は、高八石全部を年貢米として収納することも可能となる。そのとき、当然、免は「免十成」と表記されるであろう。事実、加賀前田領の越中国井波町では、元和元（一六一五）年に「物成拾」＝一〇〇パーセントの物成＝免がかけられ[19]、また、瀬戸内海の備中国真鍋島村では、宝暦一三（一七六三）年の田方分について「免十三つ五分弐り弐毛」＝一三五・二二パーセントという一〇〇パーセントを超える免率がかけられているのである[20]。いうまでもなく、「物成拾」というのは、高がすべて年貢として収納されることを、また、「免十三つ五分弐り弐毛」というのは、高を超えた年貢を納めることをそれぞれ意味している。

高の全部が年貢となったり、また、高を超えた量が年貢になるといった現象を一体どのように理解すればよいのであろうか。高を収穫量＝生産高とみなせば、「免十つ」のときは、その収穫量すべてを年貢として納めるわけであり、「免十三つ五分弐り弐毛」にいたっては、収穫量を超える年貢を納めなければならないことになる。収穫量を超えた年貢量を納めたのでは、百姓の手元には必要経費はおろか、次年度の耕作用の籾すら残らないことになってしまう。こうした説明のつかない事態に陥いるのは、高を生産高とみなすからであり、発想を逆転させて、高を年貢高と理解すればその疑問はたちまち氷解する。

後述するように、毛見、ないしは、坪刈りによって求められた見積収穫量の数値と、検地によって定められた高の数値とは、まったく別の性格をもつものなのである。両者の性格を混同するところに、石高制社会と呼ばれる近世社会の理解のあり方に大きな誤解を生みだす原因の一つがあったといっても過言ではない。

これまでの分析で、高と収穫量は厳密に区別されるべき性格のものであり、また、免というのは、その収穫量のうち、高を基礎数値として領主取分を表示したものに過ぎないことを知りえた。次節では、そのような分析結果を踏まえ、「地方の聞書」にあらわれる高の意味について考えてみることにする。

二　「地方の聞書」における高の性格

「地方の聞書」が近世の地方書を代表する一書であることは、すでに広く認められている。元禄・宝永期（一六八八～一七一〇年）に、紀州藩学文路村の大畑才蔵によって著述された本書は、近世でも元禄・宝永期という比較的早い時期の農業経営の実態を記した地方書として、その評価はきわめて高い。

これまでは、専らその農業経営の実態を分析する史料として多くの研究者に利用されてきた。しかし、本書を通読すると、近世の高や免について記述した箇所が多いことに気付く。それは目次からも窺われるが、大半が高や免に関する記述で構成されている。そこで、「地方の聞書」に記された語句や文章を忠実に解釈して、才蔵が高をどのように捉えたのか追究することにしたい。才蔵は、「田畑高御附候御法推量」と見出しのあるところで、高の性格について明確な規定を行っている。きわめて重要な内容を含んでいるので、以下引用してみよう。

一、田畑の田附所々にて見合候に、此地一反に十分の立毛に候ハ、一歩のもミ一升八、九合、壱反に米弐石八、九斗ハ出来可申と見へ候地の高ハ壱石八、九斗と申候、然はか様の上田にてハ作の入用壱石程入候御心得に候也、また山中悪所の山田にて此地には一歩のもミ八、九合、一反に米一石弐、三斗あるへきと見へ申候、此地の高は五、六斗と申候、然はか様の地一反作る入用は八斗程入候との御心得に候也、上田・下田作の入用ハ同前、結句山かた小田に多く入可申を上田にては作入用壱石御引、山中下田にてハ八斗御引候ハ、山中山肥多、買肥不入、殊ニなり木なと御見込の御心入候也

（傍線は引用者。以下同様）

ここでは、最初に、稲が十分に生育する一反の田について、その田から一歩当たり籾一升八、九合の収穫量が見込められ、したがって、一反当たり米二石八、九斗の収穫量が実現できるとすると、その田の高は、一石八、九斗と表記するというのである。その一反当たり収穫量米二石八、九斗の数字は、一反＝三〇〇歩、五合摺りの計算に基づいている。才蔵は、そのうちの一石八、九斗が高であると主張するのである。つまり、この上田一反の耕作には、「作の入用」＝必要経費が一石ほどかかり、この経費を収穫量から控除したものが、高であると記述する。

また、一歩当たり籾八、九合の収穫量、したがって、一反当たり米一石二、三斗の収穫量しか期待できない耕作条

件の悪い山田では、その高は五、六斗になると計算する。これは、一反の必要経費を八斗ほどと見積もるからである。なお、同じ一反を耕作する場合、その必要経費は同じであるにもかかわらず、上田では一石、山田では八斗というように一定でないのは、山田の場合、山中の山肥などが使え、購入肥料の費用がその分だけ少なくてすむからと説明している。

もっとも、才蔵は、元禄一一（一六九八）年に見聞した勢州の地方のことを記した「覚書」の中の「田畑毛見積立」のところで、「田一反作候入用ハ何方も同前」[21]と記すように、あくまでも一反当たりの必要経費は同じものと考えていた。それについては、「山肥無之所ハ買肥入候得共、其代リ麦を取」り、「買肥不仕山方ハ片毛多ク、麦の取少」ないと述べるように、山肥のない平野部では購入肥料の経費がかかる分、裏作の麦が収穫できるのに対し、山間部では購入肥料の経費がかからない分、裏作のできる箇所が限られていて、麦の収穫が少ないから、どちらも同じ必要経費になるといった理由を挙げている。しかし、「作仕方念入候所と、不念に仕候所ハ反ニ一斗つゝも違」うものであるとして、耕作に対する作人の念の入れ方如何によって多少の違いが生じると述べる。

そして、結局のところ、「一反ノ作入用ハ七、八斗と申候、壱反にて壱石八斗作り候四分方は、七斗弐升ニ当リ候得ハ七、八斗と申も違も無之」と記して、一反当たりの必要経費が七、八斗と算定される数字の根拠を説明している。ただ、「地方免算用」のところで、村によっては「買肥多ク仕候所」は一反に八、九斗、また、「山肥にて作り候所」、耕作のための「修理に不念ノ村」、無年貢の麦を作るところなどでは、一反当たり五斗というように、その必要経費はまちまちであるが、「田畑毛見積立」のところで記すように、「四分方の米を其村々町反へならし、勘定仕見」たならば、一反当たりの必要経費は六斗が標準的なものであろうとしている。

以上の記述から知られるように、才蔵の最大の関心は、耕作人にとって一反当たりどれほどの必要経費がかかるかという点にあった。それはまた、耕作人の手元にどれほどの「作徳」が実現できるかということでもあった。才蔵にとっては、見積収穫高の四〇パーセントは、最低限耕作人の手元に残る作徳でなければならなかったのである。そして、その残りの六〇パーセントが領主取分＝年貢高であり、先に引用した史料の文言が示すように、その領主取分＝年貢高が高そのものに他ならなかった。

見積収穫高の四〇パーセントを必要経費とする考えは終始一貫しており、そのことによって高や免の性格が規定される。見積収穫高の六〇パーセントに当たる高がどれほどになるかは、当然ながら、それぞれの土地の耕作条件によって異なる。再び、「地方の聞書」に戻り、「田畑高御附候御法推量」にある文言の続きを引用すると、

一、……御検地の御法、中分の地六分方高に成、上田にてハ六分方を延し、悪田にてハ六分方をちゝめ、第一作成候御考を以御指引高御定候と相見へ候、押合ならし見候時ハ六分方盛高に成候積

と記されている。この文言が示す通り、検地によって「中分」の土地を基準にその見積収穫高の六〇パーセントが高に設定される。その場合、土地には耕作条件の違いがあるので、一律見積収穫高の六〇パーセントを高と設定するわけにはいかないので、上田では六〇パーセントより高く、逆に悪田では低くするなどして、その比率が調整され、それぞれの高が決定される。先の引用部分では、上田が約六四～六五パーセント、山田が約四一～四六パーセントの比率を示したが、それらの数字はこのことを裏付ける。ただし、平均すると見積収穫高の六〇パーセントが、高になるというのである。

そのあとの条項に「御検地之時、一反に米いか程出来可申と地面にて見定」るとあるように、検地とは一反当たりの見積収穫高を調べることであるが、その検地に基づいて定められた見積収穫高が、高そのものではない。あくまでも、見積収穫高のおよそ四〇パーセントに相当する必要経費を差し引いた残りが、高ということになる。したがって、

それは、領主取分である年貢高を表わしている。検地で把握された見積収穫高と、いわゆる高とは明確に区別されるべき性格のものであり、高はこれまでいわれてきたような収穫高＝生産高を意味するものでは決してない。

さらに、ここで注目されるのは、見積収穫高の六〇パーセントに当たる領主取分＝年貢高を示すのに、「六分方盛高」といった表記がなされている点である。ここでいう盛とは、どのような意味をもっているのであろうか。他の箇所にも「盛も高き」「盛も安き」とか、「地盛高き」「地盛安き」などといった文言が出てくる。そこで、この盛に関しては、前出「覚書」の「勢州新田場見分」のところで、伊勢国での新田開発の可否を判断する材料として五例を試算したものがあるので、そのうちの二例を抽出しながら盛について検討を加えてみることにする。

一歩のもミ一升六合の地
〇一反有米弐石四斗　内　壱石四斗四升　六分方
　　　　　　　　　　　　九斗六升　四分方
　六分取にて盛十九免七つよニ当ル、四分方にて作徳四斗六升有之ニ付、此地一反代弐百目よ

（中略）

一歩のもミ八合の地
〇同壱石弐斗　内　七斗二升　六分方
　　　　　　　　　四斗八升　四分方
　六分取にて盛十三免五つニ当ル、四分方にて下作米も不足ニ付、売買なし
　　但、盛八免三つニ御定候得ハ、作徳四斗よ有之ゆへ此地代弐百目よ

最初に、一歩当たり籾一升六合の収穫高が見込まれる田の事例がある。その場合、一反＝三〇〇歩、五合摺りで計算すると、一反当たりの「有米」＝見積収穫量は、二石四斗となる。その「有米」二石四斗の六〇パーセントが一石四斗四升であり、四〇パーセントが九斗六升である。六〇パーセントに当たる領主取分の一石四斗四升は、「六分取にて盛十九免七つ余に当る」ことになる。つまり、「盛」を「十九」として、一石四斗四升をその一九で割れば、〇・七五七余が求められ、それを「七つ余」と表記しているのである。さらに、そのあとに「作徳四斗六升有之」とあるのは、当然、耕作人の手元に作徳が米四斗六升ほど実現できることを意味する。この引用部分のすぐ前に、「何方にても作人ハ、一反の作入用下人を抱作り候ものは六、七斗つゝ入候と心得、又あて作其身稼にて作り候ものハ五斗ほと作徳無之」ては、「渡世不相成」と記していることから、その「作徳四斗五升」というのは、「有米」二石四斗の四〇パーセントに当たる百姓取分の九斗六升から一反当たり必要経費五斗を差し引いた残りの四斗六升を指しているのは明白である。

そこでは、一反当たり見積収穫高二石四斗の六〇パーセントが、「盛十九」で計算すると七つ余になることを示している。この場合、「盛」は「二十四」とは表記されない。見積収穫高の六〇パーセントに当たる一石四斗四升を表示するために、「盛十九」と「免七つ余」が組み合わされているのである。この事例のように、一歩当たり籾一升六合の収穫高が見込めるときは、標準をかなり超える作徳が実現できる。ここでの引用は省略したが、続いて一歩当たり籾一升の田の試算がある。その場合、一反当たり米一石五斗の見積収穫高があり、「六分取にて盛十五」で「免六つ」に当たり、「四分方」で作徳一斗が実現できるとある。たまたま、見積収穫高一石五斗と「盛十五」が同じ数字となったが、その場合でも見積収穫高を「盛十五」と表示したわけではない。一反当たり見積収穫高の六〇パーセントに当たる九斗を、「盛十五」と「免六つ」で表示したに過ぎない。ここでは、見積収穫高の四〇パーセントは六斗になるので、そこから五斗を差し引くと一斗の作徳が生じる計算になる。

ところが、次の一歩当たり八合の田の事例の場合、見積収穫高は一石二斗となり、その六〇パーセントは七斗二升―ここでは「盛十三免五つ（余）」に相当する―、また、四〇パーセントは四斗八升となって、作徳部分である四斗八升は必要経費五斗にも満たない。そのため、「下作米も不足に付売買なし」の状態となってしまう。そこで、但書にあるように、「盛八免三つ」に下がれば、作徳が四斗余実現できると試算する。その数値は、次のような計算をすれば求められる。まず、盛八斗に免三つ（〇・三）を掛けると二斗四升が算出される。これが領主取分ということになる。次に、「有米」＝見積収穫高一石二斗からその二斗四升を差し引くと九斗六升が求められる。その九斗六升から必要経費の五斗を差し引くと四斗六升が求められ、それが史料中の「作徳四斗余」に当たる。この一歩当たり籾八合の見積収穫高の場合、「御法」による収納法では作徳は実現できない。そのため、盛と免を調節して、作徳が実現できるようにするのである。

続いて、一歩当たり六合と三合の田の事例が記されている。前者は盛と免で調節すれば作徳は実現できるが、後者では一反当たり見積収穫高が四斗五升であるから、必要経費の五斗にも満たないため、免での調整が不可能となる。そのため、「斯様の悪所は無年貢にて望人無之積に候得は竹木にても御植させ候方」がよいと述べて、開発に値しない土地であると規定する。

新田開発の条件は、耕作人へ「作徳有之様に盛免之御願申」すことが必要であり、その場合、「一歩之もみ九合より上の所は御法を請候ても作徳」はあるが、「八合より下の悪所は盛免下直に無之候得は作徳」はないとしているのは、以上のことを集約したものである。つまり、一歩の田から九合の籾が収穫できれば作徳もあるが、八合以下では作徳がないと主張するのである。なお、ここでいう「御法」とは見積収穫高の六〇パーセントを年貢量として領主が収める収納法のことをいっている。

以上、検討してきたように、才蔵にとっては、盛は見積収穫高を示すものでなく、基本的には領主取分を表わす

「盛高」に他ならなかった。見積収穫高の六〇パーセントに相当する数値が、盛の数値と同じなら免を施す必要はないが、必ずしも同一の数値とはならないため、免によって調整することになる。その場合、才蔵にとっては、いつも必要経費として五斗から一石程度の米が耕作人の手元に残るか否かが問題となる。「御法」の収納法では、先に見たように一歩当たり見積収穫高八合以下では作徳が実現できない。そのときは、免を下げて作徳が実現できるようにする。

この点についても、史料の上で確認しておきたい。前出「覚書」の「地方免算用」のところで、一反当たり必要経費を米六斗と試算した史料から、高と見積収穫高と免との関係が窺われるので、その一部を引用すると次のようになる。そこでは、「上田の村」「中田の村」「下田の村」の三段階の村について、それぞれの村の免が決定するまでの計算がなされている。ここでは、「下田の村」の分のみを引用して、その内容を検討してみよう。

下田ノ村
高八拾石　此町拾町
一、取七拾弐石
　平もミ八合
先免七つ五分
右毛見免九つ　壱つ五分上
四分方
　取　四拾八石　作入用六拾石之内
指引　拾弐石　作入用ノ内不足
　此免壱つ五分　毛見免ノ引

先免七つ五分
残　七つ五分　　　　同

右の村では、まず、高八〇石、面積一〇町で、この年の一歩当たり見積収穫高が籾八合と見積もられる。一歩当たり見積収穫高の籾八合を五合摺りで米に換算すると四合となり、一反＝三〇〇歩当たりでは、一歩当たり米四合×三〇〇歩＝一石二斗となる。したがって、一〇町では一二〇石の米高となる。「下田ノ村」として耕作条件の悪い村柄にもかかわらず、高八〇石という数字とは大きな開きがある。これは、高が見積収穫高ではなく、年貢高を表わしているためである。

この年の年貢量は、見積収穫高一二〇石に六〇パーセントを掛けた七二石となる。それが史料中の「取七拾弐石」であることは、容易に理解できる。その七二石は、高八〇石に対して九〇パーセントに当たる。つまり、これが「毛付免九つ」である。ところが、逆に見積収穫高一二〇石の四〇パーセントを求めると、四八石になる。この場合、先に見たように、一反当たりの必要経費＝「作入用」は六斗であるから、一〇町の作徳は六〇石ほどなければならない。両者の差一二石が「作入用ノ内不足」となる。その不足分の一二石を高八〇石で割ると、〇・一五が算出され、それが「免壱つ五分　毛見免ノ引」と表記される。免九つからこの免一つ五分を引くと七つ五分となり、史料に記載されるように必要経費の不足分が免で調整される。その分、領主取分が減少するのはいうまでもない。この免の意味については、次節でさらに詳しく触れることにし、ここでは、才蔵が高をどのように理解したかを知るにとどめる。いずれにせよ、高はあくまでも年貢高であり、その算定の基礎となったのが盛であった。紀州藩関係の史料[22]に、「位附を斗代共、盛付共申」すとあるが、才蔵は、これら「位附」ないしは「盛付」が年貢の算定基礎になったと捉えていた。そこでは、「田方　壱反」について、「上々壱石九斗　十九位　一反高一石九斗を云」うと記されている。この「一反高一石九斗」というのは、後述するように一反当たりの年貢高一石九斗を意味した。才蔵にとっては、「十九位」という「位附」は、一反当たりの年貢高を表わすものに他ならなかった。

ところで、才蔵が見積もった一反から実現できる収穫高は、「地方の聞書」の「地方有物算用」のところに、「壱反の有米大様三石より壱石まて有之もの也」とあるように、おおよそ米一石から三石までの間であった。そのうち、約六〇パーセントに当たる高が、いわゆる領主取分＝年貢高となる。その年貢高を求めるには、「有米の内六分ハいか程と申時は、一歩のもミに九を懸、それを其所の有町へ懸候へは六分かたの米と成」るとあって、一歩の籾収穫量に九〇（300歩×1／2×0.6）を掛ければ一反当たりの米収穫量の六〇パーセントに相当する数値が算出される。[23] さらに、その数値に村の面積を掛ければ村全体の年貢高が求められることになる。これを「壱反六分方米の法」と呼び、先に見た「御法」がそれに当たる。当然ながら、検地のときの見積収穫高と、その後の毛見のときの見積収穫高が同じであったならば、右の計算がそのまま高と年貢高を求める計算方法となる。というのも、高＝年貢高であるからである。しかし、一般には、毛見に基づく年貢高の方が少ないため、高とその年貢高との調整が免によって行われる。そのような考えに立つと、高とは、検地のときに領主と百姓との間で取り決められた年貢高そのものということになる。つまり、領主が収納しうるほぼ最大限の年貢量を表わしているものということになろう。その場合、毛見による見積収穫高の六〇パーセントに当たる年貢高が、常に高と同じでなければならない理由はどこにもない。

以上のことを前提にして、高に関する才蔵の基本的な考え方を確認するため、高をもとにして試算した年貢高の算出方法を検討しておこう。男六人、女二人、子供二人の合計一〇人の労働力で田二町と畑五反の合計田畑二町五反を手作りするときの事例では、次のような計算方法になっている。

一、田畑弐町五反内　弐町田 五反畑　右十人之手作

但所により不同有之候とも、作成安き所ハ男壱人に四反ほとも作る

此有米積四拾五石

但田壱反ニ弐石出来、一歩のもミ一升三合四勺ニ当る

畑壱反ニ壱石出来、一歩の大豆三合三勺四才ニ当る

内入用払方

毛付免七ツ之取米
弐拾壱石七斗　此高三拾壱石　田一反壱石三斗ツヽノ高 畑一反ノ高一石つゝ　御年貢ニ引

四石三斗四升　右指口糠藁弐夫役米入用

但高壱石ニ壱斗四升つゝ

五石　肥代壱反ニ拾匁つゝ

残拾三石九斗六升　百姓之徳分

代銀六百九拾八匁　石ニ五拾目替

夏麦四拾石　右田畑之内五反ハ片毛苗代

残弐町麦地壱反ニ弐石出来

代銀九百弐拾目　但石ニ廿三匁づゝ

内

弐百目　麦ノ肥代壱反ニ拾匁つゝ

残七百弐拾目　百姓之徳分

第二章

蕎麦四石　右早稲田畑ニ作り可申哉
代銀百弐拾目　石ニ三拾目替
右徳分三口合壱貫五百三拾八匁

ここでは、まず、一〇人の労働力による手作りで、二町五反の面積から四五石[24]の「有米」＝収穫高が見積もられる。その内訳は、田が一反当たり二石の収穫高で、面積が二町であるから四〇石、畑が一反当たり一石の収穫高（大豆一石＝米一石の計算となっている）で、面積が五反であるから五石となる。全体では、面積二町五反に対し、四五石の収穫高であるから、一反当たりの見積収穫高は一石八斗となる。この四五石の見積収穫高から、経費や百姓取分、さらには、領主取分＝年貢高などが計算される。その内容を書き上げたのが、「内入用払方」の部分である。

そこには、最初に「毛付免七ツ之取米」として二一石七斗が計上されている。これが、領主取分である。また、全体の二町五反に対して設定された高は、三一石である。ここで注目したいのは、その三一石の高の内訳として、「田一反壱石三斗ツヽノ高　畑一反ノ高一石つヽ　御年貢ニ引」と注記されている点である。この一反当たりの田畑の高を、それぞれ田二町、畑五反に掛けて、それを合計すれば高三一石となる。つまり、この高こそが、検地のときに領主と百姓との間で取り決められた田畑一反当たりの年貢高に他ならない。これが、一般に「斗代」と呼ばれるものであり、才蔵がいうところの盛であったと考えられる。

田には一反当たり一石三斗ずつが、また、畑には同様一石ずつの高＝年貢高がそれぞれ設定されており、どちらもかなり高い。この四五石の見積収穫高の試算では、一反当たり収穫高は田で二石、畑で一石であった。畑では見積収穫高のすべてが年貢高となってしまう。先に見たように、紀州藩では、基本的には検地時に見積収穫高の六〇パーセントに相当するものが高として設定された。したがって、田では一反当たり一石三斗ずつの高＝年貢高であるから、一石三斗÷〇・六＝二石一斗六升六合余が、また、畑では同様一石ずつの高＝年貢高であるから、一石÷〇・六＝一石六斗六升六合余がそれぞれ見積収穫高として実現できれば、検地時に設定された高＝年貢高を全部年貢として収納することが計算上可能となる。この試算では、田はほぼその数値に近いものであるが、畑は高＝年貢高と同じ見積収穫高しか実現できないので、全部が年貢高となってしまう。それはまた、逆に高＝年貢高と見積収穫高とが同じ数字になっても何ら不都合でないことを物語っている。無論、見積収穫高の六〇パーセントに相当する高＝年貢高に見合うだけの収穫高が実現できない場合は、あらかじめ高＝年貢高が設定されているとはいえ、その高＝年貢高と同量の年貢米を納めるわけではない。そこに、免という概念が入ってくるのである。先の二一石七斗の「毛付免七ツ之取米」が、高三一石の七〇パーセントに相当するのは、一目瞭然である。そこでは、見積収穫高の六〇パーセントをすべて年貢として納めるだけの見積収穫高が実現できなかったので、免によって調整がなされたのである。それが「免七つ」であった。この免に関しては、次節でさらに詳しく検討することにする。

ところで、免で年貢高が調整されるとはいえ、畑一反当たりに設定された高＝年貢高が一石であるのに対し、見積収穫高が一石であるといった事例が示すように、相当高い年貢高が設定されていたことに気付く。かくも高い年貢高が設定されている中で、百姓はどの程度の取分が実現できたのであろうか。先の試算の後半部分を利用して、その点を窺ってみよう。なお、ここでは、百姓側にどれ程の余剰があり、また、再生産するのに可能な取分がどれ程であったかなどといったことを問題にしているのではない。領主取分と百姓取分が、見積収穫高、高＝年貢高、免などとの関係で、どのように配分されていたのかを問題にしているのである。

次に掲げる図3では、まず、見積収穫高（表作）四五石、高＝年貢高三一石、それに配分内訳が図中のグラフのように示される。配分内訳のグラフは、年貢米が二一石七斗となり、その年貢米量は、前述したように高三一石の七〇パーセントに当たる。それに糠・藁・夫役の四石三斗四升と、肥代の五石がある。前者は、「役」として百姓側が負担しなければならないものであるが、後者は、耕作の必要経費に含まれるものである。あえて領主取分と百姓取分とに分けるならば、むしろ百姓取分に属するものであろう。見積収穫高四五石から以上のものを控除すると、百姓徳分として一三石九斗六升が残る。年貢米と糠・藁・夫役を領主取分とし、肥代と百姓徳分を百姓取分とすると、両者は、見積収穫高四五石を約五八パーセントと四二パーセントの配分率で分けることになる。ほぼ六割が領主取分となっている。

ところが、百姓取分はそれだけではない。ほかにも裏作物の夏麦四〇石（＝代銀九二〇目）と蕎麦四石（＝代銀一二〇目）がある。その代銀合計一〇四〇目を史料中にある米銀換算比率の米一石＝銀五〇目を利用して米換算すると、二〇石八斗の見積収穫高が求められる。それらはいずれも無年貢のため、すべて百姓取分となるのである。その内訳は、百姓徳分が一六石八斗、肥代が四石となる。最終的に領主取分と百姓取分を比較すると、二六石四升と三九石七斗六升となって、百姓取分が領主取分を大幅に上回る。たとえ、高＝年貢高が相当高い水準に設定されていたとしても、無年貢の裏作物の収穫が百姓取分であることを考慮に入れれば、それらの高い

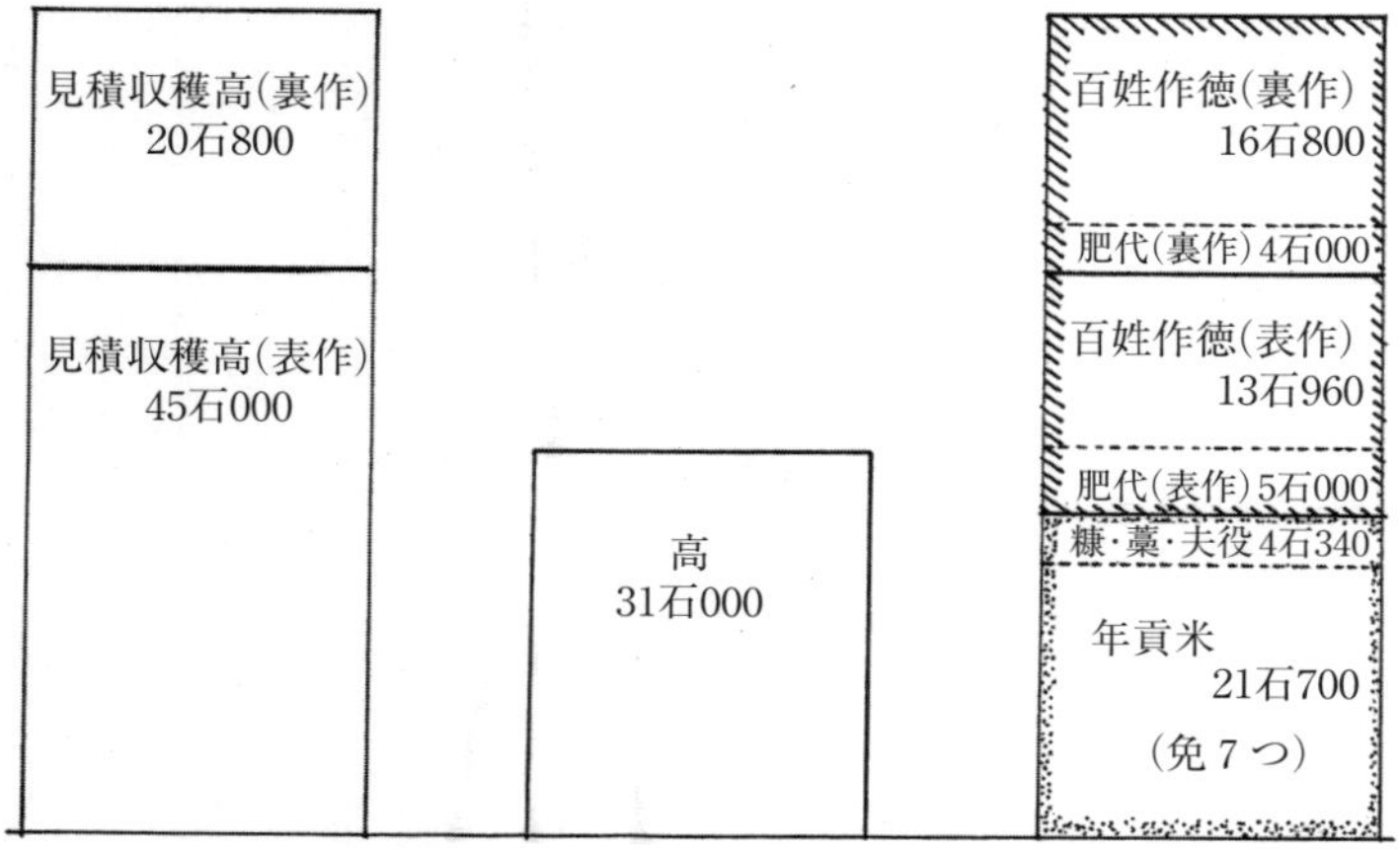

1）元禄年間「地方の聞書」（『日本農書全集』28）より作図。
2）単位は、石以下、斗・升・合。▧は百姓取分、▨は領主取分を示す。
3）裏作の夏麦、蕎麦の見積収穫高と肥代は、史料中の米、銀の比率を利用してすべて米に換算した。

図３　見積収穫高・高・分配比率の相関（３）

年貢は十分に負担できる範囲のものであった。むしろ、百姓取分の方が、領主取分より多いという事実は重要である。

高の性格を規定する場合、当時の農業生産技術の水準から推し量って、上田一反から収穫できる米は一石五斗のいわゆる「斗代」を年貢高とするのは無理であるとする議論があるが、才蔵のような理解によれば決して考えられない数値ではない。それでは、才蔵の理解にしたがって高を年貢高とみなすと、免はどのような意味をもつのであろうか。

三　「地方の聞書」における免の意味

本節では、免定の試算を利用しながら、免の意味について解明を試みることにする。[25]そこで、「御免定御出し在々ニて免割」の部分を引用すると、次のようになる。

　　御免定之写
一、高三百五拾石　　何村
　　高ニ七つ取、内畑五つ五分
　　是ハ在中へ御出し候御免定
　右村々ニて免割仕方
免七つ内畠五つ五分
一、高三百五拾石　　何村
　取弐百四拾石
　　拾八石五斗　　田荒

内

弐拾六石弐斗　　同見捨

三石弐斗五升　　同立毛荒

十弐石六斗　　畠荒

取弐百弐石三斗弐升

弐百弐拾四石四斗五升　　田方毛付

毛付免九つ一厘よ

六拾五石　　畑方毛付

毛付免六つ五分八厘

取四拾弐石六斗八升

拾壱石弐升五合　　指口

但物成壱石ニ四升五合つゝ

弐石八斗　　利御米

但高一石ニ本米四升此利二割

七石　　弐夫米

但高一石ニ付弐升つゝ

四石五斗五升　　役米

但高一石ニ一升三合つゝ

小以弐百七拾壱石四升　　公用

弐拾四石五斗　　小入用

是ハ諸人高御納諸払、其外品々御用又ハ在中ならし高一石ニ七升つゝ、
取合弐百九拾五石五斗四升
但小役壱つ四分四厘よ
押合毛付ニ　田方十成四分五厘よ　当ル
　　　　　　畑方八つ弐厘よ
右は一ヶ村惣割也、小前銘々分も高多少とも右之通割分候ハて不成候、是を物成帳と云、小前の免ハ山免に構なく、田畑とも毛付免を用る

右の試算では、まず、村高三五〇石の村が想定される。そのときの免定は、「七つ」、つまり七〇パーセントであった。ただし、そのうち、畑については「五つ五分」＝五五パーセントと注記がある。したがって、田については畑の免率が低い分、当然、その率は七〇パーセントより多少高くなる。

この「免七つ」の免率でもって、高三五〇石の村に免割されることになる。その場合、「取弐百四拾石」とあるのは、明らかに誤りである。高三五〇石の七〇パーセントは、二四五石であり、この場合も正確には「取弐百四拾五石」でなければならない。この点は、のちほど明らかにする。次に、「田荒」「同見捨」「同立毛荒」「畠荒」など不耕作地の分を合わせた六〇石五斗五升が、毛見の結果、控除分として書き上げられる。これは村高三五〇石から控除されるもので、それらを差し引いた残高は二九八石四斗五升となる。

ところで、そのあとに記載のある「田方毛付」二二四石四斗五升と、「畑方毛付」六五石という二つの石高を加えると、二九八石四斗五升になる。この田畑「毛付」は、石高から先の「田荒」「同見捨」「同立毛荒」「畠荒」分を控除したものであることが判明する。それぞれの「取」は、田方が二〇二石三斗二升、畑方が四二石六斗八升となる。

両方を加算すると二四五石になり、これがこの年の年貢量である。あくまでも、この村の年貢量は二四五石でなければならない。先に、高三五〇石の「免七つ」が「取」二四〇石とあったのを、二四五石の誤りとしたのは右の理由に拠る。つまり、この年の領主取分は、二四五石なのである。田畑のそれぞれの「毛付」高と「取」との比率は、田方が「毛付免九つ一厘よ」、畑方が「毛付免六つ五分八厘」となっている。(26)

「毛付」高が、村高三五〇石から荒分などを控除して減石されているにもかかわらず、年貢量は二四五石と決定されているため、田畑ともこのような高率の「毛付免」となってしまうのである。とりわけ、田方は九〇パーセント余というきわめて高い「毛付免」を示し、その数値は「毛付」高がほとんどすべて年貢として納入されるほどの大きさである。高はもともと年貢高であり、こうした「毛付」高のほとんどすべてが収納されるといっても少しも不都合ではない。

百姓側の負担はこれだけではない。付加税の「指口」「御利米」「弐夫米」「役米」や、村入用である「小入用」が加算される。先の二四五石の年貢量に、これらの負担分を加えると、「取合」二九五石五斗四升となり、(27)百姓の負担はさらに増える。そして、最終的な「毛付免」は、田方が「十成四分五厘よ」、畑方が「八つ弐厘よ」となる。これらの数値は、「取合」二九五石五斗四升を田畑の「毛付」高二九八石四斗五升で割ると求められる。計算すると〇・九九〇余となる。しかし、畑方の免率が田方より若干低いので、相対的に田方の免率が高くなる。田方の率は、「十成四分五厘よ」、つまり一〇四・五パーセント余となって一〇〇パーセントを超えてしまう。それは、田方の「毛付」高よりも多い年貢量が収納されることを意味する。「毛付」高を収穫高とみなしたのでは、その収穫量を超える年貢量が納められるという事態になり、まったく説明がつかなくなる。前節で見たように、表作だけでも年貢米の量に匹敵するほどの百姓取分があった。高を年貢高と捉えてこそ、はじめてこのような高率の「免定」も理解できるのである。

それでは、ここで示される「免七つ」とか、「取」二四五石といった数字はどのようにして算定されるのであろうか。「御検地の時如何程出来可申と見積り申通に地こと無之ものゆへ、年々立毛御見ならし免御定候」と記すように、検地時に想定した収穫高がいつも実現できるとは限らない。そのため、毛見を実施して収穫高を把握し、年貢高を調整するものが免であるという。それは、「一歩のもミを以さん用を入、此村には六分かたの米如何程と積り立、夫を其村之高にて割、免幾つ何分」と定めるものであるとし、年貢量が収穫高を基礎にして算定されると述べる。(28) 一見、収穫量を基礎にして年貢量が決定されるということで、高そのものがもともと収穫高を表わすものと捉えられがちであるが、そのような把握は正鵠を射ていない。すでに指摘したように、高は「御検地のとき御心得有之作の入用」が考慮されたものであり、その「作の入用」＝必要経費を控除した残り、つまりその残高こそが、その年の領主取分＝年貢高を表わすものであった。この点は、「御検地之時作の入用引、残有物」を「高ニ御附」けると記している点からも裏付けられる。いずれにせよ、収穫高の「六分かた」が高であり、毛見においても「六分かた」の高に相当する収穫高が実現できれば、その場合の免は「免十成」となるのである。

したがって、先の高三五〇石は、収穫高の約六〇パーセントという領主取分を表わしており、その背景には、検地のときに高三五〇石を求める算定基礎となる五八三石余の収量が見込まれていたことになる。百姓取分と領主取分の割合は、基本的には「米壱石有之内、四斗は百姓、六斗は公儀」であり、いずれの場合も収穫量の四対六で分配されるのである。その六に当たるのが高三五〇石であった。しかし、どの年も五八三石余の収穫量が見込まれ、その六〇パーセントに当たる三五〇石の領主取分が実現できるとは限らない。そのため、毛見を実施し、その毛見の結果に基づいて領主取分が決定されることになる。その際、免が調整機能として働くのである。

高三五〇石に対する「免七つ」が「取」二四五石になるのは、その年の見積収穫高が四〇八石余を想定した場合の計算に基づいている。収穫高が五八三石余であったならば、その六〇パーセントに当たる高三五〇石がすべて領主取分となり、当然、免は「十成」とか「十つ」とか記されることになる。ところが、この場合、「取」は二四五石であるから、この二四五石が六〇パーセントとなる収穫量は、四〇八石余と逆算される。そのとき、この年の領主取分二四五石は、高三五〇石という数字を利用して表示される。それが「免七つ」に他ならないのである。

「高」三五〇石、「免七つ」、「取」二四五石、それに毛見によって見積もられた収穫高四〇八石余といった数字により、その年の領主取分が決定される。見積収穫高の六〇パーセントに相当する「取」二四五石が、領主と百姓との間で約定された、この年の年貢量であった。ただ、村において免割される場合、一律に収穫高の六〇パーセントを年貢量とすると、上田を多く所持する者と、そうでない者とでは格差が生まれる。というのも、「一反に三石出来候上田にて六分取候てハ、壱反作之入用壱石弐斗」ほど残るのに、「壱反に壱石有之候下田ニて六分取候得ハ、壱反作入用四斗」しか残らないからである。ここでは、いずれも収穫高の六〇パーセントを領主取分と計算する。その場合、上田も下田も一反の必要経費は同じであるのに、両者を比べると下田の方が八斗も少なくなるとしている。そして、このような収穫高の六〇パーセントを領主取分と一律に決めて免を定めたならば、「百姓能成候村も」あるが、「下田多き村之百姓ハつふれ」てしまうと、その格差が生まれると述べている。

基本的には、収穫高の六〇パーセントが高であり、また、それが年貢高＝領主取分であったことは、これまで見てきた通りである。もとより、それは、高が六〇パーセントとなる収穫高がいつも実現できなければならないということではない。実際、高より少ない収穫高のときもあった。そのような不作の年は、たとえ免を下げたとしても、同じ免で計算したのでは、「能立毛のものハ大分徳」があるが、「不作之地は有物」がないので、「免下り候ても大分の損」になって潰れてしまうこともある。不作の年には、「小毛見」という方法が導入され、不作の影響を受けないところと、そうではないところとの格差が調整される。そのことを「小毛見の咄し」のところで、次のように説明する。

小毛見入候へハ高壱石有之田に有物五斗ならてハ無之候へハ、残五斗の高は其年荒同前に捨置候故、有物五斗の高へ免請申候、山免下り候とても惣高の内見捨高を引、残毛付へ取米割付候ゆへ毛付免事之外上り申候、然ハ能毛のものハ山免下り候ても、毛付免上り候ゆへ能年同前に出し、不作のものハ有物へ毛付請候故、常ハ八、九斗も出し候を此年は三、四斗ならてハ出し不申候、作の入用ハ無之候得共まよひ無之故つふれ不申候、立毛甲乙のとしハ、小毛見程なるために能候事ハなし

たまたま、高一石の田に「有物」＝収穫量が五斗しか期待できないとき、その差の五斗は、その年の荒分とみなして「捨置」き、「有物」の五斗について「免請」する。先に見たように、「惣高」から「見捨高」を引き、その残った「毛付」へ収穫高の六〇パーセントの「取米」を割り付けることになるので、いきおい「毛付免」の率は上昇する。しかし、「能毛のもの」は、全体の免が下がったとしても、「毛付免」が上昇するので豊作の年と同じくらいの年貢を出すことになり、反対に、「不作のもの」は「有物」に「毛付免」を請けるので、通常は八、九斗も出していたものが、この年は三、四斗出せばよいことになる。それは、次の内容からも窺い知ることができる。

御毛見ニて平シ一歩のもミ壱升四勺、此惣有米拾石九升(斗)弐合(升)
一、田七反　高八石四斗　何村
高ニ七つ八分
取六石五斗五升弐合　六分方ノ取
内五斗五升　小毛見捨り有
毛付免八つ三分五厘　小毛見高引候ゆへ残毛付免如此高ク成

まず、ある村の田が七反あって、検地によりその高が八石四斗と定められたとみなされる。そして、その年の収穫量が一〇石九斗二升あったとすると、(29)「取」＝領主取分は、収穫高の六〇パーセントであるから、六石五斗五升二合となる。その「取」六石五斗五升二合は、高八石四斗を利用して表示されるわけであるから、六石五斗五升二合を高八石四斗で割れば「七つ八分」、つまり七八パーセントの数値が求められる。そして、この年には、田高八石四斗のうち、五斗五升が「小毛見」の「捨り」高となったため、「毛付免」が「八つ三分五厘」、つまり八三・五パーセントにまで跳ね上がってしまった。この八三・五パーセントという数字は、「取」六石五斗五升二合を、高八石四斗から「捨り」高五斗五升を差し引いた残高七石八斗五升で割ると算出される。「捨り」高が控除された分、田高が減少したにもかかわらず、収穫高の六〇パーセントと取り決められた「取」＝領主取分に変動がないため、このような高率の「毛付免」となってしまったのである。先に見たように、ここでも高が年貢高で、免は収穫高と高そのものの数字をもとにして算定されたことが確認できる。

右の試算を行ったあと、続いてそれを百姓に割り付けるときの計算方法が七例ほど提示されている。そのうち二例を引用すると、次のようになる。

内小前割

一歩ニ籾壱升一合惣米壱石六斗五升ゆへ小毛見弐斗引

一、上々壱反　高壱石八斗五升　何左衛門

取九斗九升　(小)御毛見之時六分方ニ取

免七つ八分

取壱石四斗四升三合　御（小）毛見無之時下ニて取
毛付免八つ三分五厘
取壱石三斗七升七合　御（小）毛見有之時下ニて取
是ハ小毛見弐斗引候へ共残多き高へ毛付高免請候故、六升六合ならてハ徳無之候

これは「上々」田一反の高が一石八斗五升であるが、この年の収穫量が一石六斗五升であったため、その差二斗が「小毛見引」となったときの事例である。「小毛見」が行われないとき、「免七つ八分」が高に一律に掛けられるので、「取」は一石四斗四升三合となる。しかし、「小毛見」が行われると高が二斗減少するので、一石六斗五升に八三・五の高率の「毛付免」を掛けても、「取」は一石三斗七升七合となり、「小毛見」が行われないときより六升六合だけ納める分が少なくて、百姓側が有利となる。わずかではあるが、不作分が「小毛見」で調整されたのである。もう一例を示すと、以下のようになる。

一歩ニ籾一升弐合惣米一石八斗ゆへ小毛見不入
見付壱反　高六斗五升　何兵衛
取壱石八升　御（小）毛見之時六分方取
免七つ八分
取五斗七合　小毛見無之時下にて取
毛付免八つ三分五厘
取五斗四升三合　小毛見有之時下ニて取

是ハ小毛見外ニ有之候故三升六合かふり

これは、高六斗五升と定められた「見付」地一反の場合で、この年、一石八斗の収穫量が見込まれたときの事例である。当然ながら、高より収穫高の方が多いので「小毛見引」は行われない。「小毛見」が導入されないときの「取」が五斗七合で、導入されるときの「取」が五斗四升三合となる。したがって、百姓側は、この田では導入された方が不利となる。しかし、村全体では、「小毛見」が適用されるので、三升六合ほど多く納めることになる。このように、検地で決められた高と、収穫量との間に大きな差がある場合、いくぶん余計に納めてほかの田と調整されるのである。いずれも高＝年貢高の数字と、収穫高の数字とを利用して、その年の年貢高が決定される。元来、収穫高の六〇パーセントが高であり、その高に見合う収穫高が実現できたときは、それがそのまま年貢高となる。それが、収穫高の四〇パーセントに当たる百姓取分を控除した、残りの部分であることは縷述した通りである。領主取分が収穫高の六〇パーセントであったとはいえ、領主にとってどの年も収穫高の六〇パーセントが収納できたわけではない。不作のときは、収穫高の四〇パーセントが優先的に百姓取分として確保されることになるので、領主取分は、相対的に減少してしまう。免は、その調整機能として作用したのである。

まとめに代えて

高と免の関係を理解する上で、以下に引用する二つの史料は、大きな意味合いをもっている。まず、次に掲げる史料(30)は、紀州藩の年貢収納の原則について記したものである。

免之儀高百石の所は米も凡百石出来候積にて、右の米百石をば四分六分と分、四拾石は百姓の作徳に仕、六拾石は御年貢に納申候、六拾石は免に見て六つ也

但秋作出来様善悪有之に付、毎年御代官郡奉行立合にて毛見に出、其年立毛相応之見立致免を極候、「是を四民六公とは云ふなり」

右の史料では、高が一〇〇石の地所で、見積収穫高もおよそ一〇〇石実現できる場合を想定している。そして、米一〇〇石を四〇パーセントと、六〇パーセントに分けて、四〇石を「百姓作徳」＝百姓取分に、また、六〇石を「御年貢」＝領主取分に分配するというのである。そのとき、「御年貢」として収納される六〇石は「六つ」と表示される。さらに、各年の免は、毛見によって決定されることが、但書で述べられている。それを「四民六公」と称すると追記される。

続いて、才蔵が、「地方の聞書」で高と免について触れている箇所を紹介してみよう。

御国中押合壱反之高壱石四斗ニシテ、出来米もならし一歩之もみ九合よ、米壱石四斗作り之積ニシテ、平免五つ七分ニ当ル、外に菓類稼品々御心被付御見込候ハヽ、免六つよにも付可申様ニ奉存候

ここでも、一反の高一石四斗に対し、「出来米」＝見積収穫高が同じ高の一石四斗となっている。前の史料と同様、高と見積収穫高がまったく同量である。これらの数字を見ると、あたかも高が収穫高であるような錯覚に陥る。ところが、前節では、畑一反当たりの高＝年貢高が一石で、しかも見積収穫高も一石といった事例があった。さらには、高にも満たない収穫高の事例もあった。したがって、高と収穫高が同量、ないしは収穫高が高に満たない量だからと

いって、高が生産高を表わしているということにはならない。才蔵にとっては、高はあくまでも年貢高なのであり、それが収穫高と同量であろうと、あるいは、それ以下であろうと関係ない。一見、才蔵の高＝年貢高説は、「地方の聞書」全体を通して一貫性がないように思われるが、高を年貢高と規定する才蔵の考えは揺るぐことなく貫かれている。いずれにせよ、ここでは、高と収穫高＝生産高とは厳密に区別されなければならないのである。二節で検討したように、高は、収穫高から百姓の必要経費を控除した残りの部分であり、それは、まさに領主取分＝年貢高そのものであった。

ところで、この史料中にある「平免五つ七分」という数字は、どのようにして求められるのであろうか。高と免の関係を理解する上でも、ここで改めておさえておきたい。まず、一反当たり「出来米」＝見積収穫高一石四斗の六〇パーセントに当たる八斗四升が、その年の領主取分＝年貢高となる。その年貢高八斗四升は、当然ながら、「一反之高」＝年貢高（検地時に設定された年貢高）一石四斗の六〇パーセントに相当する。つまり、免六つである。他方、「作入用」＝百姓取分は、一反当たり「出来米」＝見積収穫高一石四斗の四〇パーセントであるから、計算すると五斗六升となる。そして、この場合、才蔵は先に見たように「作入用」＝必要経費を「作入用一反六斗つゝ」と見積もっているので、五斗六升の「作入用」＝百姓取分では四升不足する。その四升は、「一反之高」＝年貢高の約〇・〇三になる。したがって、免六つから、その不足分の約〇・〇三を差し引くと〇・五七となり、そこに記された「免五つ七分」が求められる。しかし、他に「菓類稼品々」があるので、それらを考慮して「免六つよ」になると試算したのである。

免というのは、元来、免引の意味であり、年貢から免除する部分を表示したものであった。その免の意味が、近世初期のある時点でほぼ全国的に意味変化を遂げたことは、周知の通りである。ただ、免は、年貢から免除されるものであり、免の意味変化が起こっても、免という本来の意味が変わることはない。年貢を免除する、これが免本来の意味なのである。収穫高＝生産高を免除するなどといった表記が成り立たないのはいうまでもない。高を年貢高と理解してはじめて、高に対する一〇〇パーセント以上の免の設定が可能なのであって、収穫高を超える年貢高というのでは、百姓取分が皆無となってしまって、到底説明がつかない。

また、免は、領主取分を表わすだけで、百姓取分については何も示さない。もっとも、収穫高の分配比率があらかじめ把握されていれば、領主取分から百姓取分を推算するのは可能である。しかし、不作の年に、所定の収穫高の分配比率が変えられ、領主取分である免が低く設定された場合などは、百姓取分を求めることはできない。分配比率が不明な場合は、高と免からでは百姓取分は分からないのであるから、「年貢割付状」や「年貢皆済目録」などの年貢関係史料に記された免が高率だからといって、年貢収奪が強化されたとか、反対に低率だから百姓取分が増大したなどとは、決して判断できない。高に対する「免七つ」が領主取分であっても、「免十つ」からその「免七つ」を差し引いた残りの「免三つ」が百姓取分ではないのである(31)。

以上、主に大畑才蔵の見解を中心にして、近世の高と免について検討を加えてきた。果たして、才蔵の見解を特異なものとして片付けられるのであろうか。高を年貢高と理解し、免を年貢高のうちの免除分と把握した地方巧者は、才蔵ただ一人だけではない。才蔵とまったく同じように解釈した者が、前田領越中国にも存在した。その人物は加賀藩十村を勤めた内島村の五十嵐篤好であり、彼が表わした地方書の内容の検討については、別の機会にゆずりたい。

注

（1）高柳光寿「豊臣秀吉の検地」（『岩波講座日本歴史』近世（一）岩波書店、一九三五年）。なお、論文名は記さないが、他に相川春喜、中村吉治、今井林太郎、古島敏雄らの研究がある。

（2）宮川満『太閤検地論第Ⅱ部』（御茶の水書房、一九五七年）、同『太閤検地論第Ⅰ部』（同、一九五九年）、安良城盛昭

『幕藩体制社会の成立と構造』(御茶の水書房、一九五九年)、徳川義親「尾張藩石高考」(徳川林制史研究所、一九五九年)、竹安繁治『近世土地政策の研究』(大阪府立大学経済学部、一九六二年)、同『近世封建制の土地構造』(御茶の水書房、一九六六年)、佐々木潤之介『幕藩権力の基礎構造』(御茶の水書房、一九六五年)、朝尾直弘『近世封建社会の基礎構造』(御茶の水書房、一九六七年)、脇田修『織田政権の基礎構造』(東京大学出版会、一九七五年)、同『近世封建制成立史論』(同、一九七七年)、三鬼清一郎「太閤検地と朝鮮出兵」(『岩波講座日本歴史』九、一九七五年)などを始め、すぐれた研究の蓄積がある。

(3) 注2のうち、例えば、佐々木潤之介前掲書などで指摘がなされている。

(4) 秀村選三「石高制に関する二つの問題」(『経済学研究』二九―二、一九六三年)

(5) 中口久夫「近世初期租法の研究」(『地方史研究』一四五号、一九七七年)は、高を年貢高に近いものとして理解し、それを「擬制貢租」と名付けたことは、きわめて卓見である。別稿「初期太閤検地について」(『地方史研究』一五七号、一九七九年)でも、中口はその視点に立って論述している。

(6) 松下志朗『幕藩制社会と石高制』(塙書房、一九八四年)、本多隆成『近世初期社会の基礎構造』(吉川弘文館、一九八九年)、丑木幸男『石高制確立と在村構造』(文献出版、一九九五年)、中野等「慶長期の石高制について―筑後田中領の検討―」(『地方史研究』二四〇号、一九九二年)、田中誠二『近世の検地と年貢』(塙書房、一九九六年)、秋澤繁「太閤検地」(『岩波講座日本通史』一一、一九九三年)、拙稿「天正期の枡と検地―前田領を中心にして―」(神奈川大学日本常民文化研究所編『歴史と民俗』四、一九八九年)、同「前田領における検地の性格について」(『史学雑誌』第一〇二編第一〇号、一九九三年)などが挙げられる。

(7) 代表的なものに池上裕子「織豊検地論」(永原慶二・佐々木潤之介編『日本中世史研究の軌跡』東京大学出版会、一九八八年)がある。

(8) 大石久敬「地方凡例録」（大石慎三郎校訂『地方凡例録』上・下巻、近藤出版社、一九六九年）。
(9) 「豊年税書」（『日本経済大典』第三巻収録、一九二八年）。
(10) 「地方竹馬集」（『近世地方経済史料』第二巻収録、近世地方経済史料刊行会、一九三二年）。
(11) 田村吉茂「農業根元記」（『日本農書全集』二一巻収録、農山漁村文化協会、一九八一年）。
(12) 小貫萬右衛門「農家捷径抄」（『日本農書全集』二二巻収録、農山漁村文化協会、一九八〇年）。
(13) 三浦文右衛門「地下掛諸品留書」（『日本農書全集』二巻収録、農山漁村文化協会、一九八〇年）。
(14) 大畑才蔵「地方の聞書」（『日本農書全集』二八巻収録、農山漁村文化協会、一九八二年）。
(15) 史料引用に際しては、句点は使わず、すべて読点に直した。また、読点の位置を変更したり、引用の一部を省略した箇所もある。さらに、明らかに誤読している場合は、正字に書き換えた。以下、引用史料については、同様である。
(16) 計算が煩雑なため、これらの数字の算出方法を示すと、以下のようになる。まず、「刈稲」五〇八束を反別六反三畝一五歩で割ると、丁度八〇束という数字が求められる。なお、端数の一五歩は、一反＝三〇〇歩では〇・〇五反と表示されるので、計算上は六・三五で割ることになる。これが史料中にある「但壱反歩ニ八八十束刈」である。次に、この中田から は、「出穀」三一俵三斗が収穫され、一束は二升五合であるから、二升五合×八〇束＝二石となり、この計算から一反当たりの収穫量は二石となる。そして、「壱反歩ニ五俵取」れるのであるから、二石＝五俵の等式が成り立ち、そこから一俵は四斗であることが知られる。また、その石と俵の換算比率から、「出穀」三一俵三斗は石高一二石七斗となる。
(17) この付加税は、一般的には「口米」や「夫米」などが考えられるが、この場合、一石当たりの付加税六升を求めるには、付加税分三斗三升六合を純然たる「御年貢高」五斗六升で割ればよい。なお、近世の年貢を問題にするとき、付加税という表記は適切ではないが、本稿では便宜的にこれを使用する。
(18) 各数値の算出方法は、注16に準ずる。

（19）元和元年の井波町の「目録」（井波町立図書館蔵「井波肝煎文書」〈『富山県史』史料編収録〉）では、次のようになっている。

目録

高
一、参拾八石七斗三合　井波町
此物成拾ニシテ
参拾八石七斗三合　定納
弐石参斗弐升弐合弐勺　右之口米
但壱石ニ付六升宛
〆四拾壱石弐升五合弐勺

高
一、五百参拾七石六斗七升壱合　井波畠方
此物成三ツ三分
百七拾七石四斗三升壱合五勺　定納
拾石六斗四升五合九勺　右之口米
〆百八拾八石七升七合

（後略）

この「目録」は、井波町田方、井波町畠方、西井波村の収納高を一括して書き上げたものである。ここでは、そのうち井波町田方と井波町畠方の年貢割付部分を抽出した。その田方分については、三八石七斗三合の高に対して「物成拾」、つまり一〇〇パーセントの免率で収納高が計算されている。したがって、高と同じ三八石七斗三合が定納高となり、それに付加税の「口米」二石三斗二升二合二勺を加えると、田方分の収納合計は四一石二升五合二勺となる。田高を超える収納高である。この「物成拾」が、特別な免率を表わすものでないことは、畠方分の免率が「物成三ツ三分」と一般的な表示になっていることからも明らかである。

(20) 真鍋島村の宝暦一三年分年貢割付（日本常民文化研究所編『備中真鍋島の史料』第三巻収録）の内容を示すと、次のようになる。

未御年貢可納割附之事

備中国小田郡
真鍋嶋

巳より酉迄五ヶ年定免
一、高百四拾四石弐斗八升九合

此訳

田高壱石五斗壱升六合
此取米弐石五升　免十三つ五分弐り弐毛
畑高百四拾弐石七斗七升三合
此取米四拾九石八斗壱升六合

内訳

高百三拾壱石六斗六升壱合　本免
此取米四拾四石弐斗五升八合　免三つ三分六り弐毛
高拾壱石壱斗壱升弐合　屋敷
此取米五石五斗五升八合　免五つ弐毛

（後略）

真鍋島村は、村高一四四石二斗八升九合のうち、田高はわずか一石五斗一升六合であるが、その田高に対して一三つ五分二厘二毛の免率で収納高が計算されている。一〇〇パーセントを超える免率である。この真鍋島村の場合も、畑方分の免率が一般的な数値を示しているように、特別な免率表示でないことは自明である。

(21) 大畑才蔵全集編さん委員会編『大畑才蔵』（ぎょうせい、一九九三年）。

(22)『南紀徳川史』第十冊収録（清文堂出版、一九九〇年復刻版）。

(23) 引用史料中にある「一歩のもミ九を懸」けるの「九」とは、「九つ」＝九〇パーセントのことである。

(24) 石高については、籾表示のみ籾と記し、米表示の場合は数字のみ表記する。以下同様。

(25) 免の問題については、これまでもすぐれた研究成果が報告されている。ここでは、本稿をまとめるに際して大きな示唆を受けた、中口久夫「「免」の意味変化について」（『日本歴史』一九九三年三月号）と、青野春水「近世免相（免）成立史論」（『日本歴史』一九九四年四月号）の二論文を紹介しておく。

(26)「畑方毛付」六五石に「毛付免」六つ五分八厘を掛けると四二石七斗七升となり、史料中にある「取」四二石六斗八升は、明らかに誤りである。

(27)「取合」の二九五石五斗四升は、正確には二九四石八斗七升五合である。

(28) この点については、廣本満「紀州藩の徴租法」（安藤精一編『紀州史研究』一所収、国書刊行会、一九八五年）で検討がなされている。ただ、石高＝村高、出来高＝収穫高の相違を明確に区別する必要性を指摘したことは卓見であるが、収穫高、年貢高、免の関係が深く掘り下げられていないため、結果的には「小百姓の負担は苛酷であった」との結論を導き出すなど問題点も残している。

(29)「惣有米」一〇石九升二合は、正確には一〇石九斗二升である。一歩当たり籾一升四勺であるから、〇石〇一〇四×三〇〇歩×1／2×七反を計算すれば、一〇石九斗二升となる。したがって、この一〇石九斗二升の「六分方ノ取」＝六〇パーセントの取分は六石五斗五升二合となり、史料中の数字と合致する。

(30) 前掲書『南紀徳川史』第十冊収録。

(31) 免の意味変化との関連で、免の性格について簡単に触れておくと次のようになる。免の意味変化前では、その免の数値が年貢高のうちの免除分を表わし、その免除分を差し引いた残りの部分がその年の年貢量となる。また、意味変化後では、高＝年貢高に掛けられる率のことを免と表わすようになるが、その免率を掛けて算出されたものがその年の年貢量となる。したがって、意味変化後でも、年貢高のうち年貢として納める量を算出する率が免率であるから、結局は免は免除の意味を表わすことになる。例えば、収穫高を領主と百姓とで折半（五公五民）し、その年の収穫高が高＝年貢高の二倍を実現できたと仮定すれば、高＝年貢高のすべてを年貢として納めることができるので、そのときの免は「免十つ」と表示される。また、収穫高が年貢高の二倍に満たない場合は、高＝年貢高に相当する年貢を納められないので、「免九つ」「免八つ」などと、年貢高のうちの免除分の多寡に応じた免が設定される。年貢関係史料にあらわれる免が九つの場合、一〇からその九を差し引いた残りの一が百姓取分では決してない。さらに、免率が高ければ高いほど年貢収奪が強いというわけでもない。むしろその逆で、免率が高ければ高いほど免除部分が少ないことを意味するので、その分百姓取分も多くなる。それは免の意味変化前でも同様で、免引の少なさは相対的に百姓取分の多さを示している。

［付記］

本稿は、一九九七年三月に書き上げたものである。当初、石高と免に関する研究については、順を追って発表していく構想をもっていたが、諸般の事情によりその順序が逆になってしまった。したがって、内容的にも時宜にそぐわない部分があるかも知れないが、作成時の意図を活かすためにも、手直しせずそのままの形で発表することにしたい。できれば、

「前田領の「免」に関する試論」（神奈川大学日本常民文化研究所奥能登調査研究会編『奥能登と時国家　研究編2』所収、平凡社、二〇〇一年）などの論文を併読していただければ幸いである。

第三章

幕末明治初年における豪農の農業技術

—下野国田村家について—

泉　雅博

はじめに

本稿は、幕末明治初年、下野農村に所在した一豪農家[1]における農業技術のあり方を、実証的に明らかにしようとするものである。

従来、農業生産力発展の地域的展開のなかで、下野をはじめとする北関東農村は自給性、後進性を代表する低位生産力地域とみなされてきた[2]。そこに特産地化の進展を積極的に評価しようとする近年の研究も、特産物生産が余業の域にとどまり、自給生産と固く結びつき展開している姿を明らかにしている[3]。

ところで、近世農業の技術水準の解明のため、農書の分析が進められてきたことは周知の事実である[4]。下野農村にもこれら農書・耕作帳等の記録類は多く伝来している[5]。豪農クラスの農民によって書かれた、これらの農書の対象としている農業が、自給生産であったことも明らかなことである。下野農村では、農書をみずから書くほどに成長した豪農が、自給生産によりながら家の永続・発展を志向していたのである。

一般的理解に従えば、自給生産は商品生産の展開により崩壊する必然性をもつ農業生産形態、ということになるだろう。したがって、この視角からは、下野豪農と彼らの手になる農書・耕作帳等をとりあげる意味は、後進農業の存在証明以上のものではありえないこととなる。しかし、翻って、近世農業の独自性に即しつつ、その固有の発展形態を捉えようとする視角に立つならば、そこには下野豪農の自然に対するたくましい取組み方といったものが明らかになる。(6)

本稿でとりあげる家は、下野国河内郡下蒲生村の田村家である。同家は『農業自得』の著者、田村仁左衛門吉茂の生家として夙に知られ、旧来より多くの研究者の関心を集めてきた旧家である。とくに仁左衛門畢生の農書『農業自得』の評価をめぐっては、「学者の農書と百姓の農書」(7)以来の古島敏雄による一連の論及(8)があり、その成果に促されて多くの研究成果が蓄積されている。(9)また、仁左衛門の生涯と著作活動についても、近年ほぼその全貌が明らかにされつつある。(10)ただ惜しむらくは、旧来の研究においては『農業自得』をはじめとする仁左衛門の農書を、田村家の生活のあり方や地域農業の展開過程と関連づけて論及した成果が少なく、この点で評価の一面性を免れていないことだろう。

そこで、本稿ではあらためて『農業自得』と田村家をとりあげ、考察を加えることにした。とくに豪農の自然に対する取組み、その営為のなかで土地の自然力の開発と維持がどのような形態で行われていたか、こうした点に関心の中心を据え、冒頭に示した課題の解明を行いたい。なお、本稿での利用資料は、断わらないかぎり田村吉隆氏所蔵文書である。

一　田村家の概要

田村家の居村下蒲生村は、明治初年に田三三町、畑三五町、宅地六町、平林三三町、荒地他六町、戸数三〇軒ほどの村である。幕末期には天領・旗本領・大名領の錯綜した相給村であった。

村のほぼ中央を若狭川が貫流し、水無瀬川・温井川・田川の三川が村境を形成し南流している（後掲図2）。田の用水はこれら諸川のうち、田川を除く三川と字深田の湧水から取水されている。物産は米・麦、雑穀類が中心であり、木棉・藍葉・干瓢、それに加工品の白木綿などもみられるが、特産といえるほどの物産はない(11)。

明治九（一八七六）年、戸数二九軒の下蒲生村民の田畑所有状況をみると、三町以上の家七軒、一町以上三町未満の家一九軒、一町未満の家三軒で、農民間の階層分化は著しくない(12)。この年田村家は、総土地所有面積では一二町一反で村内最高であるが、田畑のみでは四町六反で第二位に位置している。

いま、あらためて、下蒲生村における田村家の位置を明らかにする。

田村家は下蒲生村草分けの「六人百姓」の筆頭に位置する家であり、幕初以来同村の肝煎・名主を務め、明治には戸長・村長等を歴任している。所持高は表1に明らかなように、寛永年間の八六石余を最高に、以後三〇石台、二〇石台と推移し明治期を迎えている。この間、延享四（一七四七）年には「身上潰ニ而雑穀并ニ諸物諸道具預置候帳」まで用意せざるをえない一時期も経ていた。

田村家は篤農と呼べる系譜の家であるが、その性格は、この延享期前後における窮状からの立ち直りの過程で培われたものである。

さて、この窮状期田村家で家政再興の重責を担ったのは、新田分家より養子として迎えられた仁左衛門吉昌であった。吉昌は仁左衛門吉茂の父であり、吉茂は幼い時からこの父に従い農事に励み、ついに「自得」[13]の農法を体得して『農業自得』を著すにいたるのである。

『農業自得』は仁左衛門隠居直後の著作であり、そこにはそれまでの農事の経験と知識が集大成されていた。この農書に平田篤胤は大きな賛辞を与えている[14]。仁左衛門は篤胤の評価にも力を得たものであろうか、晩年の夢を「世の宝となるべき農書」を著すことに賭け、多くの著作を書き遺し[15]、明治一〇（一八七七）年四月一一日、八八歳で「守倹不撓」の生涯を閉じた。

明治期の田村家は、松方デフレの進行過程で大きく土地所有を伸張させ、地主的性格を強めている。しかし、その所有地はすべて居村にあり、相当規模の手作も行っている。また、時の当主たちは、村の指導層として産業の発展等に尽力している。在村耕作地主として、家の永続・発展をはかろうとしている明治期田村家のあり方にも、農のあり方の基本に徹して生きた仁左衛門の生涯とその遺志が、なお脈々と受けつがれていたと思われる[16]。

さて、ここで、以上のような歩みを示す田村家の、幕末明治初年における生活と生産の概要を、文久二〜明治三年「年中諸入用諸穀収納差引帳」を素材にみておくことにしよう。

物価の急騰を反映して、当該時期の田村家の貨幣収支はともに増額傾向にある（表2（1））。ときに不足を計上する年もあるが、その額自体は多

表1　田村家の土地所有

年　次	田	畑	屋　敷	合　計	備　考
寛永10	石	石	石	86.221石	
元禄 9	20.7193	13.8468	畑に含む	34.5661	
元文 3	20.6997	12.21706	1.5718	34.48856	反別42.0295反
宝暦 3	10.01877	8.52072	1.52401	20.0635	
慶応 4	13.27253	9.90334	1.09651	24.27238	反別32.922
明治 6	14.5485	9.050	畑に含む	23.5985	
〃 9	21.703反	24.607反	8.318反	54.628反	平林64.015
〃 24	69.128	57.706	11.718	138.622	山林100.915
〃 40	57.708	46.305	10.122	114.205	山林96.029

（資料）「所持高控帳」「田畑勘定帳」「地引帳」「地価帳」等による。

額の臨時出金を課せられた明治元年を除けば、永一〇貫文前後の小額であり深刻なものではない。また、この不足額程度を補うものとして、ここでは計上されていないが、いくぶんかの金利収入と肥料の販売収入がある。[17]

田村家の貨幣収入源の中心は売米である（表2（2））。手作米が主であり、これに小作米[18]を合わせた総収納米から、年貢米・小作上納米[19]・飯米を差引いた残米が販売にまわされている。その量は小作収納米・支出米にあまり変化がみられないことか

表2（1）　田村家の貨幣収支

年　次	収入				支出 計	差　引
	米	畑作物	小作金	計		
文久2	44貫446文	17貫500文	2貫303文	64貫249文	72貫632文	－8貫383文
〃　3	50.040	23.250	3.780	77.070	68.512	8.558
元治元	43.796	28.126	4.133	76.055	78.285	－2.230
慶応元	70.379	30.125	4.399	104.903	99.837	5.066
〃　2	112.967	36.000	2.360	151.327	135.135	16.192
〃　3	51.720	58.125	4.625	114.470	142.886	－28.416
明治元	83.335	31.313	5.298	119.946	206.778	－86.832
〃　2	83.080	37.250	6.288	126.618	119.623	6.995
〃　3	100.938	56.000	5.250	162.188	164.875	－2.687

（資料）「年中諸入用諸穀収納差引帳」による。
注）　金・銭を永文に換算して示した。

表2（2）　売米の状況

年　次	収納米			支出米				余剰米		
	手作米	小作米	計	納成米	小作納米	飯米	計	売　米	代　価	単価 1両当り
文久2	43.000石	4.310石	47.310石	6.255石	石	13.500石	19.755石	27.555石	44貫446文	6.2斗
〃　3	44.000	4.920	48.920	6.255	1.640	13.500	21.395	27.525	50.040	5.5
元治元	36.200	4.700	40.900	6.255	1.435	13.500	21.190	19.710	43.796	4.5
慶応元	31.900	4.160	36.060	5.845	1.230	13.500	20.575	15.485	70.379	2.2
〃　2	31.950	3.350	35.300	6.255	1.230	12.000	19.485	15.815	112.967	1.4
〃　3	30.930	3.220	34.150	5.590	1.230	14.400	21.220	12.930	51.720	2.5
明治元	27.550	3.700	31.250	5.196	0.820	14.400	20.416	10.834	83.335	1.3
〃　2	27.350	2.400	29.750	3.640	2.640	13.500	19.780	9.970	83.080	1.2
〃　3	32.900	4.400	37.300	3.050	3.360	15.750	22.160	15.140	100.938	1.5

注）表2（1）の資料、注に同じ。

ら、手作米の作柄によって大きく左右されるが、平年作ならば文久・元治年間で二七石余、稲作規模の縮小をみた慶応元（一八六五）年以降でも一五石余が確保される。これは総収納米量のうちの三四〜五八％を占める量であり、田村家が年貢米と十分な飯米を確保したうえで、なお大量の余剰米を保持しえたことを示している。しかも、この間米価の急騰があることから、不作の年でも売米収入は減少しないばかりか、慶応元年、二年、明治元年、三年のように売米収入の急増をみている年もある。

畑作物の販売収入は売米収入を補完する位置にあり、米価の一時的低落があった慶応三年を除いては売米収入を上回ることはない（表２（３））。販売品目は大麦・小麦・大豆・小豆・胡麻・甘芋の六種類で、自家消費分を除いた余剰分が販

表２（３）　畑作物の販売状況

年　次	大　麦		小　麦		大　豆	
	数　量	代　価	数　量	代　価	数　量	代　価
文久２	2.500石	１貫500文	2.250石	３貫500文	2.700石	４貫000文
〃　３	2.000	1.250	2.250	3.000	4.050	7.000
元治元	2.000	1.500	4.500	6.375	1.800	4.000
慶応元			4.050	9.000	3.150	11.000
〃　２	4.000	13.250	1.350	4.500	2.250	10.000
〃　３	5.000	10.000	4.500	15.000	4.950	11.500
明治元			3.600	12.750	1.800	9.000
〃　２	1.000	4.000	2.250	14.000	2.250	11.250
〃　３			3.600	20.000	4.500	20.000

年　次	小　豆		胡　麻		甘　芋		代価計
	数　量	代　価	数　量	代　価	数　量	代　価	
文久２	0.600石	１貫000文	0.800石	２貫000文	−	５貫500文	17貫500文
〃　３	0.900	1.500	1.100	3.000	−	7.500	23.250
元治元	0.550	1.000	1.700	6.563	−	8.688	28.126
慶応元	0.450	2.000	0.500	2.500	−	5.625	30.125
〃　２	0.300	1.250	0.300	1.500	−	5.500	36.000
〃　３	0.900	2.000	1.100	10.375	−	9.250	58.125
明治元			0.500	4.750	−	4.813	31.813
〃　２			−	3.000	−	5.000	37.250
〃　３			0.700	6.000	１貫700目	10.000	56.000

注）表２（１）の資料、注に同じ。

売にまわされている。

小作金は畑と平林の貸付による地主収入である[20]。対象期間を通してほとんど変動はみられず、約四、五貫文前後に停滞しており、農産物の販売代金が増加していくなかで、収入構成中に占める地位を相対的に低下せしめている。

次に、支出についてみよう（表2（4））。支出は貢租・農業生産費・家計費・臨時入用の四費目に大別される。そのうち貢租は、明治元年の内乱に伴う臨時増額を除けば毎年永一〇貫文前後であり、総支出額に占める比率で一〇％程度にとどまる。農業生産費は奉公人・日雇に支払われる給金手間代と、干鰯・糠の購入に要する肥料代によって構成されている。両者

表2（4）　貨幣支出の内訳

費目	文久2		文久3		元治元		慶応元	
	金額	比率	金額	比率	金額	比率	金額	比率
年貢・諸掛	5貫766文	%	9貫689文	%	9貫306文	%	10貫045文	%
村入用	1.125							
小計	6.891	9.5	9.689	14.2	9.306	11.9	10.045	10.1
給金手間代	12.500		8.438		8.750		11.625	
肥料代	16.500		18.500		12.750		16.701	
小計	29.000	39.9	26.938	39.3	21.500	27.5	28.326	28.4
年中諸入用小遣辻	21.241		26.697		25.979		31.790	
薬礼	7.625		3.500		1.500		5.750	
神仏・葬祭	1.500		1.000					
家計雑費	6.375		688				23.926	
小計	36.741	50.6	31.885	46.5	27.479	35.1	61.466	61.5
臨時入用					20.000	25.5		
合計	72.632	100.0	68.512	100.0	78.285	100.0	99.837	100.0

費目	慶応2		慶応3		明治元		明治2		明治3	
	金額	比率	金額	比率	金額	比率	金額	比率	金額	比率
年貢・諸掛	11貫816文	%	9貫948文	%	21貫196文	%	12貫331文	%	8貫750文	%
村入用					6.875				5.000	
小計	11.816	8.7	9.948	7.0	28.071	13.6	12.331	10.3	13.750	8.3
給金手間代	12.875		17.500		16.750		18.250		10.000	
肥料代	36.000		31.557		24.250		33.000		48.500	
小計	48.875	36.2	49.057	34.3	41.000	19.8	51.250	42.8	58.500	35.5
年中諸入用小遣辻	38.725		34.151		34.431		35.042		65.375	
薬礼			8.313		7.355		5.250		8.000	
神仏・葬祭			23.250						13.250	
家計雑費	35.719		18.167		20.921		15.750		6.000	
小計	74.444	55.1	83.881	58.7	62.707	30.3	56.042	46.9	92.625	56.2
臨時入用					75.000	36.3				
合計	135.135	100.0	142.886	100.0	206.778	100.0	119.623	100.0	164.875	100.0

注）表2（1）の資料、注に同じ。

の合計額は文久二～慶応元年までは二〇貫文台であるが、その後明治期にかけて四〇貫、五〇貫文台へと急増している。この原因は、単価の値上りに基づく肥料代の増加による。給金手間代の伸びは停滞的であるが、それは後述のように、田村家では農業生産の大方が家族労働によって賄われ、他人労働の雇傭が限定的であることによっている。

支出のうち最も多額を要しているのは家計費である。この中には生産費に属する性格のものや、村入用関係のものも含まれていると思われるが、それは分別できない。倹約を旨とし、それを実践している田村家においては[21]、消費的支出よりも田村一族の本家、あるいは村の年寄・名主としての家格維持のために、避けがたい出費が存したものと推測される。また、この間には葬式や普請等も重なり特別出費が嵩んでいる。そして、この時代における家計費増大の決定的要因が、生活必需物資の価格急騰に存したことは指摘するまでもないだろう。

幕末から明治初年の時期は物価の急騰期であり、しかも、「近頃ハ実法り方と諸色の相場とハ、大ひに不相当故に、損毛ふ多し、百姓一派にて、農術を得ざる者と困窮者ハ、不足を足す仕方を立ざる故に亡る者あり[22]」という状況が出現していた。このような時代における田村家の貨幣収支面からみた生活は、如上のように、ときには不足を計上する年もあるが、全般的には過不足のない収支の均衡のとれたものであった。そして、この生活は米・麦、雑穀類の栽培と家族労働に基盤をおく自給的な農業生産によって支えられていた。余剰農産物の販売、これが田村家の貨幣収入源であった。

二　耕地と労働力

田村家の所有地の詳細を明治九（一八七六）年時点で示すと、表3のようになる。所有地はすべて居村にあり、他村には一筆も存在しない。田二町一反、畑二町四反、平林六町四反、宅地他一町、合計一二町一反が田村家の土地所有規模である。おそらく、この所有規模は幕末期に遡っての有畝表示であろう。

耕作規模は、確定できる明治初年において、稲作は一町五反前後、畑作は裏作麦の収量から二町を若干上回る規模と概算される。

この農業生産を支える労働力は、田村家においては家族の者である。図１（１）・（２）に示すように、同家の家族構成は傍系家族も同居する複合家族であり、安政五（一八五八）年には戸主の弟一家が、明治三年には戸主の次男一家が同居し、各年の家族成員は一五人、一四人の多数に及んでいる。いま、かりに、一五歳以上六〇歳未満に該当する者を一人前労働力、一〇歳以上一五歳未満、六〇歳以上六五歳未満に該当する者を半人前労働力とし、また一人前労働力一人当り可耕

表３　田村家の明治９年の所有地

地種	番号	地番	字名	反別	地種	番号	地番	字名	反別
				反					反
田	1	148	久保田	0.120	畑	19	636	前原	1.412
	2	175	前田	0.813				計	24.607
	3	177	〃	1.011	宅地	1	217	本田	8.318
	4	183	〃	0.712	平林	1	1	南原	9.305
	5	184	〃	2.914		2	2	〃	0.900
	6	185	〃	3.315		3	3	〃	0.402
	7	186	〃	3.203		4	16	〃	7.325
	8	201	〃	3.326		5	17	〃	0.624
	9	202	〃	0.016		6	18	〃	2.928
	10	204	〃	1.716		7	31	〃	2.213
	11	295	深田	1.120		8	131	田川向	1.406
	12	307	〃	0.229		9	212	本田	3.815
	13	310	〃	1.203		10	213	〃	13.121
	14	550	六反田	1.515		11	216	〃	2.327
			計	21.703		12	350	宮川原	0.407
畑	1	147	久保田	0.628		13	427	砂ヶ川原	1.228
	2	150	〃	0.717		14	433	〃	2.715
	3	197	前田	0.628		15	525	北田	0.827
	4	198	〃	1.128		16	631	前原	1.200
	5	203	〃	1.415		17	637	〃	0.225
	6	257	西田	1.326		18	639	〃	0.828
	7	258	〃	0.708		19	663	蒲生原	1.323
	8	349	宮川原	0.604		20	667	〃	0.305
	9	351	〃	0.304		21	672	〃	1.628
	10	352	〃	1.024		22	692	〃	1.419
	11	353	〃	1.515		23	770	新田	0.927
	12	354	〃	1.717		24	810	道城林	0.612
	13	355	〃	2.714		25	811	〃	0.526
	14	358	〃	0.305		26	851	〃	4.429
	15	632	前原	1.800				計	64.015
	16	633	〃	1.916	荒地	1	179	前田	1.403
	17	634	〃	1.710		2	271	深田	0.922
	18	635	〃	2.406				計	2.325

（資料）　明治９年10月「地租改正地引帳」による。

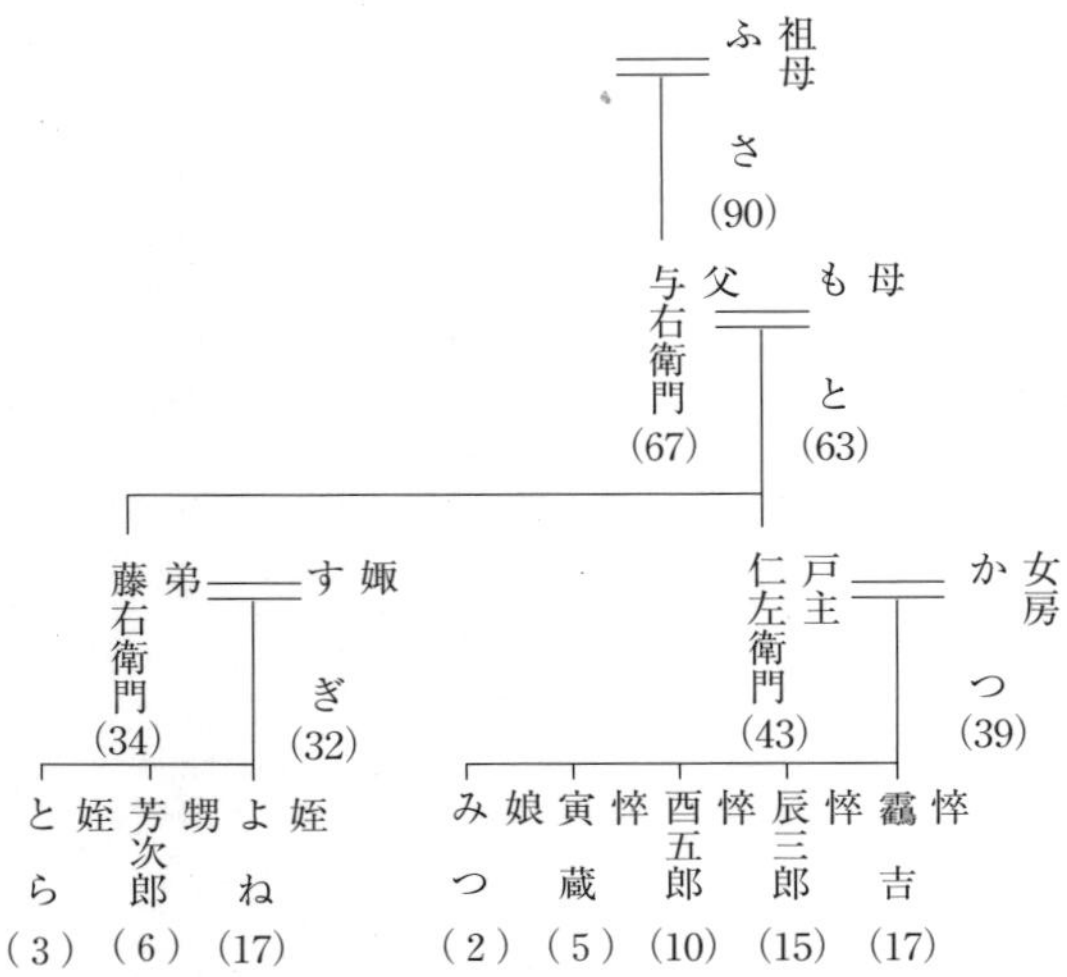

（資料）「宗門人別書上帳」による。
注）（　）は年齢。

図1（1）　田村家の安政5年の家族

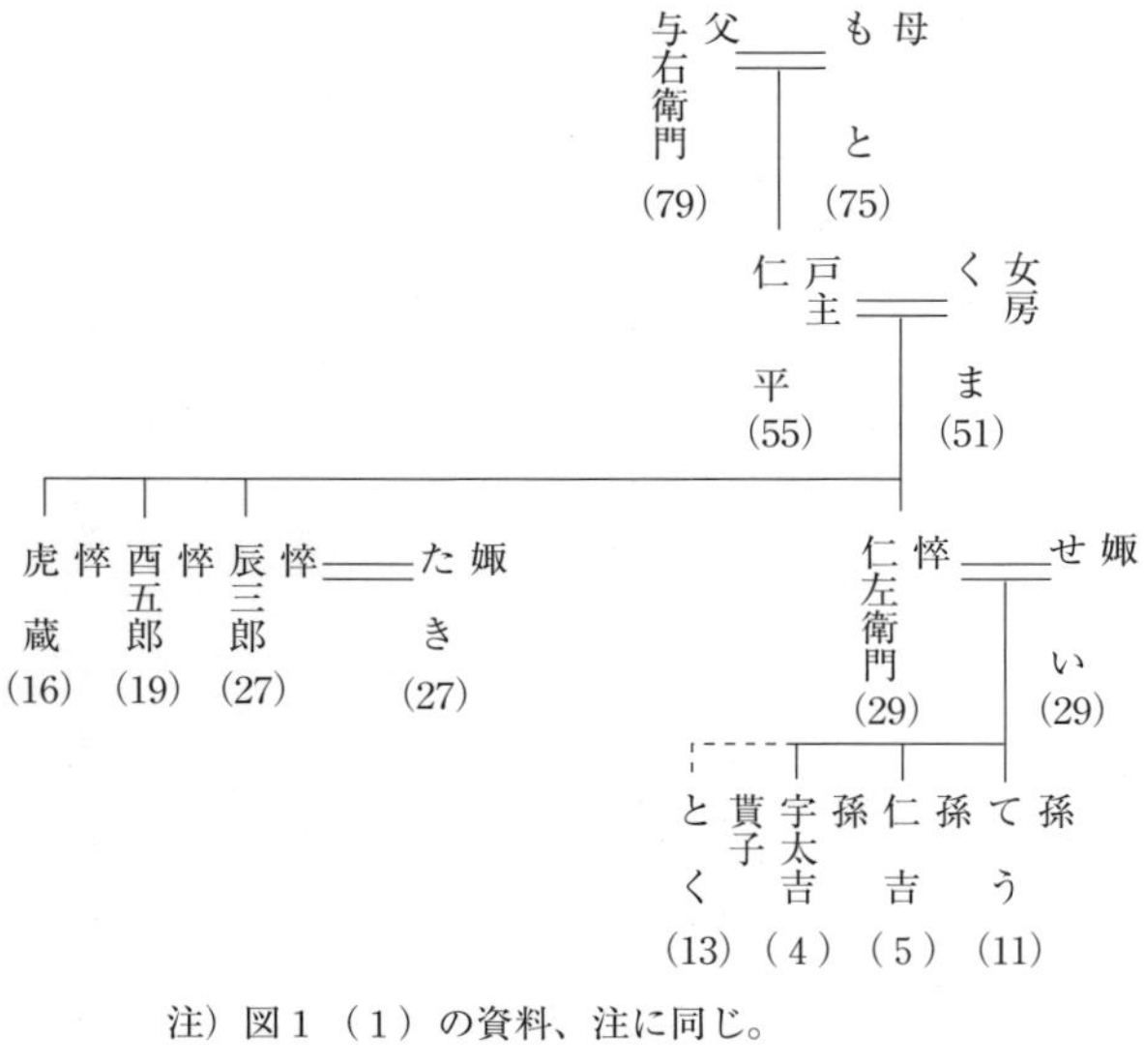

注）図1（1）の資料、注に同じ。

図1（2）　田村家の明治3年の家族

作反別を三、四反、半人前の場合その半分とみなして、右の期間における田村家の家族成員のみによる可耕作反別を概算すると、約二町五反〜三町五反となる。この可耕作規模はほぼ実耕作規模に見合うものであり、明治初年における田村家が家族労働力に適合的な農業生産を営んでいたことがわかる。なお、これで不足する分は、同族や奉公人・日雇人の労働によって補充されていたが、その労働組織は詳細にしえない。ただ、明治六年「万取調日記」の記述によると、この年田村家へ日割奉公稼ぎにきた者一人、日雇稼ぎにきた者三人が見出せる。これらの雇傭人はいずれも、田村家より日常的に金穀の融通を受けている近傍の者で、両者の関係が相互扶助的な関係下にあったことが知られる。

ところで、耕地の利用形態は各農家の編成しうる労働量ばかりでなく、耕地の持つあらゆる諸要素によっても規定されることは指摘するまでもないだろう。(23)

そこで、次には、田村家の明治九年時点の所有地を耕地図上に復原し、耕地の利用が耕地の存在形態上の特色とどのように関わりあっていたかをみておくことにする。

復原図2によると、田村家の田は久保田・前田・深田・六反田の四字に所在し、水系を異にする田が地域的に分散していたことがわかる。ただし、その配置には強い集合傾向が認められる。久保田・深田・六反田には、各々一筆・三筆・一筆の田が所在するにすぎないのに対し、前田には九筆の田が集中し他の字とは趣を異にしている。

前田に所在する集合田は、同一用水路に属し、連結することによって集合状態を作り出している。具体的には、八・九・一〇の田と五の畑（田成）が居宅の東側を通り前田に流れ込んでくる用水路に属し連結し、二・三・四・五・六・七の田が居宅の西側を通り前田に流れ込んでくる用水路に属し連結している。そして、この二本の用水路に属し連結する二ブロックの田が集合し、前田では大きな田の団地が形成されている。

ところで、図の用水路のあり方からも推測されるように、当時の下蒲生村の灌漑方式は田越し灌漑であったことはまちがいなく、またかかる灌漑方式の下では、田植から落水期まで湛水灌漑法がとられることが一般的であったとい

上蒲生村
若狭川
温井川
川中子村
水無瀬川
五反畑
砂ヶ川原
宮川原
深田
北田
三道地
六反田
道城林
N

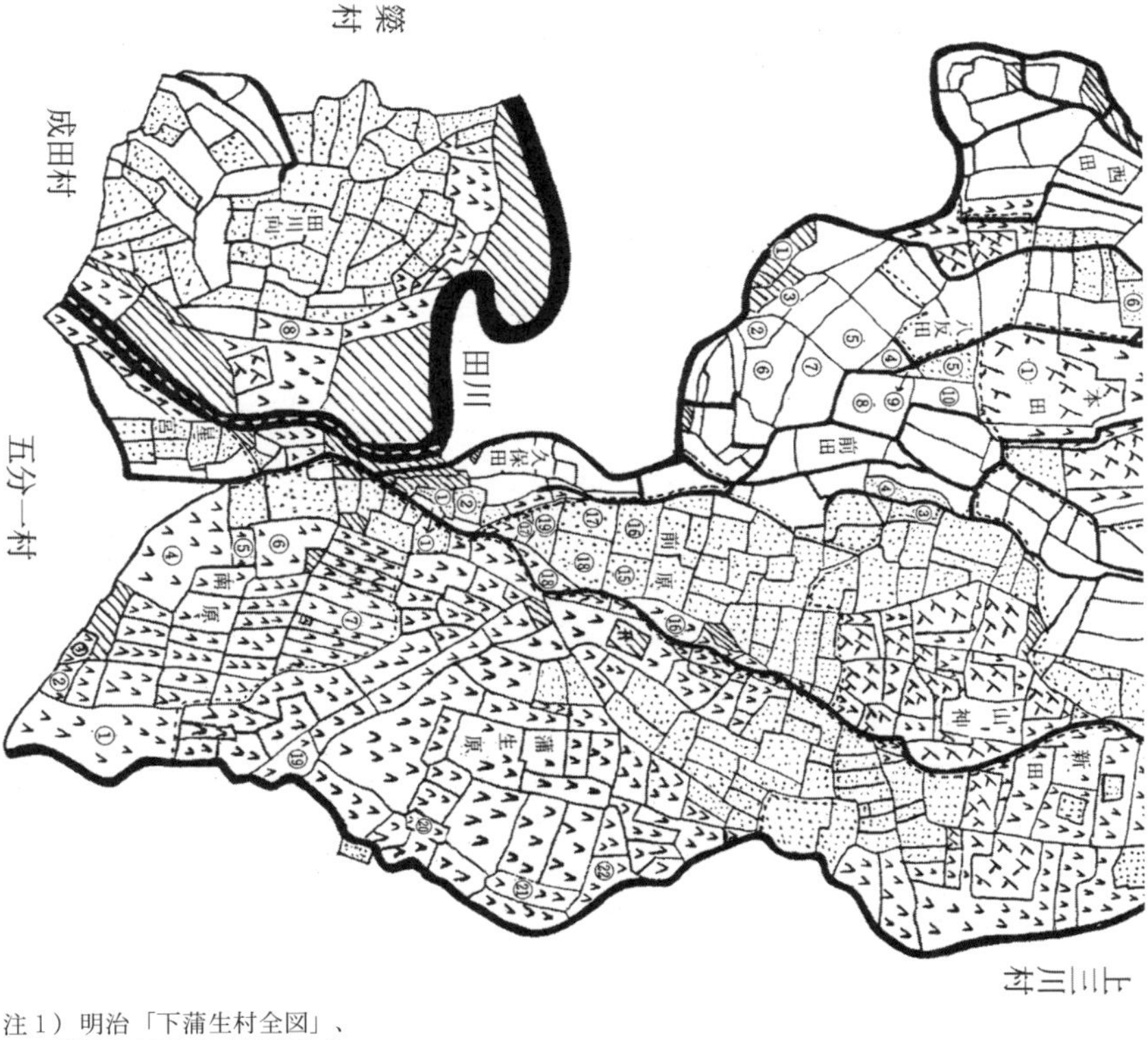

注1）明治「下蒲生村全図」、明治9年10月「地租改正地引帳」による。
2）東西約7町57間、南北約17町55間、総面積117町5反5畝23歩。
3）▭田、⋯畑、宅地、平林、荒地他、川・水路、----字界。

図2　下蒲生村図

われる。[24] このような水利事情の下では、稲の生育過程における水の調節はもとより、品種の早晩生の選択なども、用水をめぐる村規約によって制約されていたことは想像に難くない。事実、明治一五(一八八二)年に仁平が県の勧業課に報告した控には、水利に関して次のような指摘がある。[25]

当郡も鬼怒川縁ニハ、乾田砂地成るに仍て、田麦を仕付、跡にハ早稲を多く作る故、一段毎に中稲と早稲ヲ植交り事なれバ、中稲の穂の出てさる中に早稲の水を干す為に、中稲ハ米精悪く貫目軽くシテ、米摺の減じ有りて搗減り多し

すなわち、二毛作の普及によって従来の早・中稲の作付配分が崩れ、中稲に用水切れ障害が発生しているというのである。田越し灌漑の下では品種の選択も制約されざるをえなかった点を、このことはよく示している。

このような水利上の制約を免れるためには、田を集合化することも有効な一手段たりえたであろう。前田の集合田はそうした意味で、水利上の好条件を備えた田であったといえる。つまり、田村家の所有田のうちには、その存在形態上の特色によって、おのずから村の用水規約と抵触することなく、それより一定程度自由になりえている田――前田の集合田と、それとは対照的に、村の用水規約の下で耕作が行われざるをえない田――久保田・深田・六反田に孤立して所在する分散田とがあったのである。

田村家の田の利用は、以上のような田の存在形態上の特色――とくに用水条件との関わりの下で、それを活かす形で行われ、集合田と分散田では異なっている。たとえば、明治九年の手作田は四・五・七・八・九・一〇と田成五であるが、これらの田はすべて前田の集合田のうちに所在している、また、この七筆の田は、確認しうるかぎりでも天保末年より明治二〇年代末まで連年手作されており、集合田のうちでもとくに田村家が重視していた田であったことがわかる。一方、この年貸付けられた田は、集合田が上記のような利用の下にあったことから推測するに、その時々の労働力の調達量によって作付が勘案されてきた田であったことはまちがいなく、いわば調節田的機能を果たしてい

る田であったということができるだろう。そして、田村家における田の自覚的利用は、前節で示したような同家の歩みから、おそらく仁左衛門の父吉昌の時代にまで遡れるものと推測されるのである。

さて、次に畑の存在形態についても一瞥しておくことにしよう。畑は久保田・前田・西田・宮川原・前原の五字に所在している。田のような一字への強い集合傾向は認められないが、各字単独に存在する畑はない。二筆から七筆の畑が各字に所在し、それらが連結し小ブロックを形成しているのである。反別で示すと、最小一反四畝余から最大九反三畝余におよぶ。これら小ブロックごとの畑は居宅から比較的離れた場所に所在するが、それでも最も遠くの畑でも距離にして四町強である。居宅からほど遠からぬ位置にある畑が小ブロックを形成し、その小集合畑が地域的に分散して配置されている点に、田村家の畑の存在形態上の特色が見出されるのである。

同家ではこの畑の大半を手作している。一部貸付けられている畑の所在地については確認しえない。

なお、田村家の所有林は無秩序に村内の各字に散在している。林は薪・普請用材等の生活資材や肥料の供給源として利用され、その機能によって生活と生産の営みを補完している。林についてはその存在形態よりも、六町余におよぶ集積の事実自体に注目される。

三　稲作技術の様相

田村家の田は、その存在形態からみるとき、用水条件の比較的確保された集合田と未確保の分散田によって構成されていた。田の利用は吉昌・吉茂の時代より、この田の存在形態上の特色を生かす形で行われ、稲作生産の基盤は前者の田におかれていた。後者の田は調節田的機能を果たし、主に労働力の調達量によって作付が勘案されていた。

田村家がとくに重視していた田は、集合田のうちでも連年手作していた七筆の田――基幹田であった。それは前掲

図2上の田四・五・七・八・九・一〇と田成五の七筆にあたる。田村家がこれらの田において、稲作技術上の観察と経験を最も積み重ね、したがって、その技術上の効果も最大限にあがることを期待していたことは想像に難くない。

収量

田村家の稲作技術の具体相を検討する前に、まず、稲作の収量水準の確認から始めることにする。

表4に、明治一四〜一八年の圃場別の籾収量を示した。この間の反当籾収量は三・〇四〜三・六六石の間にある。五ヵ年平均の反当籾収量は三・二八石であり、この籾収量を天保一二（一八四二）年の籾摺歩合の実績である五六・四％で玄米収量に換算すると、一・八五石となる。ちなみに、同期間の栃木県平均の反当玄米収量は一・一石であり、田村家

表4　圃場別の籾収量

圃場名	反　別	番号	明治14	明治15	明治16	明治17	明治18	反当収量
前　田	3.324反	8	12.000石	13.500石	14.200石	12.000石	12.400石	3.79石
前新田	1.716	10	6.000	5.400	8.000	6.000	6.000	3.58
堀　田	1.500	9,*5	3.500	3.500	4.000	3.300	2.500	2.24
早稲田	3.603	7	13.500	14.100	11.450	11.600	12.400	3.49
畑ヶ田	2.914	5	10.500	11.900	11.000	9.280	9.400	3.54
三角田	0.712	4	2.900	2.650	2.700	2.700	3.080	3.79
収量計			48.400	51.050	51.350	44.880	45.780	
反別計			13.909反	13.909反	13.909反	13.909反	13.909反	
反当収量			3.47石	3.66石	3.69石	3.22石	3.29石	
糯　田	3.515反	6					8.800	2.48
上中台	1.011	3				3.100	7.200（上中台・中台）	2.79（上中台・中台）
中　台	1.710	不明						
ひる田	1.304	〃			5.000（ひる田・ひる田茂平分）	7.300（ひる田・ひる田茂平分・ひる田藤吉分）		2.07（ひる田・ひる田茂平分）
ひる田茂平分	1.100	〃						
ひる田藤吉分	不明	〃						
広　町	2.400（〜明16） 3.500（明17〜）	〃			6.700	8.500	12.500	2.90
三反田	1.716	〃			5.000	4.900		2.83
収量計					16.700	23.800	28.500	
反別計					6.520反	8.701反+α	9.806反	
反当収量					2.54石	*2.62石	2.90石	

（資料）「田畑作附帳」による。
注1）　圃場番号は図2の田番号に対応する。ただし、*5は畑番号。
2）　反当収量の*は不明反別を除いた数値。

に遠く及ばない。県平均で反当玄米収量が一・八石を超えるのは、昭和一〇年代以降のことである[26]。田村家の稲作収量の高さは、耕作帳を記しているような、農業に熱心な個別農家との比較によっても確かめられる。例えば、田村家からさほど隔たらない河内郡西蓼沼村黒須家の場合、明治一四～一八年の平均反当玄米収量は一・五五石であり、田村家より三斗下回っている[27]。また、那須郡両郷村河原関谷家の場合、永続田四ヵ所に限ってであるが、同期間の平均反当玄米収量は田村家より二斗弱下回る一・六七石と計算される[28]。

田村家の稲作の生産性の高さは、基幹田における高収量に基づいている。表4で、前田以下七筆の田は基幹田に該当し、糯田以下八筆の田は調節田および質取田である。この両種の田のうち、基幹田に属する田は、堀田を除きすべてが平均反収を上回っており、その反当玄米収量は二石を超えている。これに対して、調節田に属する田は、栃木県下の慣行[29]の稲作の収量水準を優に超え、前記黒須家に匹敵する収量をあげているものの、すべての田が平均反収を下回っている。つまり、田村家の田の中では、基幹田の高収性と調節田の低収性が対照をなしているのである。この事実は、田村家で取組んでいた稲作法も、既存の田の諸条件に規定され、その効果がすべての田で斉一にあがることが困難であったことを示すものと理解される。いいかえるなら、田村家が所有田を自覚的に基幹田と調節田に分けて利用していたのは、このような既存の耕地条件の認識の下、それを生かすような技術改良を重ね、稲作全体として最大限の生産性をあげることを志向していたからにほかならなかったのである。

種子・品種

田村家の稲作の生産性は、基本的に田の条件によって規定されていた。しかし、そこでは一連の個別技術の改良が重ねられ、一種の均衡系が作り上げられることによって、稲作全体の収量の向上がもたらされていたことはいうまでもない。以下、大略作業の手順を追いながら、稲作技術の実態を明らかにしよう。

まず採選種技術についてみると、仁左衛門が当時巷間に流布していた草木雌雄説を否定していた点に注目される。周知のように、この説は人間や動物に雌雄の別があるのと同様に、植物の種子や個体にも雌雄の区別があるとする説のことである。この説の淵源は宮崎安貞著『農業全書』に遡り、近世後期にいたっては一般化するとともに、とくに稲穂の形状をめぐっては二系統の説の対立までも生じていた。[30] しかし、仁左衛門はそのような風潮のなかで、草木雌雄説に対して明確な批判を持っていた。

すなわち、仁左衛門は「人間禽獣都て交合して子を生する者わ、めを有る事勿論也、五穀草木ハ天地を父母として生立故に、気候に依て熟不熟あり、人間禽獣の子生方ハ、気候に拘らざるを以見る時、五穀草木に必めを有とも云かたし」と草木雌雄説を否定したうえで、「雌穂ハ自然の穂也、男穂ハ変り穂也、五穀草木共年来過れハ変化有もの也、よく変化するハまれ也、悪変化する也（中略）されハ雌雄の論にか丶ハらす、変りたる穂をよく除[31]き自然の穂を選ぶべし、と説いていたのである。そして、採選種の実際にあたっては、「稲などは豊作にわ（中略）ふたまた三又の雌穂多し、違作年にわ雄穂斗り也[32]」と見定めたうえで、稲穂の中でも「親穂」を除き、「子さきの穂」の中から、「美しく粒数多く、穂尖二俣三俣有穂の熟方同様なる穂を見合、穂の元の方未熟ざる頃、穂の中程より末の方[33]」を種子にすることを奨め、しかもこの種籾は四、五年は収量が多いとしていた。また、極上の種子を採るには、「先出穂の時分出生よくうるハしき穂を三、四ヶ所見立、目印をいたし置、其中にてこ丶み方早く、熟方も早きを一穂種子として大切に貯置、別に苗代を拵ひ植べし、さすれバ一穂に交り有へきいわれなし[34]」と、一穂種子の採種を「最上」の方法として提示していた。

仁左衛門にとっての最大の関心事は、種子の栽培環境による変化、その劣性化傾向のなかでいかに良種を選択していくか、そして、その良種によっていかに長期にわたって高収量を維持していくかということであった。それは稲穂の外形表示によって採選種の基準を決定していこうとする、草木雌雄説に拠る人々の観念的な立場とは違い、長期におよぶ稲穂の系統的な観察と経験の積み重ねを通して確認してきた技術的成果をまず何よりも重視し、そのなかで最良の方法を確定していこうとする立場であったといえよう[35]。

ところで、仁左衛門は品種の選択にあたっても一つの見解を提示している。すなわち、当地域にあっては「早稲ハ大かた時の間合せ、田畑の都合により、晩稲ハ手ヲくれの用心[36]」のために栽培する程度がよいとし、中稲に益あることを説き、中稲のなかでもとくに有芒種の栽培を奨めるのである。この品種は風害、冷害に強く、収量も多いとされる。また、中稲重視の主張は米麦二毛作化の問題と関わるなかでも説かれ、田麦の作付を拡大するよりは中稲の熟生をはかる方がより有利であることを主唱している。これは米麦二毛作の北限地帯に位置する下蒲生村の気象条件[37]を踏まえての、選択肢の提示であったといえよう。ちなみに、幕末期に田村家が実際に栽培していた品種を示すと、いくび・白ノ毛・あか・三ヶ月・拾六嶋・はりま・武州房・下総房・晩白ノ毛・晩房・もち白・郡助もち・もちの一三種におよんでいる。この時期の中心品種は中稲のいくび・白ノ毛であり、これに早・晩稲四、五種が組み合わせれ、毎年六、七種の品種が栽培されていたもようである。

播種量・栽植密度

田村家の稲作技術で、従来注目されてきたのが薄蒔き・薄植え技術である[38]。この技術は、享和三（一八〇三）年、仁左衛門が一四歳のときの一体験が契機となり生み出された成果であった。そのときのいきさつは次のように述べられる。すなわち、この年苗を作っていたところ、ほとんどが猪の被害にあった。そのため「追苗代致度思ひ共、末苗代故追苗代間合す、拠なく其のまゝ捨置たる処、其頃気候能時節故、苗思ひの外ニ生立なれ共、苗大へに不足也、依て壱株の苗を減し、壱坪の株を減事植置たる処、益々進ミ能、秋の実取多き事聞及ハさる収納也、仍而種減じ始る也[39]」というのである。

表5　下野各村における本田反当種籾必要量

年　次		郡　村　名		種籾量
延宝	2	河内郡	下蒲生村	1.33斗
元禄	5	芳賀郡	若 旅 村	0.7
〃	9	足利郡	松 田 村	0.62〜0.83
〃	11	都賀郡	下古山村	0.65〜0.7
〃	16	芳賀郡	小 貫 村	0.7〜0.8
正徳	2	都賀郡	助 谷 村	0.7
〃	2	安蘇郡	植 野 村	0.6
享保	11	那須郡	下川井村	0.65〜0.9
〃	17	河内郡	下神主村	0.6
〃	17	梁田郡	借 宿 村	0.7
〃	19	都賀郡	町 田 村	0.8
元文	5	安蘇郡	山 形 村	0.6
延享	元	足利郡	足 利 町	0.64〜0.65
寛延	2	芳賀郡	青 谷 村	0.6〜0.7
安永	4	河内郡	西 汗 村	0.6
天明	4	都賀郡	藤 田 村	0.6〜0.8
寛政	10	足利郡	足 利 町	0.64〜0.65
〃	12	河内郡	川中子村	0.8〜0.9
文化	13	那須郡	大豆田村	1.0
文政	10	安蘇郡	植 野 村	0.6
天保	9	河内郡	下蒲生村	0.7
〃	13	都賀郡	石 橋 宿	0.7〜0.8

（資料）「明細帳」「農事書上帳」等による。

仁左衛門は慣行化している厚蒔き・厚植えの方法では、種子・肥料・手間・収量・籾摺歩合の面で損失を蒙ってしまうが、薄蒔き・薄植えの方法ではこれらの損失を免れるばかりか、「くきは太とく茂りて、穂早く出て、実法り多[40]」い結果を得ることができると説く。そして、そのためには厳密な量規定が必要であるとし、数十年にわたる栽培経験を通して確認してきた数値を具体的に提示するのである。すなわち、本田反当苗代坪数一〇坪、苗代坪当播種量一・六〜三・〇八合、本田坪当株数四〇〜五〇株、一株当苗数五・一〜六・五本がそれである。この数値は畿内の事例に徴してもかなりの薄蒔き・薄植えであり、関東では出色の水準といえる。[41]

ここで、下野における播種量の時代的推移を概観すると、表5のようになる。近世初期に一斗を越えていた播種量は、元禄〜享保期に一部の地域を除いてそれを下回るようになり、六〜九升の水準となっている。そして、その水準は以後大きく変化することなく、幕末期におよんでいる。田村家の居村下蒲生村でも、天保年間の種籾量は七升である。仁左衛門は居村などのように種籾を反当り七、八升も蒔く所では、「土地おとる所へ種多く蒔、苗細仕立、壱株の本数多植わり、故に小穂を出ス、実取少し」と指摘していた。そして、ところによっては「壱反ニ付種弐升位より八升位迄下すものなれ共、予か仕法何程蒔里にても三分一にて十分の積り也」[42]としていたのである。

しかし、田村家の薄蒔き・薄植え技術と慣行の技術とを分かつ最大の問題は、この播種量の減量の程度いかんということではなかった。慣行のやり方では、まず何よりも本田での必要苗数の確保を優先し、これを基準として播種量を割出す傾向にあったのに対し、田村家では苗の素質への考慮から播種量を苗代坪当りで規定していたことである。[43]仁左衛門は健苗育生の見地から苗代一寸坪当りには種籾二、三粒蒔きがよいとし、ここから本田反当播種量を算出していたのであり、さらにこの発想の転換を本田にもおよぼし、稲の生理的特性を最大限に生かす見地から栽植密度を規定していたのである。

耕耘

田村家では深耕によって、出穂後の登熟を高める効果をはかっている。仁左衛門は「田穿方ハ深くうなへハ培の能少しと云ハひか事也、尤浅けれハ、植て直に黒ミて進早くし、早く白け、小穂にて実取少し」と浅耕の弊害を指摘し、「深キハ立根深く入て、しらけおそく、大穂出て伏事無く、取実多し」[44]と深耕の効果を強調していた。

ところで、当時の下野において、深耕を可能とする農具的条件は鍬の使用以外になかったであろう。多肥化の進展の下、耕深を深くする技術的対応が鍬耕を一般化させ、鍬の分化・発達に著しいものがあったことは周知の事実である。田村家でも春の田起し作業が、鍬によって行われていたことは想像に難くない。ただ、その一方深耕の観点のみをもってして、犁耕の存在を全面的に排除する理由にならないことも確かな事実といえよう。[45]むしろ、耕作の実態に即してみるならば、鍬耕と犁耕の併存が問題とされなければならない。

実際、下野の南部地域では、機能上深耕が不可能な大鍬と呼ばれる犁が早くから普及し、幕末期には田の耕起にも用いられていたことが知られている。[46]そして、田村家でもこの犁を用い、収穫後の田で「冬ばり」と称する馬耕を行っていたことが確認されるのである。

明治一五（一八八二）年に仁平が書きとめた県勧業課への報告の控(47)によると、冬ばりは地力の保持・増大と雑草防除の二つの機能を有する作業であり、乾田で稲の収穫直後に行われている。耕深を確保するため春の田起しを鍬で行っている田村家でも、秋の田起しには犁を用い、この両耕の併存下で、深耕と砕土の綿密化という耕耘技術の集約化をはかっていたことが知られるのである。

施肥

表6は、稲作の施肥状況を具体的に示したものである。田村家では苗代・本田ともに元肥のみを施しており、追肥の施用はみられない。苗代へは厩肥・刈草・干鰯の三種を中心に、これを補うものとして干草・蕎麦殻・〆粕等を施している。施肥量は反当換算で、厩肥一駄弱、刈草一〇籠前後、干鰯一・三斗前後とほぼ一定し、定量化した施肥法が確立していたことが知られる。苗代〆に当たっては、苗代の荒起し後これらの肥料を一度に散布し、馬鍬で縦横に四〇回程も掻き均し、苗代を真平にしてから播種する方法がとられている。

苗代で使われる厩肥と干鰯は本田でも大量に使われるが、刈草は木の葉におきかえられ施用されない。本田では厩肥・木の葉・干鰯が中心肥料であり、これの不足分は身近で求められるさまざまの肥料や〆粕によって補充され、定量が保たれている。また、施肥に当たっては、干鰯を除く他の肥料のすべては耕起前に田へ散布し、荒起し・代掻きをし、干鰯に限っては田植の二、三日前に散布する方法がとられている。

この田村家の施肥の特色を他の事例との比較で明らかにするために、表7を掲載しよう。播種量を一つの目安としたものであり、礒家は一斗、小貫家は七升五合の場合の施肥事例である。これによると、礒・小貫両家ともに自肥を中心としながら金肥も併用している。また、播種量の減少とともに、金肥の施用量が徐々に増加しつつあった状況も

表6　稲作の施肥状況

	明治7	明治8	明治9	明治10	明治11	明治12	明治13
苗　代							
坪　数(坪)	250	202	190	203	208	204	205
播種量(斗)	5.44	4.6	4.15	4.1	4.6	4.85	3.6＋α
厩　肥(駄)	11	12	12	8	8	8	4＋α
刈　草(籠)	140	139	115	100	140	128	40籠4駄＋α
干　草(束)	15	8	9				
干　鰯(斗)	23.9	18.0	18.6	19.0	17.2	15.2	9.0＋α
〆　粕(斗)							2.7
そ の 他			蕎麦殻2束				
本田反当坪数(坪)	14.3	14.5	13.6	15.1	14.9	14.6	14.7
坪当播種量(合)	2.2	2.3	2.2	2.0	2.2	2.4	＊2.4
反当換算播種量(升)	3.1	3.3	3.0	3.1	3.3	3.5	＊3.5
反当換算厩肥量(駄)	0.6	0.9	0.9	0.6	0.6	0.6	＊0.6
反当換算刈草量(籠)	8.0	10.0	8.3	7.4	10.1	9.2	＊11.8
反当換算金肥量(斗)	1.4	1.3	1.3	1.4	1.2	1.1	＊1.1
本　田							
反　別(反)	17.424	13.909	13.909	13.409	13.909	13.909	13.909
厩　肥(駄)	69	90	91	75	117	88駄50束	118
木　葉(駄)	48	48駄3束	15	42	61	37	32
干　鰯(斗)	16.7	33.5	25.5	31.4	33.5	41.1	30.5
〆　粕(斗)						1.4(内荏粕7升)	12.0
甘芋代(駄)	7	27	10	44			26
そ の 他	蕎麦殻大籠4	干草2駄4束、大豆殻ぶどう根27籠、藍殻1駄	豆殻18籠	すゞ1斗、くず豆、草10束			笹葉10籠
反当厩肥量(駄)	3.9	6.5	6.5	5.6	8.4	6.3	8.5
反当木葉量(駄)	2.7	3.4	1.1	3.1	4.4	2.7	2.3
反当金肥量(斗)	1.0	2.4	1.8	2.3	2.4	3.1	3.1

（資料）「田畑肥扣帳」による。
　注）＊印は不明分を除いた数値。

みてとることができる。ただ、両家ともに金肥の施用は苗代のみにとどまり、本田へは施用されていない。本田では旧来の慣行が遵守され、厩肥と刈敷を中心とする自肥を大量に施している段階にとどまっているのである。

　この両家と比較し、田村家の施肥の特色は金肥施用の面にあるといえよう。田村家では金肥は苗代ばかりか本田にも施され、

表7　礒家と小貫家の稲作の施肥

那須郡大豆田村礒家	
反当苗代坪数	10坪
反当播種量	1斗
浸種日数	4～5日
苗代元肥	
厩肥	3～4駄
下肥	3杯
青草	1背負
茹大豆4升，荏粕3升，〆粕か干鰯2升5合	
本田元肥	
厩肥	15～16駄
青草	10駄
芳賀郡小貫村小貫家	
反当播種量	7升5合
浸種日数	6～7日
苗代元肥	
厩肥	4.4駄
下肥	0.7駄
引割大豆	4升6合
粕	3升1合
苗代追肥	
粕	7升4合
あらぬか肥	？
本田元肥	
厩肥，柴草	？

（資料）　文化13年8月「乍恐奉書上候耕作蒔仕付方之事」（礒正次家文書）、文政7年正月「大福田畑種蒔肥配帳」（小貫敏尾家文書）による。

その施用の拡大下で施肥法の集約化が実現されているのである。いいかえるなら、地力の補給が礒・小貫家よりも多量の金肥の投与によってはじめて実現しうる段階に、田村家の稲作生産がいたっていたことを示すものだろう。そこでは自肥のみでは不足してしまう地力の補給が、金肥の施用によって行われ、一定の水準が保持されていたと考えられるのである。事実、この点は金肥の施用を重視する田村家においても、「こひハ大小便を第一とす[48]」るとして、自肥の確保・施用に最善の努力を払っていたことによっても裏付けられる。また、「粕・干か・油粕・こぬか等皆上こひなれとも、大小便と灰を合せて用へされハ能少し」と述べられるように、金肥と自肥の調合による効果が重視され、稲作では「干か入る時ハ、灰を三分一合せ用れハ、弐割にて三四割にも向[49]」かうと、その実践例も提示されているの

である。

田村家の施肥のあり方からは、干鰯・〆粕等の金肥導入の経緯が、金肥の肥効に対する関心とともに、自肥の不足に基づいていたことが知られる。おそらく礒・小貫家も、この点では同様であったといえよう。ただ田村家においては、自肥と金肥の併用、その調合などに工夫が重ねられ、苗代ばかりか本田にも金肥が施用されるに至っていた事実に留意されるのであり、この点で、礒・小貫家とは一つの段階を画するような施肥技術段階に到達していたとみなし得るのである。

水管理

仁左衛門の主張する水管理面でまず注目される点は、苗代の水管理に当たり、「一日に両三度宛々見廻りべし」と周到な管理を求めながら、とくに「種まきて二三日過て干始め、岡田八昼夜五六日干べし、深田十日干べし」(50)と、「芽干し」技術について述べていることであろう。この技術は、一般に苗代では水管理が容易であることに加え、実際一部の農家でも行われていたことを確認しうるから、(51)幕末期にはかなり普及していたものと推測される。しかし、いずれにせよ発芽の前段階に芽干しを行い、種籾に酸素を供給し、発芽・発根を促進することによって、健苗育生上大きな効果をあげていたことは疑いない。

次に、本田の水管理面では、「稲を植て二三日も水を多く掛、夫より土用過迄水を少し掛けべし」(52)と、夏の土用過まで一貫して浅水を強調していた点に注目される。すでに指摘されているところによれば、(53)土用期は水不足の時期であるため、江戸時代には専ら用水確保のため深水にする慣行が行われていた。しかし、このような田では気温の上昇とともに土壌の還元が進み、稲は根腐れをおこし、生育減退による収量の低下を招いていた。これを防ぐには掛水や浅水の方法があるが、用水施設の不十分なこの時代においては掛水は事実上不可能であった、とされる。つまり、仁左衛門によって実践されていた土用期の浅水は、このような時代的制約下においては最善の方法であったともみなしうるのである。

なお、このほかにも仁左衛門は、「冷気成年ハ、土用限に根をかき切らぬように草を取、土用干して、夫より半熟迄水をかけほしすれハ、稲しらけて、早く穂出て、実取多し」[54]と述べており、土用干し（中干し）の効果についても認識し、これを実践していたことが知られる。そして、このような周到な水管理を実践する条件が、田村家では同一用水路に属す田が連結し集合状態にあることによって確保されていたことは、あらためて指摘するまでもないだろう。

以上、田村家の稲作の生産性が、下野農村の慣行の稲作のそれを凌駕していた事実にまず注目し、その生産性を支えていた技術の実態を明らかにしてきた。

前述してきたところから明らかなように、慣行の稲作は田地の錯圃状態を基礎的条件とし、観念的な採選種、厚蒔き・厚植え、浅耕、自肥に依存する地力補給、粗放な水管理等によって収量の低位性と不安定性を余儀なくされていた。これに対して、田村家の稲作は集合田に基盤をおきながら、採選種の厳密化、播種量の削減と疎植化、深耕と秋耕による耕耘技術の集約化、金肥の集約的利用、周到な水管理の実践等の一連の技術改良をはかることによって、収量の向上と安定性を同時に確保していた。

もとより、田村家の稲作技術も省力化とは無縁のものであり、犂耕の導入も既存の作業体系の省力化とは結びついていなかった。その生産は家族労働の集約的投入によって支えられているのであり、そのかぎりでは、商品生産から著しく立ち遅れた生産形態であったといえる。しかし、その下での日々のたゆまざる観察と経験の積み重ねを通して、下野農村における稲作技術段階を一歩進めつつあったことは疑いない。田村家の稲作の技術的性格を敢えて一言で要約するなら、稲の生理的特性を最大限に生かす技術を基礎とした稲作法であったといえるだろう。それは経験的知見に基づくものとはいえ、自然法則にのっとった稲作法であった。

四　畑作技術の様相

田村家の畑は小集合形態をとり、居村の各字に分散して所在している。所有面積二町四反余の大方は手作され、多種類の作物が栽培されている。作付品目は、夏作では大豆・小豆・粟・稗・岡穂・甘藷を中心に、屋敷内の菜園で野菜類が作られるほか、木棉・煙草・荏・胡麻・藍等が栽培されている。また、冬作では大麦・裸麦・小麦を中心に菜種とぶどうが少々作られ、夏作と冬作の間には蕎麦・野菜類が栽培されている。

作物別の収量は表8のとおりである。麦類と雑穀の栽培が畑作の中心におかれていたことは、ここからも容易に窺われるが、特有作物についてはその収量から、荏・胡麻は一〜二反、藍は一反未満の作付規模と概算される。木棉・煙草・菜種については収量も記されておらず、いずれも自給作の域を出るものでなかったことは疑いない。また、この地域の特産品である干瓢については、まったく栽培された形跡はみられない。仁左衛門は木棉・煙草・麻・藍・干瓢等の特有作物の換金性に着目しつつも、その生産拡大については、当地がこれら作物の適地でないとの認識から消極的である。(55) そこからは自給用の多種類の作物が、適作地の選定の下、分散耕地に少量ずつ栽培されている情景が彷彿される。

このような概観をもつ田村家の畑作でまず注目される技術上の特色は、作物別に「好地」「恐地」「旧地」が厳密に判定され、畑作物の作付をめぐって独自の体系が考案されていたことだろう。仁左衛門はある作物を栽培した跡地で好成績をあげる作物を好地として示し、一作物につきそのような作物を一〜四種あげている。また、作物の輪作親和関係については、一般に嫌地として輪作不親和性が示されるにすぎないのに対し、恐地として対他不親和性を、旧地として対自不親和性を分けて示し、それの期間を規定している。『農業自得』の畑作技術を高く評価している熊代幸雄(56)

表 8　畑作物の収量

（単位：石）

作　物	明治 5	明治 6	明治 7	明治 8	明治 9	明治10
大　　麦	15.525	12.97	12.6	12.99	10.8	7.3
裸　　麦	1.5	1.82	0.49	1.09	1.85	2.98
小　　麦	4.345	6.96		8.0	6.05	6.2
大　　豆	4.8	4.37	3.0	2.46	} 2.41	3.6
赤 小 豆	?	0.26	} 0.4			
黒 小 豆	0.2	0.1				
鞍　　掛	0.21	0.2				
粟		1.3	2.9		2.5	
稗		2.3	1.0		1.7	
夏 蕎 麦			0.35			
秋 蕎 麦	0.96		0.35	1.2		
岡　　穂	2.6	2.0	1.75	0.92	3.2	2.1
荏	0.8	0.82	0.9		0.9	
胡　　麻		1.05	0.48		1.0	
藍				22貫500目		

（資料）各年次「万取調日記」による。

表 9　畑作の肥料

（単位：斗）

	播種量	蒔肥			二番肥						三番肥					
		干鰯	糠	その他	干鰯	こけ干鰯	荏粕	糠	麩	その他	干鰯	こけ干鰯	荏粕	糠	麩	その他
大　麦	0.25	1.5	5.0													
裸　麦	0.18	2.0	4.0													
小　麦	0.2		3.5													
大　豆	0.35	1.0														
小　豆		1.0														
粟			1.2				1.0		4.0							
稗			1.0						3.0							
夏蕎麦		1.0														
秋蕎麦	0.33	2.0														
岡　穂		0.8			0.5	3.5					1.0	1.5	1.0			
里　芋		1.0					1.5									厩肥 15駄
甘　芋		1.0														
荏		0.5			0.5	1.0				棉種 1.5						
胡　麻		0.9			1.5											
木　棉		2.0						2.0								
煙　草		2.0								下肥 40荷	1.3			3.0	3.0	
藍　一番		2.0			1.5						1.5					煤 2.0
藍　二番		2.0		馬屎 3.0	1.5					棉種 1.5						

（資料）　明治 8 年「田畑肥扣帳」による。

によると、日本・中国の農書で、このように作付周期を明示した農書は『農業自得』のほかに例をみないとされる。

作物の作付順序の工夫は、「旧地・恐地・好地えらめハ、培少し用いて多く用いたるに当る」[57]と説かれているように、地力維持をはかるうえでの重要な技術的対策であったことはもちろんであるが、それと同時にこの技術が、土地の集約的利用の問題と大いに関連するものであった点にも留意しておかねばならない。事実、田村家においても「大麦・小麦畦入、大小豆吉し」[58]とされているように、間作技術は定着している。大小豆以外にも里芋と荏が間作され、精緻な技術上の対策が講じられている。[59]そして、麦類と豆類ほかの間作夏作物の基幹となる作付順序の間には蕎麦や野菜類が組み込まれ、二毛作から三毛作へと作付集積の増大がはかられているのである。

もとより、集約的な土地利用の体系が定着・安定するためには、潤沢な施肥条件の存在が不可欠である。田村家の場合、作付体系が主穀・雑穀作を基幹とすることからも推測されるように、肥料の中心は堆肥・下肥等の自肥である。元肥は「灰肥」と称され、高くかまつくった灰の中にその作物に用いる肥料および種子を入れて、種子と肥料がよく混ざるように掻きまぜ切り返して施す、いわゆる肌蒔きの方法が主にとられている。ただこの灰肥の中には、表9に明らかなように相当量の金肥が含まれており、[60]金肥は追肥としても利用され、土地の集約的利用を可能とする技術改良が施肥面からも進められつつあったことを窺い知ることができるのである。

ちなみに、畑作の施肥のほとんどを自肥に依存する大豆田村儀家の場合（表10（1））を例にとり、そこでの畑作物の作付順序のあり方をみると表10（2）のようになる。儀家でも作物の作付順序に工夫がこらされ、麦類と夏作物とが間作結合されている状況をみてとることができるが、しかしその一方で、地力維持のための冬期休耕地もかなり存在し、未だ集約的な土地利用体系と粗放的なそれとが併存しているのが実状である。

この儀家との比較で田村家の場合、好地・恐地・旧地の厳密な判定による作付順序の工夫が、自肥と金肥の併用に基づく多肥化、および金肥を軸とする追肥技術の集約化の過程と相俟つことによって、冬期における休耕地の消滅、

表10（１）　礒家の畑作の肥料

作物	播植期	播種量	肥料
大麦	秋土用中	1.8斗	草糞15駄・人糞10桶・馬便７桶・小糠５斗・灰３俵・種子、草糞15駄、馬便２度（追肥）
小麦	〃	1.2	つくて糞10駄・人糞６桶・馬便５桶・小糠２斗・灰２俵・種子、馬便２度（追肥）
大豆	入梅５～７日前		俵糞６俵（つくて糞３駄・人糞２桶・灰１俵）
里芋	穀雨		荏粕５～６升、馬便１～２度（追肥）
稗	入梅４日前～入梅	0.05	藁糞８駄・人糞５桶・馬便５桶・小麩か小糠１斗・種子
岡穂	中さびらき前後	0.7（引蒔）	糞８駄（草つくて糞・小糠２斗・灰３俵）・人糞６桶・馬便３桶・小麩５升
木棉	中さびらき３日前	1.8	俵糞11俵（荒糠糞・草つくて糞・焼酎粕３斗・灰２俵・楢の若葉１俵・人糞５桶・馬便４桶・種子）
油荏	八十八夜前日（春蒔） 入梅１～２日前後（夏蒔）	0.05	糞５駄（つくて糞・灰１俵・荒糠糞）・人糞３桶・馬便３桶・種子
粟	入梅７日前	0.06	糞５駄（草つくて・灰１俵・稗糠）・人糞４桶・馬便３桶・種子
もろこし	中さびらき～末さびらき	0.2	灰つくて糞10俵・人糞・種子
大根	夏土用２日過ぎ ～土用明３日後	１株７～８粒	藁つくて糞10駄・荒糠糞・荏粕３升・灰２俵・小麩２斗５升・人糞６桶・馬便５桶・青草
秋菜	二百十日前後	少々（ひねり蒔）	糞20俵（草つくて・荒糠・灰・小麩・荏粕）・人糞
茄子	入梅前後定植	引植	糞20駄（藁つくて・荏粕・人糞）、人糞（追肥）
煙草	入梅前後定植（小麦間作） 半夏生前後定植（春地）	〃	糞６駄（草つくて・灰２俵・小糠２斗・荒糠・人糞４桶・馬便５桶）、左同様の糞へ青草を切り混ぜたもの６駄（追肥）
小角豆 赤小豆	入梅５～７日前		糞10俵（草糞・灰・薄糞）
麻	春彼岸３～４日前	引蒔	灰20俵・人糞
黒胡麻	５月４日	0.1	糞10俵（つくて糞・荒糠・灰・人糞・種子）
午房		１株４～５粒	灰・人糞
胡蘿蔔	半夏生	引蒔	灰・荒糠・人糞
薯蕷・つくね芋			荏粕１つかみ（１種芋に付）、馬便度々
刈豆	半夏生10日過ぎ	1.3	糞７駄（草つくて・大小麦のすくぼ・荒糠・灰１俵）・人糞４桶・馬便４桶・種子
蕎麦	夏土用明８～９日後		糞７駄（つくて・荒糠・青草・灰１俵）・人糞４桶・馬便４桶

（資料）文化13年８月「乍恐奉書上候耕作蒔仕付方之事」（礒正次家文書）による。

一年三作の作付体系の定着を進め、集約的な土地利用の体系を作り上げていたと考えられる。畑作物は米に次ぐ貨幣収入源の位置を占めていたのであるが、その背景にはこのような技術力が存在したのである。

ところで、あらためて指摘するまでもないことだろうが、如上のような田村家の畑作技術は、畑作の商品生産化—ことに特定作物の専作化とは無縁の技術であったといえる。それはむしろ、そうした畑作の商品生産化を阻止する技術として定立していたことはまちがいない。田村家の畑作物の作付体系下で、最大限の作付反別をもつ作物は麦類と豆類であるが、もとよりこの両種は自給食料確保のためのものである。その他の作物はこの両種の基幹的作付順序の間隙に挿入されつつ、しかも適作地や嫌地、前後作関係の制約を受けることによって、一作目当りの作付反別は少量規模に限定されざるをえなくなっているのである。仁左衛門が唯一、その救荒性とともに換金性にも着目し栽培を奨励していた甘藷も、この作付体系下にある。麦類と豆類の作付を確保したうえで、その間隙に雑多な作物を少しずつ作りながら、全体として最大限に効果的な土地利用をは

表10（2）　礒家の畑作物の前後作関係

作　物	前後作関係
大　　麦	早稲・中稲—大麦
小　　麦	大豆・煙草・木棉・稗—小麦
大　　豆	小麦＊大豆、煙草・木棉（前年）—大豆
里　　芋	小麦＊里芋、煙草・稗・油荏（前年）—里芋
稗	岡穂・刈豆—春地—稗
岡　　穂	大根・蕎麦—春地—岡穂
木　　棉	大麦・小麦＊木棉、煙草・大豆（前年）—木棉
油　　荏	稗—春地—油荏
粟	小麦＊粟、稗—春地—粟、小豆＝粟
もろこし	春地（こさ陰）—もろこし
大　　根	稗—春地—大根
秋　　菜	小角豆・麻—秋菜
茄　　子	早生小麦＊茄子
煙　　草	小麦＊煙草、春地—煙草
小角豆	小麦＊小角豆
赤小豆	小麦＊赤小豆
麻	———
黒胡麻	小麦＊黒胡麻、春地—黒胡麻
午　　房	———
胡蘿蔔	———
薯　　蕷	———
つくね芋	———
刈　　豆	稗—春地—刈豆
蕎　　麦	粟・稗他—春地—蕎麦

注１）　資料は表10（1）に同じ。
　２）　—は前作の刈跡または春地に播種・植付、＊は前年の立毛中に間作、＝は両者の混作、・は「または」の意を示す。

かることが、そこでは目指されているのである。

このような作付体系、土地利用形態に結実した畑作技術、それは基本的枠組において礒家となんら異なるところがなかったといえるだろう。しかし、同時に、その枠内とはいえ、そこに確実な前進の一歩がみられたことも見逃されてはならなかった。作物の特性を活かした作付順序の工夫、それに基づく地力の維持と収穫の安定・増収が、田村家においては礒家よりも一段高位の次元で実現されていたことは疑いない。しかも、その前進が自給的畑作の商品生産化への動向によってではなく、稲作同様、自然を活かす技術によってもたらされていた点にここでも着目しておきたいのである。

おわりに

幕末明治初年の田村家は、農業生産に基盤を置く生活を営んでいた。その生活は、傍系家族も同居する複合家族の労働によって支えられていた。貨幣で他人労働を雇傭し、生産を拡大していこうとする志向は、この時期皆無であった。他人労働の雇傭は、自家労働の不足を補充するためにのみ行われていた。また、この時期、金貸活動によって土地を集積し、貸付地を拡大していこうとする志向もみられなかった。

下蒲生村で一、二位の高持である田村家の生活は、いわゆる家族労作を基本とする営みによって支えられていたのである。

田村家の所持地はすべて居村に所在した。耕地は居村の各字に分散して所在したが、なかには相当数の耕地片の集中している字も存在した。田村家ではこのような既存の耕地の存在形態上の特色を見極め、これを活かすような農業生産を営んでいた。

田村家の農業生産は、『農業自得』に端的に表現されるように「自然の理」、「地の理」、土地と作物との「相生相尅の理」に適った技術によって支えられていたといえる。その技術は外部から強制されたものではなく、主体的に創造・選択されたものであった。自然と向きあった不断の観察と経験は、その土地に生きる百姓の側にある。「百姓の農書」の代表ともされる『農業自得』は、そのような日々の営みの結晶にほかならなかった。

田村家は自給生産農業に生活の基盤を置き、富の蓄積にはさほど執着していない。もし近世農民の成長が商品生産によってのみもたらされるものだとしたなら、かかる田村家のようなあり方は遅れた存在といわざるをえないだろう。しかし、はたして、商品生産のみが農民の成長をもたらすものだろうか。かつて、古島敏雄は『農業自得』に次のような言葉を寄せている[61]。

田村仁左衛門の仕事は、特に進んだ知識をあげてはいないが、自分でためしてみて、今迄のその地方のやり方より一歩進んだやり方を見つけ出している。そこに学問の歴史の上からみて貴重な点があるわけである。

本稿での試みは、その「一歩進んだやり方」を、自然と向きあった田村家の生活そのもののなかから見出そうとするものにほかならなかった。

注

（1）本稿では、豪農なる語を、「頭百姓の家格をもち、代々庄屋などを勤める村内の名家で、村落秩序の保持を掌る、いわば村の旦那衆で、所有地はほとんどが居村にあって、うち若干は自作している。農業の知識、経験も決して浅くはないと思われる層」（丹羽邦男「明治初期における豪農と土地金融」『徳川林政史研究所研究紀要』昭和五三年度、一九七九年、四八四頁）の意で用いている。

（2）古島敏雄『近世日本農業の展開』東京大学出版会、一九六三年、第二篇第二章第二節。

第三章

(3) 長倉保「北関東畑作農村における農民層の分化と分業展開の様相」『商経論叢』第七巻第四号、一九七二年。
(4) 古島敏雄『日本農業技術史』(『古島敏雄著作集』第六巻、東京大学出版会、一九七五年)が代表する。
(5) 栃木県下の近世農書の概要については、『栃木県史』史料編近世八、一九七七年、参照。
(6) 丹羽邦男「ある『農書』」『栃木県史しおり』第七号、一九七九年に示される視角は、下野豪農と農書の問題を考えるうえで示唆的である。
(7) 『古島敏雄著作集』第五巻、東京大学出版会、一九七五年。
(8) 前掲『日本農業技術史』。『近世科学思想』上巻、岩波書店、一九七二年、解説・解題等。
(9) 『農業自得』の研究は数多くあるが、ここでは概括的なものとして、『日本農書全集』第二一巻、農山漁村文化協会、一九八一年をあげるにとどめる。
(10) 同前書参照。
(11) 以上の村の概況は、明治一八年三月「地誌編輯材料取調書」による。
(12) 明治九年十月「地租改正地引帳」。
(13) 『農業自得』稿本には、「後世の為に愚を恥て著す所の農書、実父の自得くお受て」と記されている。「自得」の二文字には、みずから会得した経験と知識を最も重視する仁左衛門の基本的姿勢が込められていると思われる。『農業自得』の書名の由来もここにあるといえよう。なお、『農業自得』には天保一二年三月の日付をもつ稿本と、嘉永五年、安政四年に板行された木版本とがある。以下引用に当たっては、これを稿本・嘉永本・安政本と区別する。
(14) 篤胤と仁左衛門、『農業自得』との関わりについては、長倉保「田村吉茂の生涯とその思想」『日本農書全集』第二一巻、農山漁村文化協会、一九八一年、参照。
(15) 仁左衛門の著作を成稿年月順に一覧にすると、次のとおりである。

成稿年月		書　　名
天保	12.閏正.	農家肝用記
〃	12.3.	農業自得（嘉永5.安政4年の板行のとき一部改稿）
弘化	3.正.	貧化福得訓
〃	5.正.	身持百歌集
嘉永	4.正.	農童心得草
文久	2.3.	手習鏡
〃	3.正.	吉茂子孫訓
〃	3.春	夢物語
慶応	2.6.	吉茂遺書
明治	2.10.	農家根元考
〃	3.11.	農業根元記
〃	3.12.	農家生計根元考
〃	4.4.	農業自得附録（5年2月、10年春に改稿）
〃	4.8.	業指差
〃	5.春	活計安楽伝（武井弥三郎著）の序文
〃	6.春	吉茂遺訓
〃	9.3.	農家心得訓（武井弥三郎著）の序文
〃	9.秋	田村家家訓（仮題）

(16) 熊代幸雄は、『農業自得』農法の特徴を、「農の在り方の基本に徹した農法」と評価している。「『農業自得』の農法」『栃木県史しおり』第五号、一九七七年。

(17) 田村家の貸付活動は高利貸付というよりは、扶助的・融通的性格の強いものである。また、肥料の販売活動も、近傍の農民に毎年一〇数俵の干鰯を販売している程度の零細なものである。「万取調日記」「貸付元金取調帳」等。

(18) 田村家の小作人はすべて近傍の農民であり、その数は一〇人に満たない。所持高階層は一五石未満の中層以下に属し、一軒当りの小作規模は零細である。「万取調日記」。

(19) 田村家の小作米の上納先は藤右衛門家である。藤右衛門家は田村家の分家で、文化年間以降は潰家の状態にあった。田村家ではこの分家の再興を目limしていたもようで、弘化四年に仁平（仁左衛門の息子）の弟勝蔵に藤右衛門を襲名させ、その後名実ともに藤右衛門家の再興を果たしている。両家の耕地の貸借関係は、おそらくこの分家再興の経緯のなかで生まれたものであろう。

(20) 注18参照。

(21) 仁左衛門は倹約を主張のみにとどめず、衣料や日用雑貨等の生活必需品にいくら要するかを具体的に計算で示し、そのことによって倹約を実効あるものにしようとしている。『農家肝用記』『農業根元記』。

(22) 『農業自得附録』。本書には三冊の稿本があるが、本稿での引用は、明治四年四月に著された初稿本による。

(23) 葉山禎作は、小農の組織する労働形態と、それに照応する耕地の存在形態との相互関連によって規定される土地の利用形態の分析を通して、近世における農業生産力発展の具体相を追求している。『近世農業発展の生産力分析』御茶の水書房、一九六九年。

(24) 嵐嘉一『近世稲作技術史』農山漁村文化協会、一九七五年、六一頁。

(25) 明治一五年八月「播種ノ下種分量雑記及ヒ米麦穂撰法」。

(26) 『栃木県史』通史編近現代二、一九八二年、二一五〜二一六頁。

(27) 『上三川町史』史料編近現代、一九八〇年、四〇九〜四二九頁。

(28) 岸英次『関谷家稲刈覚帳の研究』農業綜合研究所、一九四七年。

(29) もとより、農業慣行を保守的で不合理なものとすることはできない。嵐嘉一は農業慣行の特色を、①その地方での自然発生的性質をもつ、②一種の平衡体である、③長い目でみれば固定的ではなく可変的性質をもっている、の三点にまとめており、示唆的である。『近世稲作技術史』農山漁村文化協会、一九七五年、一七頁。

(30) 田中耕司「農業余話解題」『日本農書全集』第七巻、農山漁村文化協会、一九七九年。

(31)(33)(36) 『農業自得』稿本。

(32)『農業自得附録』。
(34)『農業自得』安政本。
(35)長倉保は、伝統的農学の所産である草木雌雄説への対決姿勢のなかに、『農業自得』の存在意義を見出している。「『農業自得』の成立とその時代的特質」『栃木県史研究』第一五号、一九七八年。
(37)下蒲生村の気象条件と『農業自得』の稲作技術との関連については、稲葉光圀「北関東の農書『農業自得』における稲作の特質」『日本農村社会の史的展開』筑波書店、一九八〇年に詳しい。
(38)『農業自得』を取り上げた論稿のほぼすべてが、薄蒔き・薄植え技術に着目している。
(39)(40)(42)『農業自得』稿本。
(41)岡光夫「家業伝解題」『日本農書全集』第八巻、農山漁村文化協会、一九七八年によると、反当播種量は享保期以降、関東では一〇～一五升、畿内では五～六升に集中するとされる。また坪当株数は、畿内農業を代表する『家業伝』で八六株と計算される。
(43)この点、嵐嘉一前掲書、五四〇頁参照。
(44)『農業自得』稿本。
(45)嵐嘉一は、耕耘性能（とくに耕深）以外の面から中・長床犁の機能を積極的に評価している。『犁耕の発達史』農山漁村文化協会、一九七七年。
(46)『日本農業発達史』第一巻、中央公論社、一九五三年、三〇八～三一一頁。
(47)明治一五年八月「播種ノ下種分量雑記及ヒ米麦穂撰法」。
(48)(49)(50)『農業自得』稿本。
(51)芳賀郡小貫村小貫家では、天明年間より苗代で芽干しを行っている。天明六年正月「歳中諸用帳」。

(52)『農業自得附録』。

(53) 三好正喜「近世後期畿内先進地域の水稲生産力と地主・富農層の経営動向」『歴史評論』第三四五号、一九七九年。

(54)『農業自得』稿本。

(55)『農業自得』稿本は、木棉・麻・藍・煙草について個別に項目をたてその栽培法に説きおよんでいるが、生産拡大については おしなべて消極的である。また、『貧化福得訓』は紅花と干瓢作にふれ、両作を「初めたるに、是ハ大きに益有り、よきものと心得、追々沢山に作りたるに、麦作収納にさわり、田植・草とり等の妨となり、終にわ喰ひものもなくなり、弥々九死一生の貧病となり」と大いに戒めている。

(56) 熊代幸雄「『農業自得』の農法」『栃木県史しおり』第五号、一九七七年。

(57)(58)『農業自得』稿本。

(59) 例えば、『農業自得附録』の次のような記述を参照。「小麦を二𡋽蒔きて一𡋽空れハ、皆蒔きより益ありといへ共、弐𡋽の中ひ夏作を仕附て甚さわる故に、壱𡋽蒔きて一𡋽空れハ夏作のさわり無し、皆蒔き同様の取実有り、尤種子ハ半分に減じ、こえハ皆蒔の積りに入る也」。

(60) 金肥導入の経緯については、本文第三節の施肥の項参照。

(61) 古島敏雄「校註農業自得序」(熊代幸雄『校註農業自得』宇都宮大学農業経済学教室、一九五一年)。

(付記・本章は、日本農業経済学会『農業経済研究』第五八巻 第一号、岩波書店、一九八六年よりの再録である)。

第四章

江戸幕府「人身売買禁令」研究の成果と課題

関口　博巨

はじめに

大坂の陣に勝利し、長い戦争状態に終止符を打った江戸幕府は、元和二年（一六一六）一〇月、いわゆる「人身売買禁令」と「奉公年季制限令」の二法令を同時に発した。当初、奉公年季の制限は三年までとされていたが、寛永二年（一六二五）八月、上限が十年に延長された。さらに幕府は、元禄一一年（一六九八）一二月、八〇年以上維持した「奉公年季制限令」をついに撤廃、以後、十年をこえる長年季奉公はもちろん、譜代奉公さえも容認することになる。

おおよそこのような流れをたどる江戸幕府の一連の諸法令・諸政策と、禁令後も消滅することのなかった人身売買・長年季奉公の事実との整合的で統一的な把握は、近世史研究にとって重要な課題の一つといえよう。その課題に取り組む前提として、さしあたり小稿では、これまでの人身売買禁令などの研究成果を把握し、研究上の対立点や残

第四章

された問題がどの辺にあるのか確認する。なお、江戸幕府の人身売買禁令や奉公年季制限令ないしその撤廃に関する研究は、一九二七年の瀧川政次郎[1]をはじめ多くの蓄積があるが、一九八三年までの研究史全体の概要については大竹秀男[2]が、また一九九三年までの奉公年季制限令に関する研究については大平祐一[3]が、それぞれ的確な整理をほどこしている。そこで本稿では、右の課題を追究するために必要な範囲に限定して、元和二年一〇月と同五年一二月の人身売買禁令・奉公年季制限令（以下ではこれらを元和幕令と総称する）、そして元禄一一年一二月の年季制限撤廃令とそれをうけた同一二年三月の人身売買禁令（以下では元禄幕令と総称する）に関する論点を中心に概観し、今後の課題を明らかにしたい。

一　元和幕令をめぐる論点

本節で整理する諸研究の対象を明確にしておくために、やや長文の引用になるが元和二年一〇月令（史料1）[4]と同五年一二月令（史料2）[5]の全文を紹介しておこう。

〈史料1〉

定

一武士之面々若党之儀不及申、中間小者に至迄、一季居一切抱置へからさる事

一人売買之事、一円停止たり、若売買濫之輩ハ、売損買損之上、被売者ハ其身之心にまかすへし、并勾引売に付而ハ、売主ハ成敗、うらるゝ者は本主江可返事

一年季事、三ケ年を限へし、但三年を過は双方曲事たるへき事

一於町中自然火事出来之時、奉公人下々に至迄、一切不可出合事
一手負たるものをかくし置へからさる事
一主なし宿かりの事、請人の手形を町奉行へ上、両人の裏判を以、宿を可借事
一辻立門立すへからさる事
一ほうからけ、其外何ニても、ふかく顔をつつみかくす族あらハ、見合に成敗たるへき事
一たはこ作事、同売事、被仰出如御書付、堅停止たるへき事
右可相守此旨者也
元和二年十月日

〈史料2〉

条々

一人をかとハかしうり候もの、死罪之事
一人をかい取、それよりさきへ売候者ハ、百日籠舎、其上過料、其分限に越て可申懸之、もし於不出者、死罪事
一人売買御制禁之上者、或普代、或我子たりといふとも、売候あたゐ程、売人、買人従双方可出、則売れ候ものハ、取はなし、可任其身覚悟事
一かとハされ、うられ候ものハ、其本主へ返すへし、もし主人なきものハ、是も其身存分次第之事
一人商売宿之儀、久敷仕候ものハ可被行死罪、但一夜之宿ハ、紀明之上、依其過、可為曲事事
一人之売買口入人之儀、かとハかし売候時之口入者、可為死罪、もし又普代我子以下之口入ハ、其品をわかち、籠舎、又者可為過銭事

第四章

一長年季御停止之上、自然みたりの輩者、其人之分限にしたかひ、双方より可出過料事
一いとまを不乞して、欠落仕候ものハ、当主人江可召返之、但御陣、御上洛、御普請之時ハ堪忍いたし、罷帰候上、可召返之、併曲事いたし、令欠落ものは、各別たる之条、其旨を主人江相断、もし於無承引者、奉行所迄可申届、又者在々所々に引込在之ものをは、其所之地頭、代官江相届、可召返事
一請人之事、其品により、走者を主人之方へ可相渡事、但下請之証文於有之者、下請にかかり可申事
一欠落もの、請人者、右申定候切米之一倍、請人方より主人江可出之、但於不出者、可為籠舎、其上ハ主人次第之事
一御陣、御上洛、御普請之砌、令欠落もの、別而曲事也、然上ハ従請人尋出し、主人方江可相渡、若不叶ニおゐてハ、その仁之可為損、無請人して人を抱候事、為越度上如斯也、但請人於有之ハ、請人方より取替程宛、先後之主人江可出之事
一公儀御法度を相背、令欠落者、重科之者之事、請人より本人を尋出し、主人江可相渡之、於不叶者、請人死罪たるへき事
右條々、かたく可相守者也、仍如件
元和五年未十二月廿二日

元和二年令（史料1）の第二～三条と同五年令（史料2）の第一～七条が、江戸幕府の最も代表的な「人身売買禁令」と「奉公年季制限令」である。人身売買禁令に論及した研究は数多いが、とりわけ元和幕令については、江戸幕府の発した最初の人身売買禁令として、また「奉公年季制限令」をともなった初めての人身売買禁令として研究成果も豊富である。

元和幕令の研究の端緒は、戦前、瀧川政次郎[6]・金田平一郎[7]・中田薫[8]をはじめとする法制史研究者によって、人身売買禁令の研究として開かれた。戦後になると、法制史だけでなく経済史や政治史からの研究も加わり、人身売買禁令の歴史的位置付けや発布目的などをめぐる活発な議論が展開された。

例えば（一）安良城盛昭[9]が、元和期の人身売買禁令を百姓の譜代化を阻止するもので、「奴隷制的生産関係」を体制的に否定する政策の一環であるとしたことは周知のとおりであり、この説は大石慎三郎[10]・北島正元[11]・牧英正[12]をはじめ多くの論者の支持を得ている。これにたいして、元和期の人身売買禁令を譜代の存在や譜代化を否定するものではないと考える論者も多い。（二）吉田正志[13]と大竹秀男[14]は、元和期人身売買禁令は小農経営の維持や小農民の保護を目的にしていたと指摘する。とくに吉田は、禁令の特徴は小農経営の維持と武家奉公人の確保とが両立させられているところにあるという。（三）峯岸賢太郎[15]によれば、近世の人身売買禁令は、個別封建領主を超えた封建君主レベルにおいて、全国布令として公布されたものであるという。人身売買行為は、全国土の人民を直接支配する公儀（封建君主）の尊厳を侵すことにほかならず、そのために人身売買禁令は必然化されたと考える。（四）藤木久志[16]は、元和二年令は、大坂の陣が終わって全国的に戦闘状態が解除された段階に発布された戦後処理（人の掠奪売買などの抑止）のための時限立法であり、豊臣秀吉の天正一六年令と同様、「全国政権の確立を天下に宣明する意義が籠められていた」とみている。（五）脇田修[17]は、元和幕令をはじめとする人身売買禁令は人間性に反することから行われたが、「抜け穴」があり「必ずしも効果はなかった」という。さらに（六）下重清[18]のように、江戸幕府の「人売買」禁令（人身売買禁令ではない）は中世以来の法的伝統を継承して勾引売や人商売だけを禁止するもので、奉公人政策である「奉公年季制限令」とは「別事項」だとする見解もある。

右の（一）～（六）に整理したのは、比較的新しい学説だけであり、元和期人身売買禁令の近世史上の位置付けや発布目的をめぐるすべての研究を網羅したわけではないし、すべての論者がそうした問題に論及しているわけでもない。つまり元和期人身売買禁令をめぐる研究の全容はさらに多様で、その分、多くの対立点があるということである。その背景には幕藩体制あるいは近世国家の成立と構造をめぐる認識の差異があるが、なにより問題なのは、そうした研究の基礎となるべき点、例えば法文自体の解釈や公布・施行範囲などが十分に確定できていないことであろう[19]。

ここでは法文解釈上の問題として、元和幕令が停止した人身売買の範囲に関する論点に着目しておきたい。人身売買の停止範囲をどうみるかは、禁令の発布目的の理解にも通じる基礎的な論点だが、その見解は一様ではない。一口に人身売買といっても、勾引売や人商売宿を媒介しての売買と、親・主人による子や下人などの相対での売買とがあり、従来の研究は、元和期人身売買禁令はその両者を対象にしているとみる説（これを仮に「全人身売買違法説」としておく）と前者のみを対象にしているとする説（これを仮に「勾引売・人商売違法説」としておく）とに大別できる。

①「全人身売買違法説」

ほとんどの論者がこの説をとっているが、立法意図や実効性の評価をめぐっては、見方に大きな差異が認められる。

a「譜代否定説」～（一）説の安良城盛昭、大石慎三郎、北島正元、牧英正、石尾芳久[20]らの見解がこの説にあたる。この説の特徴は、禁令は金銭の授受の有無にかかわらず譜代化と長年季奉公契約を禁じ、譜代存在自体の否定を意図したものと考えるところにある。したがってこの見方が成り立つためには、あらゆる人身売買の禁止が強制的に断行されたこと、つまりかなりの実効性を有する刑法であることが前提となる。

b「狭義の全人身売買違法説」～（二）説の吉田正志・大竹秀男や（三）説の峯岸賢太郎は、「譜代否定説」と同様すべての人身売買が禁止されていたと考えるが、それは譜代否定を意図するものではないという。

c「勾引売・人商売禁圧重点説」～この説は一九二七年に発表された瀧川政次郎以来のもので、（四）説の脇田修や中部よし子らに継承されている。[21]元和幕令はすべての人身売買を禁止してはいるものの、禁圧の重点（主点）はあくまでも勾引売りや人商売にあったと理解する。[22]

②「勾引売・人商売違法説」

この説をとる論者は少なく、管見の限りでは（六）説の下重清だけである。下重は、禁令にみえる「人売買」は、人身売買一般をさすのではなく、「人商い業」あるいは「人商い業者」を意味していたという。なお下重は、元和二年令に「人売買之事、一円停止たり」とあることから人身売買は全面禁止と解釈した峯岸をつぎのように批判している。[23]つまり、「人売買」を人身売買行為一般と解釈するかぎり、天正一四年（一五八六）に北条氏領内の鉢形城主北条氏邦が荒川の持田四郎左衛門に宛てた掟書の「人うりかひ一円致ましく候、若売買いたすに付ては、其郷以触口、無相違所申上、可致商売事」という一文や、元禄一一年（一六九八）の年季制限撤廃令後の正徳元年（一七一一）五月にだされたいわゆる「親子兄弟札」第九条の「人売買かたく停止す、但、男女之下人、或は永年季、或は譜代に召置事ハ、相対に任すへき事」という条文の中の「自家撞着の世界」から抜け出せないという。なるほど「人売買」＝人身売買行為一般と理解すると、完結した一つの文章としては、上記二史料の解釈は自家撞着―人身売買を禁止しているのに人身売買や譜代奉公を容認するという矛盾―をまぬがれない。

しかしながら峯岸は、元和幕令は相対売買と勾引売・人商売を停止するものだと指摘しており、元禄一一年令以降、幕府は人身売買禁止の原則を掲げながらも禁令の重点を勾引売や人商売に移行させているとも述べている。[24]つまり峯岸説では、正徳元年の親子兄弟札第九条を、勾引売・人商売は引き続き禁止するが相対での永年季・譜代契約は公許すると解釈することになる。したがって下重の峯岸説批判は、峯岸にたいする批判にはならない。むしろ下重の述べていることは、自ら「批判的に継承」するといっている安良城や大石・北島らのように、人身売買を漠然と人身売買一般として議論を展開している①「全人身売買違法説」の内の一部の論者にたいして有効な批判といえるだろう。

第四章

さて元和幕令が停止する人身売買の範囲については、①a～c、②のように見解が分かれているが、禁令の主たる規制対象をめぐる想定も一様ではなく、その違いも含めると諸研究の対立点はさらに複雑さを増す。例えば①a「譜代否定説」・（一）説の安良城・大石・北島らと①b「狭義の全人身売買違法説」・（二）説の大竹は農村奉公人を、①a「譜代否定説」・（二）説の牧は農村・町方奉公人を、①b「狭義の全人身売買違法説」・（二）説の吉田は村方・町方・武家を問わず「雇傭契約」に基づくすべての奉公人を、①c「勾引売・人商売禁圧重点説」・（五）説の脇田と中部は武家奉公人を、それぞれ想定しているといった具合である。元和幕令をめぐる研究状況は、その歴史的位置付けや発布目的だけでなく、研究の基礎ともいうべき条文解釈においても、百家争鳴の観が否めない。

二 元禄幕令をめぐる論点

つぎに元禄幕令を紹介しよう。〈史料3〉が元禄一一年一二月の年季制限撤廃令[25]、〈史料4〉がその後の同一二年三月の人身売買禁令[26]である。

〈史料3〉

覚

一小作田地出入大概及弐拾年ニは、叶為永小作、并質地田畑預金売懸金等廿年ニ過候ハヽ、不及裁許、併証文之可依品に事

一永代に召抱候下々男女并永年季奉公、前々より雖為御制禁、延宝三卯年諸国洪水不作ニ付免許之上ハ、卯年召抱候は、人売買并年季背に成間敷事

一奉公人之年季、前々より拾年を限候処、向後ハ年季之限り無之、譜代召仕候とも相対次第たるへく候間、其旨可存候

十二月

〈史料4〉

定

人売買弥堅令禁止之、召仕之下人男女共に年季拾ケ年を限るといへども、向後年季之限無之譜代に召抱とも、可為相対次第之旨、可存其旨者也、仍如件

元禄一二年三月　日　　奉　行

元禄一一年令の研究については、前述のように大平祐一[27]の要領をえた整理がある。大平によれば、(一)同令の発布目的に関する学説には、奉公人を雇う武士・町人・農奴主側の事情、要求などへの対応と理解する「雇用者説」と、奉公人を輩出・供給する側の事情や要求などへの対応とみる「供給者説」との対立がみられ、(二)同令の対象―幕府が主としてどのような層の長年季奉公・譜代奉公解禁を想定したのかという点については、子供・子女とみる「子供説」と、貧農・百姓・離農者・弱小農民など、大人あるいは一家の経営・生計をになう者とみる「大人説」とが対立しているという。さらに、(三)同令の性格についても、新たに積極的政策的意義を読みとろうとする「積極説」と、現実的弊害・影響の無いことをみこした規制撤廃とする「消極説」とに分けられると指摘している。

大平による整理の若干の遺漏を補いつつ、学説ごとに論者をあげるならば、(一)「雇用者説」をとるのは大石慎三郎[28]・藤野保[29]・南和男[30]・吉田正志[31]・下重清[32]・峯岸賢太郎[33]ら、「供給者説」は三田村鳶魚[34]・瀧川政次郎[35]・安良城盛昭[36]・

北島正元[37]・中部よし子[38]・牧英正[39]・石尾芳久[40]・大竹秀男[41]らがあげられる。つぎに、（二）「子供説」の論者としては三田村・瀧川・中部・石尾らを、「大人説」では安良城・藤野・大石・北島・牧・大竹・下重・峯岸らをあげることができる。そして、（三）同令の性格に関しては、安良城と大石が「消極説」をとるほかは、すべて「積極説」に属している。

元禄幕令をめぐる大平以前の研究は、諸説が対立し、しかも複雑に絡まりあっていたことが理解できるだろう。こうした複雑に対立した研究状況に一応の決着をつけたのが、ほかならぬ大平であった。京都府立総合資料館の寄託資料『舞鶴市谷口家資料』の中に「評定所　一座江御渡被成候書付・一座相談之上相極候書付・并当用大概書抜」と題された写本が残されている。これは丹後田辺藩（舞鶴藩牧野家）の執務上の参考に転写されたものとみられる写本で、大平はその中に辰五月付の「金銀出入、双方一領訴、奉公人年季窺書」（以下、「窺書」と略称）という史料が収録されていることに気がついた。この「窺書」は、寺社奉行、町奉行、勘定奉行、勘定吟味役の連名で老中に差し出されたもので、辰年は元禄一一年（同一〇年の可能性も残る）と推定される。

「窺書」は三カ条からなり、その第三条に奉公人の年季制限撤廃に関する伺いも含まれている。これによれば、奉公年季制限の撤廃は、「奉公年季十年という制限のもとでは幼少の子供の引き取り手が無く、下々の者が子供を片付けることができなくて迷惑しているので、年季制限を撤廃し、永年季奉公、譜代奉公を認めることにより、下々の『迷惑』を除去する」べきだとする評定所一座の進言を、老中が受入れるかたちで実現したことがわかる。大平のこの発見により、元禄幕令をめぐる上述の対立はほぼ決着したといってよいだろう。「雇用者説」、「大人説」、「消極説」は退けられたのである。つまり同令の発布理由は、直接的には、奉公人供給者である「下々」の要求に応じ、幼少の子供の永年季奉公、譜代奉公の途をひらこうとする、積極的なものであった。

三　「人身売買禁令」研究の残された課題

1

以上のように、元和期の人身売買禁令・奉公年季制限令、そして元禄一一年の奉公年季制限撤廃令やその後の人身売買禁令は、徳川家による全国統一の達成にかかわるものとして、あるいは江戸幕府の奉公人政策として画期的意義のある法令とされるが、それぞれの発布目的、内容をめぐる研究の状況は、まことに複雑で対立的である。これまで有益で示唆的な研究成果が多数蓄積されてきたが、人身売買の事実とそれに関連する諸法令などは、いまだに統一的・整合的に把握できているとはいいがたい。

こうした法令研究の対立的状況は、人身売買禁令後にも無くなることのなかった人身売買行為の事実の評価にも、そのまま反映されることになる。

〈史料5〉

請状之事

一我等娘しもと申六ツニ罷成女子、為身之代鳥目三百文只今慥ニ請取、酉ノ三月より永代ニ進置申所実正也、是ハ我等扶持致し申儀不罷成候而、其方へ永代ニ進候申候上ハ、我等之儀ハ不及申横合より少六ケ敷有間敷候、若御地頭替り・代官替り御座候共、少も其引懸ハ申間敷候、ケ様ニ相定申上ハ一言之六ケ敷申間敷候、為後日手形如件

延宝九年酉三月五日

子安村
人主
弥五兵衛（印）
証人
甚左衛門（印）
同
五郎右衛門（印）
名主
五郎左衛門（印）

寺山村
善右衛門殿

「請状之事」と表題された〈史料5〉[42]は、相模国大住郡子安村の弥五兵衛が、同郡寺山村善右衛門に、六歳になる娘のしもを鳥目三〇〇文で永代に売り渡すという内容の紛れもない人身売買証文である。この証文が作成されたのは、元和五年令の発布からおよそ六〇年後の延宝九年（一六八一）三月五日のことで、当時、子安村は幕府領、寺山村は旗本の渡辺氏と朝比奈氏の知行所であった。このような元和幕令後の人身売買証文は、幕領・私領を問わず、各地に少なからず残されている。禁止されていたはずの人身売買が行われていた事実を、これまでの学説はどのように理解するのか。

まずは①「全人身売買違法説」、とくに①a「譜代否定説」や①b「狭義の全人身売買違法説」を敷衍してみると、禁令後の人身売買はすべて違法行為であり、実際に行われている売買は、養子や労働力だけを売買する「契約的」な奉公に擬装した事実上の売買とか、発覚することのなかった売買と考えるほかない。これでは、元和幕令は相対売買に関しては事実上笊法化していたということになってしまい、その実効性が問われることになろう。

また①c「勾引売・人商売禁圧重点説」の場合は、元和幕令施行後の人身売買を事実上黙認された相対売買と解釈できる。だが幕府は、最初から笵法となるのを承知して元和幕令を立法したのであろうか。もしそうだとすれば、元和幕令がわざわざすべての人身売買を禁止した理由が説明される必要がある。この点に関してあえて触れるならば、「人身売買禁令は、それが人間性に反するところからも一般におこなわれた」という脇田の言[43]が、すべての人身売買が禁止された理由についての①c「勾引売・人商売禁圧重点説」からの説明といえようか。統治権者が「人倫」を説くであろうことは、筆者にも理解できる。しかしこの説明は、すでに峯岸が批判するように「余りにも一般的で超時代的」[44]すぎて、説得力に欠けている。

他方、下重の②「勾引売・人商売違法説」では、相対売買は合法と考えているのだから、元和幕令発布以後に人身売買があっても何ら問題はない。ただし、これも峯岸が的確に指摘しているように、②「勾引売・人商売違法説」では、元和五年（一六一九）令の全文を正しく解釈することはできないだろう[45]。

以上のようにみてくると、従来の元和幕令の研究では、幕令施行後も行われていた人身売買の事実とも整合的で、なおかつ十全な条文解釈に未だ成功していないことがわかる。したがって今後の元和幕令の研究が最優先で取り組むべき課題は、施行後も行われていた人身売買の事実を踏まえた条文の再検討であるといえよう。さらにこれまでほとんど論究されてこなかったが、元和幕令に基づく人身売買訴訟の手続きやその運用実態などについても、右の課題と密接にかかわる問題として検討される必要があるだろう。歴史的位置付けをめぐる議論の決着は、その後の課題であると筆者は考える。

第四章

2

つぎに元和幕令の公布・施行範囲、あるいは近世における人身売買禁令の発布権限についての見解をみておきたい。元和幕令の公布・施行範囲について、従来の研究のほとんどは取り立てて議論していない。それは多くの場合、江戸幕府の発した全国法令であることを所与の前提としていたからだろう。

そんな中にあって中田薫は、元和二年幕令は全国の幕府直轄地に行われた法令であるとさりげなく述べている。[46]ただ残念なことに、中田はその根拠を示していない。そしてこの考え方は実質的に大竹[47]へと継承されている。また牧は、元和二年令と限定することなく、江戸幕府の人身売買に関する諸法は天領に実施されたが、諸藩の法にも影響を与えたという見解を示している。これらに対して、根拠を明示しつつ元和二年幕令の全国法令説を主張したのが峯岸である。[48]峯岸は、豊臣政権の天正一六年以来の禁令と江戸幕府の元和二年以来の禁令を取り上げて、人身売買禁令は個別封建領主を超えた封建君主としての豊臣政権・江戸幕府にしてはじめて可能になった全国布令であるという。ただし峯岸は、中田・大竹説にも牧説にもまったく言及していない。

中田の研究は近世の人身売買研究の古典だが、その後蓄積された研究の現時点での到達点といえる牧・大竹・峯岸らの研究が、それぞれこの問題に論及しながら、三者三様の見解をとっていることは何とも興味深い。いずれの見解が正しいのか、あるいは第四の見方がありうるのか。この問題は、これまでほとんど検討されることがなかったが、人身売買禁令研究の基本中の基本であるだけに、今後に残された最も重要な課題の一つといえよう。

3

ところで、元禄一一年（一六九八）の年季制限撤廃令をめぐる論点の対立は、先にみた大平の新史料発見によって大幅に解消したといえよう。だが下重による峯岸説批判―実際は①「全人身売買違法説」の一部への批判―に窺えるように、元禄幕令やその後の親子兄弟札第九条などをどのように理解し評価するかは、元和幕令の理解・評価とも無関係ではありえない。だとすれば、元和幕令から元禄幕令にいたるまで統一的・整合的に把握することは必要不可欠であり、これもまた今後に残された課題といえるだろう。

先に紹介したように下重は、禁令の「人売買」の内容を勾引売や人商売と考えないと、元禄幕令やその後の親子兄弟札第九条を解釈できないと述べている。はたしてそうだろうか。下重は、元禄一一年の年季制限撤廃令をあくまでも「奉公人」政策上の転換と捉え、勾引売・人商売だけを禁止する「人売買」禁令とは「別事項」と考える。したがって、たとえ「奉公人」の年季制限が廃止されても、「人売買」禁令はまったく影響されることなく堅持されるという[49]。しかしそれでは、元禄幕令をうけた正徳元年の親子兄弟札第九条が、「人売買」停止規定の但し書きとして相対での下人・永年季・譜代を容認していることの説明がつかない。つまり下重の主張とはまったく反対に、②「勾引売・人商売違法説」では元禄幕令や親子兄弟札第九条を理解することができないのである。

それでは、元和幕令をすべての人身売買を禁止するものとみる峯岸は、元禄幕令をどう捉えるのか。筆者は、峯岸の所説（とりわけ元禄一一年令発布以前についての見解）を現在の人身売買禁令研究の到達点の一つと評価しているが、元禄幕令以降についての見解は、史料的制約は否めないとしても、やや明瞭さを欠いているように思える。峯岸は、元禄一一年令を人身の相対売買を認めるものであり、「譜代の公許」と捉える。そして、「その分だけ人身売買禁令は骨抜きにされているのであるが、にもかかわらず幕府にとっての伝統的法令であるこれを、掲げねばならなかったのであろう（中略）人身売買の禁止は勾引売りや人商売に重点が置かれることになる」という[50]。しかし、元和幕令については譜代の存在や譜代のやりとりを否定するものではないと述べているのだから、元禄一一年令以降に譜代が公許されるという見方にはとまどいを感じざるえない。また元禄一一年令以降の人身売買禁令（史料4など）は、相対売買と勾引売・人商売をともに禁じながらも後者の禁圧に重点をおいたものなのか（「勾引売・人商売禁圧重点説」への移行）、勾引売・人商売だけを違法にしたものなのか（「勾引売・人商売違法説」への移行）、かならずしも明確とはいいがたい。さらにいえば、峯岸は、元禄一一年段階に年季制限が撤廃され人身売買禁令が変質していった理由についてまったく論及していない。

一方、大平は、元禄一一年の奉公年季制限撤廃令の発布背景や、近世雇用法上における位置について次のように論じている。元禄一一年令は「妻子、譜代下人等、農民の家内部において隷属的地位にある者の人身売買、永年季奉公を禁ずるところにその特徴を有する、江戸時代初期の雇用法の役割と効力がなお存在する中で、農政の転換、都市の発達による農民・都市市民の階層分化のもとで発生した困窮民への対応という新たな課題に直面して、江戸初期雇用法の路線を大きく転換したもの」であるという。[51] しかしこの位置付けについては、大平自身が述べている通り、従来の経済史的研究や法制史的研究に依拠した「接ぎ木的」なものになっていることは否めず、「近世初期雇用法を再検討するなかで、この元禄一一年の奉公年季制限撤廃令の位置づけ、意義を改めて検討」する必要があるといえよう。

4

以上のように、江戸幕府の人身売買禁令・奉公年季制限令の理解や評価は、近世社会を理解する上で重要な問題であるにもかかわらず、その研究には多くの対立点や未解決の課題があることがわかった。それらの課題のいくつかについては、別稿[52]に筆者なりの解答を用意しているので、あわせてご参照いただきたい。

注

（1）瀧川政次郎「日本労働法制史研究」（大宅壮一編『社会問題講座』第五巻、新潮社、一九二六年所収）。

(2) 大竹秀男『近世雇傭関係史論』（有斐閣、一九八三年）第一章。
(3) 大平祐一「近世日本における雇用法の転換」（『立命館法学』第二三一・二三二号、一九九三年）。
(4) 『御当家令状』三七五号、「武家厳制録」二五八号（『近世法制史料叢書3』所収）など。
(5) 『大日本史料』第一二編二五、「武家厳制録」二五七号など。
(6) 瀧川注1前掲論文。
(7) 金田平一郎「徳川時代に於ける雇用法の研究（一）～（四・完）」（『国家学会雑誌』第四八五～四八八号、一九二七年）。
(8) 中田薫「徳川時代に於ける人売及人質契約」（同『法制史論集』第三巻上、岩波書店、一九四三年、所収）。
(9) 安良城盛昭『幕藩体制社会の成立と構造』（御茶の水書房、一九五九年）第二章。
(10) 大石慎三郎『享保改革の経済政策』（御茶の水書房、一九六一年）第二章。
(11) 北島正元『江戸幕府の権力構造』（岩波書店、一九六六年）第三章。
(12) 牧英正『近世日本の人身売買の系譜』（創文社、一九七〇年）第一章。
(13) 吉田正志「近世雇傭法の構造とその史的展開過程序説（一）（二・完）」（『法学』第四一巻第一～二号、一九七七年）。
(14) 大竹注2前掲書。
(15) 峯岸賢太郎「近世国家の人身売買禁令」（『歴史学研究』第六一七号、一九九一年）。
(16) 藤木久志『雑兵たちの戦場』（朝日新聞社、一九九五年）Ⅰ章。
(17) 脇田修『近世封建社会の経済構造』（御茶の水書房、一九六三年）第四章。
(18) 下重清「幕府法令に見える「奉公人」の再検討」（『民衆史研究』第二七号、一九八四年）。
(19) むしろ幕藩体制や近世国家の成立と構造をどう認識するかによって、元和幕令の法文解釈が左右されているというべきかもしれない。

第四章

(20) 石尾芳久『日本近世法の研究』(木鐸社、一九七五年) 第八。
(21) 中部よし子『近世都市社会経済史研究』(晃洋書房、一九七四年) 第三章。
(22) 藤木注16前掲書は、元和幕令を大坂の陣の終結にともない戦場の奴隷狩りとその売買を禁じる時限立法としているから、下重と同様の見方とも思われるが、「法の重点は明らかに掠奪売買の禁止にあった」との言をみると、①c「勾引売・人商売禁圧重点説」に属すといえようか。
(23) 下重「「人売買」禁令をめぐる研究の前進のために」(『歴史学研究』第七〇七号、一九九八年)。
(24) 峯岸前掲注15論文。
(25)『御触書寛保集成』二六〇三号。
(26)「教令類纂」初集五十三(『内閣文庫所蔵史籍叢刊』第二二巻)。
(27) 大平注3前掲論文。
(28) 大石注10前掲書、また同『元禄時代』(岩波書店、一九七〇年)。
(29) 藤野保『新訂幕藩体制史の研究』(吉川弘文館、一九七五年)。
(30) 南和男『江戸の社会構造』(塙書房、一九六九年)。
(31) 吉田注13前掲論文。
(32) 下重注18前掲論文。
(33) 峯岸注15前掲論文。
(34) 三田村鳶魚「元吉原の話」(『三田村鳶魚全集』第一一巻、中央公論社、一九八〇年、所収)。
(35) 瀧川注1前掲論文。
(36) 安良城注9前掲書。

(37) 北島注11前掲書。
(38) 中部注21前掲書。
(39) 牧注12前掲書、また同氏『雇用の歴史』(弘文堂、一九七七年)第二章。
(40) 石尾注20前掲書。
(41) 大竹注2前掲書。
(42) 『神奈川県史』資料編6、四四四頁。
(43) 脇田注17前掲書。
(44) 峯岸注15前掲論文。
(45) 峯岸「下重清氏の批判に答える」(『歴史学研究』第七三七号、二〇〇〇年六月)。
(46) 中田注8前掲論文。
(47) 大竹注2前掲書。
(48) 峯岸注15前掲論文。
(49) 下重注18前掲論文。
(50) 峯岸注15前掲論文。
(51) 大平注3前掲論文。
(52) 近日発表予定の拙稿「江戸幕府のいわゆる「人身売買禁令」をめぐって―元和幕令の検討―」、同「江戸幕府における人身売買禁令の触直しについて」(仮題)。

第五章

明治・大正期における農村の住環境について

―神奈川縣農会による村是調査書等を中心に―

津田　良樹

はじめに

故古島敏雄氏は、最後の著書『台所用具の近代史』[1]で、高山市立飛騨民俗村に移築保存された民家を取上げ、囲炉裏・屋組を中心とする農家建築保存は竈・流し元を忘れた復元であると批判されている。すなわち、「不思議なことにどの家にも勝手口の外に水場の設けはもちろん、その指示もない。それに関連して内流しも、竈も見当たらぬ。台所は囲炉裏からはじまると考えているようである。ここに集められた家屋の大部分が、かつては庄屋などを勤めたことのある上層の家であり、もと、この家々に人が住んだ頃には土間には人寄せのさいに大釜で炊事する大竈もあったであろうし、水場に近く外流しもあり、内流しもあったのであろうが、それらはすべて省略されている」と。農家の建物を保存するのならば、農民の生活を推測させるにたるだけの附属施設をともに展示すべきだと注文をつけたのであった。

確かに保存されている重要文化財等の指定文化財民家でさえも、竈・流し元等が復元されることは少ない。建築に関わる者として、ひとこと弁明しておくが、流し元や竈は改造が甚だしく、多くの場合建設当初の状態が解らないばかりか、生活環境の変化のため残っていない場合が多く、そのため実態が必ずしも明らかでなく、あえて推測してまで復元しない場合が多いと考えられる。とはいえ、設備や家具には建築物に対するほどの目配りが行き届かず、竈や流し元がおろそかにされている面も、否定できないであろう。そのような反省も踏まえつつ、明治・大正期における農村の住環境について次の資料をもとに検討する。

神奈川県下農村の明治三四・三五年（一九〇一・〇二）の様相を調べた『神奈川縣中郡豊田村々是調査書』[2]・『神奈川縣都筑郡中川村々是調査書』[3]・『神奈川縣足柄上郡金田村是調査書』[4]・『神奈川縣高座郡綾瀬村是調査書』[5]の四つの村是調査書および大正一〇・一一年（一九二一・二二）の農舎および農地を調べた『神奈川縣下における自作及小作農家四十六カ所の農舎及農地に関する現状』[6]はいずれも神奈川縣農会から発行されたもので、当時の農村および農家の様相を詳細に調べた資料として貴重である。以下に、資料を紹介しつつ、明治三四・三五年および大正一〇・一一年における神奈川県下の農村および農家の住生活の実態について明らかにしたい。また、豊田村の隣村にあたる広川村の元禄一一年（一六九八）における民家との比較も行いたい。

一　農会と農村調査

農会

農会は、第二次世界大戦前にあった農業の改良・発達をはかることを目的とした農業団体である。

明治三二年（一八九九）の農会法、明治三三年の農会令により、それまで任意団体であった、いわゆる系統農会は公法人化された。さらに明治四三年（一九一〇）の農会法の改正により、農会の中央組織である帝国農会の法制化が実現した。ここに、帝国—道府県—郡—市町村の農会組織が完成し、統制的農政が確立する。帝国農会は、農業者の意見を集約・代表して政府や官庁に農業政策に関する建議を行う。一方、官庁が行うべき各種の農業調査を市町村農会を通じて代行することも多かった。市町村農会は、農事の改良発達を計るため研究・調査・指導・奨励等の事業を行った。農会の役員は、多くの場合、地域の名望家や大地主が選ばれたが、農業者のうち少なからぬ比率を占める小作農・自小作農とは小作料をめぐって対立する関係にならざるを得ず、一九二〇〜三〇年代に頻発した小作争議には有効な手立てを講ずることができなかった。

ここで使用する四村の「村是調査書」が示す明治三四・三五年は、日清戦争（明治二七年）と日露戦争（明治三七年）とに挟まれた時期であり、系統農会が公法人化されたが中央組織である帝国農会はできておらず、統制的農政が確立する前の時期にあたっている。一方、『神奈川縣下における自作及小作農家四十六カ所の農舎及農地に関する現状』が示す大正一〇・一一年は、頻発する小作争議を指導する日本農民組合が結成された年（大正一一年）にあたり、関東震災（大正一二年）のおこる直前の時期である。

「村是」調査について

「村是」とは、将来の村の繁栄および発達を目指して進むべき方針というような意味である。村是調査は村の進むべき方針である村是を策定する前提となる村の経済や生活の現況実態調査である。明治三〇年代から大正期にかけて全国各地で実施された。

市町村是の策定は、明治初期の官僚前田正名の提唱が契機となっている。前田正名は、フランス留学後、勧業関係の職務をあいついで務め、地方産業優先の近代化を主張した。農商務省大書記官として明治一七年（一八八四）に当時の地方諸産業の実態を調べて経済危機の分析のうえに殖産興業方針を提言した『興業意見』を発表したが挫折。山梨県知事、農商務次官を歴任したが、明治二三年には退官している。その後、官界において実現することができなかった彼の主張を実行すべく、地方実業団体や全国の農家の組織化につとめた。早くも、明治二六年に、自ら主宰する『産業』第二号の誌上で、「今日ノ急務ハ国是、県是、郡是、村是ヲ定ムルニ在リ」と町村是の必要を提言している。明治二六年（一八九三）に大日本農事会幹事長に就任すると、翌明治二七年に行われた第一回全国農事大会において「府県是を制定する」ことを決議する。明治二七～二八年にかけて全国の府県市町村の農会を系統的に組織化する系統農会設立運動を推進する。しかし、『農会法』制定（明治三二年）にあたり、政府補助金をたよらない自主独立の路線を取ろうとしたが、受け入れられず、農会活動から身を引くことになる。とはいえ、「府県郡町村是の確立」などに限っては、明治三五年末まで尽力した。[7]

神奈川縣農会が行った、村是調査の実施経過は『神奈川縣都筑郡中川村々是調査書』（以下『中川村是調査書』と略記する）緒言によると、以下のようだったことが判明する。

明治三三年一一月東京における第八回全国農事会において、各縣各郡町村是調査することが決議された。全国農事会の決議をうけて、翌三四年一二月に神奈川縣農会は、町村是調査の規程を定めている。[8]同一二月一九日の都筑郡農会は、総会において中川村を村是調査地の候補地に選定し、これを翌明治三五年三月二七日に縣農会に上申、同三月二九日縣農会長より中川村が調査地に指定された。調査は明治三五年九月一日から同年一〇月三〇日まで行われている。中川村の村是調査等の経過は概略以上のようであるが、他の豊田村・金田村・綾瀬村も同じような経過で村是調査が実施されたものと考えられる。

調査の目的は、神奈川縣農会の町村是調査規程[9]の第一條に「本調査ノ目的ハ町村ノ繁栄及発達ヲ図ラムカ為メニ其状況ヲ調査シ以テ将来ニ採ルヘキ方針ヲ立テントスルニ在リ」とあって、町村の現状調査を行い将来の方針を立てることであると明言されている。

調査の項目は、村是調査書の凡例に「村是調査の項目は神奈川縣農会派遣員の指示に拠る」[10]とあり、神奈川縣農会派遣員の指示によって決められたものと考えられる。その項目を、『中川村是調査書』の構成にみると以下のようである。

緒論
第一編形勢
　第一章所在
　第二章区画
　第三章地積
　第四章風土
　第五章戸口
第二編生活及社交
　第一章生活
　第二章社交
　第三章生活及社交に関する費用
第三編生業
　第一章農業
　第二章商、工、雑業

なお、本稿で主に取り上げる住生活については、『中川村是調査書』の場合「第二篇、生活及社交」、「第一章、生活」、「第一節、庭宅家具の設備」として四項に渡って「一、屋敷」、「二、建物」、「三、家具」、「四、雑用品の設備」と詳細に調査されている。

調査方法は、凡例によるとすべて神奈川縣農会の「町村是調査規程」に拠るとされており、この規程に従って行われたようだ(11)。すなわち、調査は、縣農会長の監督のもとに郡農会長が委員会組織を作り実施された。規程には、委員会の構成・構成員の役割・任命方法など細かく規定されている。

各戸の調査は、担当委員を設けて戸別調査を行い、成果を委員会において評定してまとめ上げている。戸別調査は、一定の書式による小票を作り、これを各戸にあらかじめ配布しておき、委員が朝夕適宜各家に出向き事実関係を質問・確認し記入するという方法を取っている(12)。

委員構成は、中川村の場合を例にとってみると、次のようである。

都筑郡農会長を「掛長」、中川村農会長を「主任」、都筑郡農会幹事二名および中川村農会幹事一名併せて三名を「顧問」、村内を一七の区域に分け、各区を担当する各区一名の一七名を「委員」、都筑郡農会書記一名を「書記」に当て、合計二三名で評定を行う委員会を構成している。

『神奈川縣下における自作及小作農家四十六カ所の農舎及農地に関する現状』

表1　4カ村の村是調査書

	調査日時	集計日	神奈川縣農会報号数	発行年月
中郡豊田村々是調査書	明治35年1月13日～同5月2日	明治34年12月31日	神奈川縣農会報14号	明治36年3月
都筑郡中川村々是調査書	明治35年9月1日～同10月30日	明治34年12月31日	神奈川縣農会報15号	明治36年3月
足柄上郡金田村是調査書	明治35年9月1日～36年5月1日	明治34年12月31日	神奈川縣農会報17号	明治36年12月
高座郡綾瀬村是調査書	明治35年11月21日～37年5月6日	明治35年12月31日	神奈川縣農会報18号	明治37年6月

『神奈川縣下に於ける自作及小作農家四十六ヶ所の農舎及農地に関する現状』という孔版の帳簿（以下、『農舎及農地に関する現状』と略記する）がある。大正一〇年〜一一年にかけて神奈川県下四六ヶ所の自作農と小作農の農舎（住宅・納屋などの施設）および農地について詳細に調べた調査報告書である。[13]

奥付によると大正一一年一〇月二三日、神奈川縣農会の発行である。緒言一項に「農舎と農地の現状を知悉し其の改善を図る資料として本調査を企て幸いに石黒農政課長の指導を得て之を実施す」とあり、調査の目的が農家の生活改善であったこと、そしてこの計画に農政官僚の石黒忠篤[14]が関与していることが分かる。

調査は大正一〇年一〇月から一ヵ年をかけて実施されている。

四項に「資料を通観して農舎に於ても農地に於ても不便不利甚だ多く無理無謀尠からさるを認む如何に之に適応すへき乎如何に之を補正すへき乎如何に之を改善すへき乎此の如き農舎に文化生活を実顕する端緒如何此の如き農地に機械器具を実用する階梯如何此の如き農業に共同計理を実施する方法如何事例僅かに五十而かも疑問百出各一案を要めて止ます」とある。調査担当者は、調査結果から農舎・農地の実態を極めて劣悪な状況にあると総括し、このような農舎に文化生活を実現する糸口を見つけることが出来るか、このような農地に機械化が可能であろうか、共同経理を実施する方法があるだろうかと、当惑し途方にくれたようである。そのため、当初から指導を受けていた農商務省の石黒農政課長に調査結果を見ていただき、意見をもらうこととし、あわせて、同憂の人達に実情を提示して力添えをもらいたいとしている。確かにこれらの調査事例から、将来に向けた方針を出すことは難しいと思われる。とはいえ、当時の農村の実情を詳しく示すデータとしては極めて有益な資料といわねばならない。

事例は、神奈川県下の各郡を農業状態により数区に分け、区ごとに代表すべき村を定め、その村の中で普通程度かつ相当の農家経営実績を上げている農家の中から、自作農と小作農各一戸を選び出している。[15] 選ばれた農家は、橘樹郡など七つの郡の二三村から、自作農二三戸、自作兼小作農三戸、小作農二〇戸の合計四六戸である。各事例は、

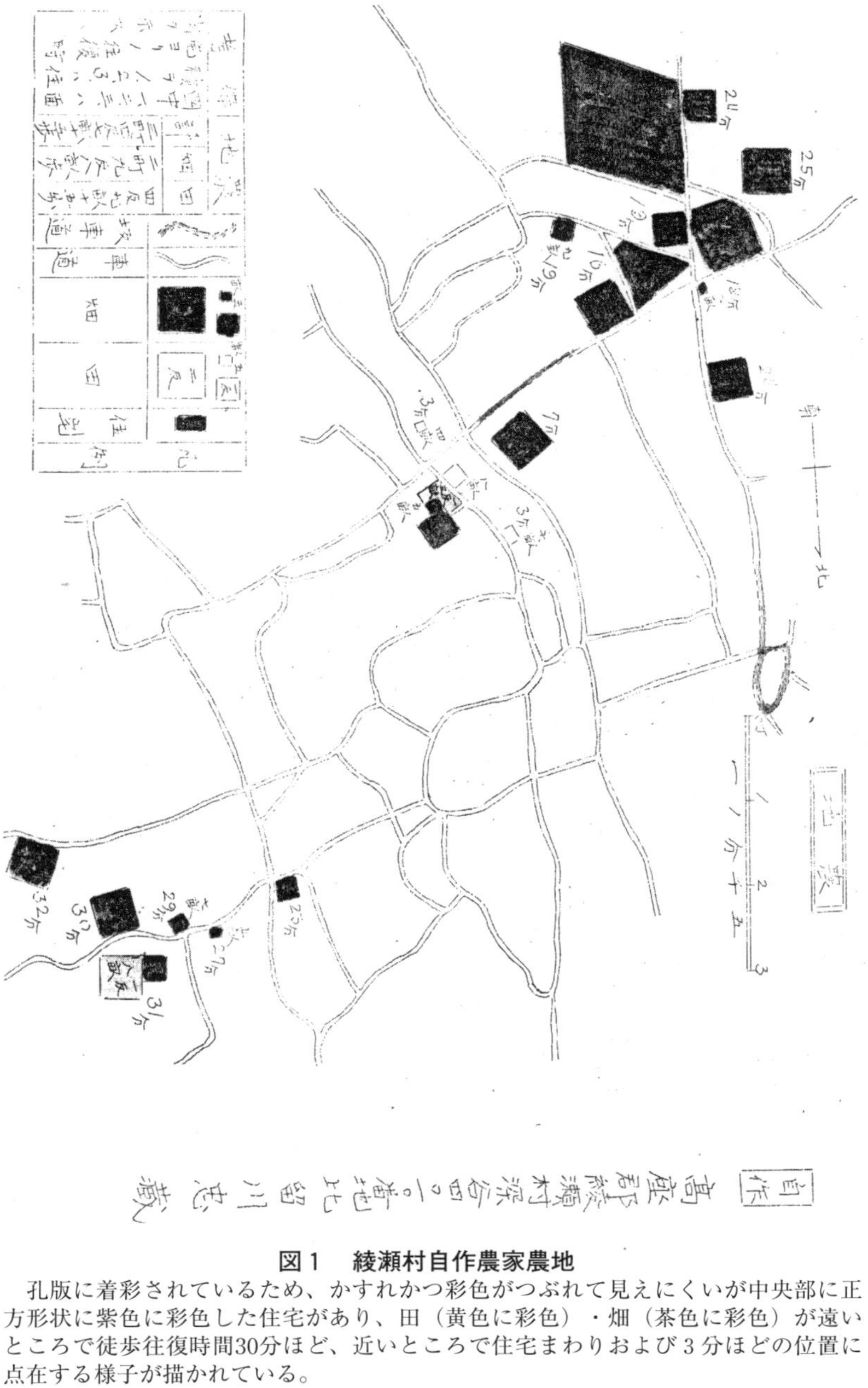

図１　綾瀬村自作農家農地

孔版に着彩されているため、かすれかつ彩色がつぶれて見えにくいが中央部に正方形状に紫色に彩色した住宅があり、田（黄色に彩色）・畑（茶色に彩色）が遠いところで徒歩往復時間30分ほど、近いところで住宅まわりおよび３分ほどの位置に点在する様子が描かれている。

「農舎に関する記事」と「農地に関する記事」とに分けてそれぞれB４版の用紙一枚に記載している。

綾瀬村の比留川忠蔵家を例に、内容を確認すれば以下のようになる。「農舎」と表題を付けた用紙には（図６）、「自作」・「高座郡綾瀬村深谷四〇一〇番地」・「比留川忠蔵」と明記し、縮尺二〇〇分の一で、長方形状の宅地に主屋・納屋・堆肥舎・倉庫・馬屋・湯殿の配置を兼ねた平面図を描く。さらに、家族名および年齢・農地および宅地面積・建物面積・家畜頭数・養蚕の量が注記されている。一方、「農地」と表題を付けた用紙には（図１）、縮尺五〇〇〇分の一で宅地を中心に耕作する田畑の別と位置関係を示す地図を描き、地図中に田畑の面積・田畑までの往復時間が注記されている。なお、住宅には紫色・田には黄色・畑には茶色・水路に青色が彩色されている。

二　中郡豊田村など四カ村の概要

中郡豊田村の概要

豊田村は、明治二二年に小峯・宮下・打間木・豊田本郷・平等寺村の五つの近世からの村が合併して成立した。もと大住郡であったが、明治二九年に大住郡と淘綾郡とが合併して中郡となり、以降中郡に属す。旧村名を継承した五つの大字から編成される。昭和三一年より平塚市。

明治・大正期の豊田村は平塚より大山街道を北に四キロメートルほど、村域は平坦で、田畑に富んでいた。明治三四年の人口は一、八六八人、戸数は二二八戸である。村の総面積は二九八町歩ほど。そのうち耕地は二四〇町歩ほどで、八割を占める。耕地の七割弱の一六三・七町歩が田で、三割強の七五・九町歩が畑である。農業を専業および副業とするものが一七三戸で七・六割を占め、残る二・四割が商業・工業・雑業であった。農家一戸あたりの平均耕地は一・四町歩ほどで、その内訳は田が九・五反歩、畑が四・四反歩である。

都筑郡中川村の概要

中川村は、明治二二年に山田・勝田・牛久保・大棚・茅ヶ崎の五つの近世からの旧村が合併して成立した。旧村名を継承した五つの大字から編成される。村役場を大字大棚に置く。昭和一四年に横浜市港北区東山田町・南山田町・北山田町・大棚町・中川町・勝田町・牛久保町・茅ヶ崎町となり、平成六年から港北区と緑区の再編成により誕生した都筑区に属す。現在、港北ニュータウンのセンター地区として開発整備が進められ、かつての農村の景観は一変してしまっている。

明治三四年の人口は二、九一八人で、家数は五〇〇戸。村の総面積は九二六町歩ほどで、その内訳は山林・原野が五割、畑が一割（二六八町歩）、田が二割（一六六町歩）ほどである。五〇〇戸中四三七戸が農業で、九割近くを占める。農家一戸あたりの平均田畑は田が四反歩、畑が六反歩で、あわせて耕地は一町歩ほどである。

足柄上郡金田村の概要

金田村は、明治二二年に金子・金手村の二つ近世からの村が合併して成立した。大磯丘陵の北西部、酒匂川左岸流域に位置する。旧村名を継承した二つの大字からなり、村役場を大字金子に置く。昭和三一年に大井町の一部となり、現在にいたっている。

村の総面積は三七八町歩ほど。大部分は平地で、平地はほとんど水田である。田が二〇五町歩・畑が六四町歩で併せて耕地は二六九町歩ほど、ほかに宅地が三〇町歩、残りは山林などである。明治三四年の人口は一、八六一人で、家数は三二一戸。農業が二五九戸で、八割ほどを占める。

第五章

高座郡綾瀬村概要

綾瀬村は、明治二二年に上土棚・吉岡・深谷・本蓼川・蓼川・寺尾・小園・早川の八つの近世からの村が合併して成立した。旧村名を継承した八大字からなり、村役場を深谷に置く。昭和二〇年に綾瀬町となり、昭和五三年に綾瀬市となる。

昭和一六年、蓼川の大部分および深谷・本蓼川の五〇〇町歩が買収され、相模野海軍航空隊および高座海軍工廠が置かれ、海軍航空基地となる。これにともない深谷・蓼川・本蓼川地区の一二五戸が移転した。戦後、海軍航空基地は米軍に接収され、昭和四六年海上自衛隊に一部が移管され、日米共同管理となっている。

綾瀬村は、神奈川県高座郡の中央、いわゆる相模野の中南部に位置する。村内は、おおむね平坦地で、畑に富み、山林も多い。川に沿う地域と山に接する低地は水田があり、付近には民家が散在した。村の総面積は一、九八一町歩ほど。そのうち、田は一四五町歩、畑は一、三〇七町歩、宅地は一〇二町歩である。明治三五年の人口は五、二六三人、戸数八九五戸。農業を本業とするもの七八一戸、商業三二戸、工業三三戸、雑業四九戸である。農業を本業とする者が八・七割を占め、兼業するもの六八戸を加えると農業者は九・五割を占める。商業者は食品・荒物・酒醤油・魚肉・米穀・青物等の商いをするものが多い。工業者は大工・木挽・屋根屋などの職人、紙漉き・製紙などの手工業である。農家一戸あたりの平均田畑は、田が一・五町歩ほどで、畑が一・七反歩、あわせて耕地は一・七町歩である。

三　明治三四・三五年における民家と家具

表2に整理したように、村是調査書における民家のデータは、個別民家の様子を示すことはなく、村全体もしくは

表2 村是調査書による四カ村の建物等整理表

村名	大字名	戸数	宅地	宅地平均	住家（主家）			土蔵			その他		
		戸	町	歩(坪)	棟	坪	坪/戸	棟	坪	坪/戸	棟	坪	坪/戸
豊田村		219	21.5916	986(295.8)		4474.71	20.43		517.41			2191.33	9.96
中川村		500	30.3713	607(182.1)	219	13172	26.3	76	525.5	6.9	877	7524	15.05
	山田	202			216	5340	26.44	29	197.5		349	2540	
	牛久保	73			68	1818	24.9	4	35		203	1061	
	大棚	104			110	2341	22.51	11	73		22	1666	
	勝田	46			50	1709	37.15	19	138		123	993	
	茅ヶ崎	75			75	1964	26.19	13	82		180	1264	
金田村		321	31.0911	969(290.4)	316	7835.59	24.41	35	380.25	10.86	857	11776.86	36.69
	市場根岸	94			94	2451.21	26.08	11	125.66		251	3571.96	
	坊村馬場宮地	74			75	1710.43	23.11	13	114.01		205	2589.99	
	河原新宿葭原	77			76	2011	26.12	6	67.83		218	3222	
	金手	76			71	1662.95	21.88	5	72.75		183	2392.91	
綾瀬村		895	93.9916	1050(315)	1002	22351.817	24.97	175	1478.27	8.45	1433	12475.313	13.94
	深谷	279			313	6871.957	24.63	52	364.71		516	4210.923	
	蓼川	81			89	2234.25	27.58	23	211		129	1311.9	
	本蓼川	26			27	709	27.27	4	32.5		45	464.7	
	寺尾	109			116	2589.3	23.76	28	199.5		154	1407.99	
	小園	56			64	1266.5	22.62	9	51.5		81	678.5	
	早川	126			137	2947.7	23.39	15	155		189	1610.7	
	吉岡	135			165	3404.91	25.22	22	289.06		159	1434.6	
	上戸棚	83			91	2328.2	28.05	22	175		160	1356	

＊金田村の村是調査書には草・板・皮・瓦・トタン葺の別、居間・土間・庇の別などの記入あり。

大字ごとに集計された数値で示される。

全戸数が二一九戸で宅地総計が二一・六町歩であるから、一戸当たりの平均宅地面積は九・八六畝、すなわち二九五・八坪である。

豊田村の民家

主屋（住家）の総坪数が四四七・七一坪であるから、主屋平均坪数は二〇・四三坪である。

土蔵は総坪数で五一七・四一坪、一家当たり二・四坪である。豊田村では土蔵の棟数が不明であるが、他の三村の例でみると一棟の平均坪数は七〜一一坪である。一棟あたり一一坪と仮定すると四七棟であり、土蔵を持つ家は全体の二割ほどではないかと思われる。

土蔵以外の付属屋の一家あたり坪数は一〇坪ほどである。

中川村の民家

村内における民家の配置は、谷戸と谷戸との間に三軒五軒とかたまって民家を構える場合が多く、街道に沿って立つ場合は少ない。宅地の平均坪数は一八二・一坪である。

主屋（住家）は全戸五〇〇戸で五一九棟あり、必ずしも一戸当たり一棟ではなく、複数棟持つ場合もある。村内の一戸当たりの平均坪数は二六・三坪であるが、[16] 大字勝田は三七・一五坪と際立って大きく、一方大字大棚は二一・五一坪と小さい。内部の詳細は不明だが、畳敷が一五〜一六畳で平生は四〜五畳だけ敷いており、他は揚げておくとある。常に敷いている場所は寝室（納戸）で、その部屋が六畳ほどであろうか。畳敷であるが、通常は畳を揚げておく場所は座敷であろう、その座敷が一〇畳ほどである。その外、板間は三坪、土間は五坪、戸棚は二坪、台所は五坪ほどが標準的であるとされる。また、二家に一家ほどの割合で、客間が二部屋ある。囲炉裏と炬燵とは一戸にそれぞれ一個備わっている。座敷だけに天井があり、他の部屋にはほとんど天井はないようだ。

土蔵は全村で七六棟あり、当然複数棟持つ家もあるはずだが、多くは一棟であろうから、仮に一家に一棟しか土蔵を持たないとすると、全体の一・五割ほどの家が土蔵を持つことになる。土蔵の一棟あたりの平均坪数は六・九坪である。二間に三間あるいは二間半に三間ほどの土蔵が多かったと思われる。

住家・土蔵以外の建物は、一戸あたり平均坪数一五坪、平均棟数一・八棟ほどである。灰屋は肥料となる灰や下肥などを貯蔵する建物で各戸にあり、二間に三間のものが多い。下便所は各戸にあり、上便所は五戸に一戸ほどである。[17]物置は二戸に一戸ほどある。通常は二間に三間ほどの規模である。倉庫は穀蔵が多く、文庫は少ない。たいていは二間に三間ほどの規模である。湯殿は一〇戸に一戸の割合で、住家の軒先に設置されることが多い。これらの建物は木造草葺がほとんどで、二階家・瓦屋などは少ない。

金田村の民家

「普通各戸に見る建物は居宅、灰屋、物置、便所なるべし小間（台所）土蔵など多からず」とあり、一戸の標準的な家屋構成は居宅・灰屋・物置・便所の構成であるとされる。ただ、当村では全戸数三二一戸に対し、三一六棟の居宅しかなく、居宅が一戸当たり一棟だとしても五戸は居宅を持っていないことになる。[18]一棟当たりの居宅の平均坪数は二四・八〇坪で、一戸当たりは二四・四一坪である。居宅には、すべて畳があるとされ、天井はまったくないものが三割、一部分にあるものが四割、すべてに天井が張られているものが三割である。囲炉裏は七割にあり、竈（釜土）

はすべてにある。当村のデータでは屋根葺材によっても分類されており、この点についてみれば、草葺が三〇三棟、板葺が六棟、皮葺[19]が四棟、瓦葺が二棟、トタン葺が一棟である。居宅は草葺が圧倒的に多い。

土蔵は全村で三五棟あり、一戸に複数持たないと仮定すれば、全村の一割ほどの家が土蔵をもっていることになる。一棟当たりの平均坪数は一一坪ほどである。土蔵についても屋根葺材によって分けられている。皮葺が九棟、トタン葺が一四棟、瓦葺が五棟、その他が七棟である。土蔵は茅葺が少なく、明治三四年段階で既にトタン葺が多いことがわかる。この点は、当初皮葺であったものが、屋根勾配が近い、トタン葺に改変された例が多いのではないかと考えられる。

土蔵以外のその他付属屋の一戸当たり平均坪数は三六・七坪ほど、平均棟数は二・七棟ほどである。当村ではその他の建物が「物置及厩」二三九棟・「灰屋」一九〇棟・「水車場」一九棟・「製造場」一四棟・「乾繭場」六棟・「蠶室」一棟・「其他」三七棟に分けて集計されており、内訳がわかる。「物置及厩」は全村で二三九棟、一戸当たり一棟と仮定すれば、七・四割ほどが持つ。「灰屋」は一九〇棟で、同様に仮定すれば、六割ほどの家が持っていることになる。なお、標準的な家屋構成に含まれる便所は付属屋としては取り上げていないようである。

民家建設時や修理時の建築用材はほとんど村外より買い入れている。葺草は村内で半分調達できるが、瓦は江尻瓦が多い。大工は二割を村内でまかない、八割は村外から雇い入れる。その他の職人も村内でまかなうには充分ではないようだ。

綾瀬村の民家

民家の敷地である屋敷は、山の裾野など低い所に立地し、周囲に樹木が植えられ防風林とされるほか薪の採集の場ともなる。平均宅地（屋敷）面積は三一五坪である。

民家は主屋（居宅）・灰屋・物置から構成されることが多い。居宅は村全体で一家の平均坪数が二五坪ほどである。大字上土棚が二八・〇五坪と大きく、大字小園が二二・六二坪と最も小さいが、いずれも大きな格差はない。戸数八九五戸に対し、一、〇〇二棟の居宅があり、必ずしも一家に居宅一棟とは限らず、少数ながら複数の居宅を持つ家もある。それは主屋に隠居屋あるいは主屋に離れ座敷のような構成ではないかと考えられる。居宅は概ね間口七間に奥行三間くらいのものが多く、その内に八坪ほどの土間がある。床上部分は簀子天井・畳敷で、床の間を備える。かつて畳は極めて少なく、「ちがや筵」あるいは「ねこ筵」[20]が多かったが、明治三四年時点では一般に畳を用いており、寝間は常時敷き込むが、座敷は平生には揚げておくのが普通であるとされる。

土蔵は全村で一七五棟である。当然複数棟持つ家もあるはずだが、仮に一家に一棟しか持たないとすると、二割ほどの家が土蔵を持っていたことになる。一方、一棟あたりの土蔵の坪数は八・四五坪である。一戸あたりの平均土蔵坪数を仮に出すと一・七坪ほどになる。

灰屋は肥料となる灰や下肥などを貯蔵する建物で、内部は土間となり、八坪ほどが多い。物置は内部を土間と板敷に折半し、農具・穀物などを貯蔵する。物置も八坪ほどが多い。そのほか、蚕室・門・浴室などを持つ家もある。その他の建物の一戸あたり平均坪数は一四坪ほどである。

三カ村の家財道具について

家財道具が書き上げられていない金田村を除く、三村における家財道具を整理したものが表3である。[21]多種多用な家財道具が書き上げられており、ここでは仮に「住まいの家具」・「台所の道具」・「食卓の道具」に分けて整理した。必ずしも明確な基準がある分けではないが、食事・食卓に関係する食器類などを「食卓の道具」、食品加工に使用する台所用品を「台所の道具」、それ以外の住まいに関わるものを「住まいの家具」としている。三村が同一の基準で書き上げられたものではなく、当然あってしかるべき品が書上げられてないなど、村によって疎密があるようだ。「住まいの家具」について比較的大きなものからみていくと、一家あたりで箪笥・長持の類が二～四個、机が一脚、据風呂が〇・三～一個、井戸(22)(側)が一個、火鉢が二～三個ある。照明具はランプが手ランプを含めて二～四個、提灯が三張ある。雑貨で、たらい(盥)が一～二個、傘が三～五本、文具が各家にある。三村ともに書上げられている わけではないが、箒・そろばん・こうもり傘・煙草盆・火箸・十能等もそれぞれ持っていたようだ。そのほか、中川村では娯楽道具である碁盤が一五家に一個、将棋盤が一五家に二個ほどある。近代的な道具とみられる時計が多い村(豊田村)では一家に一個、少ない村(中川村)では五家に一個、また豊田村では機織道具が一〇家に六台、寒暖計が一家に一・三個ほどある。中川村では「バケツ」が三家に一つの割合であるようだが、これはこの時期ブリキ製のバケツが木製の手桶等に代わって普及しはじめていることを示しているのであろうか。一方、ランプが普及し、時代遅れとなったのか、行灯は中川村で五家に一個しかなく、他の二村にはない。

「台所の道具」についてみると、竈は当然各家にある。中川村ではほかに大竈が三家に二個の割合であり、綾瀬村ではほかに「へっつい」が二個ある。竈と「へっつい」がどう違うのかは不明だが、同じ村の中で呼称を変えていることには注意してよかろう。調理ずみの食品などを納める戸棚様の家具である茶棚鼠入らず類が三村を通して一家に〇・四～一個ほどある。流しは綾瀬村では「ながし」、豊田村では「水流」とあり、これら二村では各戸に一個あるが、中川村では書上げられていない。記入がないからといって、一概にないとはいい切れないが、井戸の水元で食物類を洗う場合もあり、内流しのない場合もあったに違いない。三村を通して鍋釜類は、一家に鍋が四～五個、大釜が〇・六～一個、釜が一・三～二個、鉄瓶が〇・五～二個ある。桶・甕・ざる(笊)の類も手桶が二～三個、その他桶類が三個、甕が一～二個、「ざる」が三～五個(23)である。まな板(俎板)は一～二枚、包丁は二～五本あり、出刃包丁・刺身包丁を持つ場合もある。早蒸かし・のし板も一家に一個はあり必需品であった。二村では、味噌すり用擂鉢や粉こね

表3　三カ村の家財道具一覧

	中郡豊田村		都筑郡中川村			高座郡綾瀬村		
住まいの家具	長持箪笥の類	2	箪笥	2		衣類入箪笥	2個	
						書籍箪笥	1個	
			長持	1		衣装長持	2個	
			箱	2		挟み箱	1個	
						戸棚	1個	
	机	1	机	1		机	1脚	
	据風呂	0.3	据風呂	3家に2		風呂桶(釜共)	1個	
	井戸側	0.9	井戸	1				
	盥	1	盥(たらい)	2		盥	1個	洗濯用
			バケツ	3家に1				
						釣瓶	1個	水汲用
			碁盤	15家に1				
			将棋盤	15家に2				
						鏡台	1個	
	火鉢	2	火鉢	2		火鉢	3個	大中小
						火箸	5膳	養蚕室用共
			炭取り	1		十能	1本	
	煙草盆	1	煙草盆	1				
			箒	3		蜀黍箒	2本	座敷勝手等の掃用
			座敷箒	1	客人用			
			ゴミトリ	2				
	ランプ	2	ランプ	2		らんぷ	1個	つるし
			行灯	5家に1				
			手ランプ	2		手らんぷ	2個	
	提灯	3	提灯	3		提灯	3張	
	傘	3	傘	3		傘	5本	
	洋傘	3				蝙蝠傘	2本	
	機織道具	0.6	機台	5家に1				
	同附属品	0.6						
	硯箱	1	文具	1		筆	2本	
						墨	1本	
						硯	1丁	
						硯蓋（膳付）	1組	
	算盤	2	算盤	1				
	時計	1	掛時計	5家に1				
	国旗	1	国旗	5家に1				
			額面掛物	2		掛地	1幅	床の間掛用
						針箱	1個	
						鏡	2個	
						梯子	3丁	2間2丁、3間1丁
	寒暖計	1.3						
	仏壇	1	仏壇	1		仏膳	1膳	
	神棚	1	神棚	1		神膳	2膳	
台所の道具	茶棚鼠入らず類	0.6	鼠入ラズ	5家に2		茶箪笥	1個	
						炊事場棚	1個	
	竈	1	竈	2		竈	1個	
			大竈	3家に2		へっつい	2個	
	ながし	1				水流	1個	
	鍋	5	鍋	4」		鉄鍋	5個	大1中2小2
						いり鍋	1個	
	大釜	0.8	大釜	3家に2		大釜	1個	湯沸し用
	釜	1.3	釜	2家に3		釜	2個	炊事用大小
			茶釜	5家に1				
			薬罐	2家に1				
	鉄瓶の類	2	鉄瓶	2家に1		鉄瓶	1個	
			ヒチリン	2家に1				
	甕	1	甕	1		小がめ	2個	梅干其他入用
	手桶	2	手桶	2		手桶	3個	水汲入用
	桶の類	1	桶	3				
	小桶	2				小桶	3個	炊事用大小
	笊（ざる）	3	笊	5				
	俎板（まないた）	1	俎板	四家に5		炊事まな板	2枚	
	庖丁	1.5	庖刀	2		包丁	3本	炊事蕎麦切用

	出刃刺身庖丁類	0.5				出刃包丁	1本	漁捺用
						刺身包丁	1本	同
			擂鉢	1		擂鉢	1個	味噌すり用
						すりこぎ	1本	同
			木鉢	1		木鉢	1個	粉こね用
	米櫃	1	米櫃	2家に1				
	桝	0.2						
	秤	0.2						
	樽	7	樽	5				
			篩(ふるい)	1				
	蒸篭	0.2	蒸篭	1				
	早ふかし	1	早蒸シ			早ぶかし	1個	炊事用
	のし板及切板類	1	ノシ台			蕎麦のし盤	1枚	
						蕎麦切りまな板	1枚	
						(きりだめ)	3個	蕎麦入用
	卵焼	0.2						
						竪魚節かき	1本	
						をたま	3本	
						杓子	3本	
						水杓子	2本	
	醤油の船	0.1				片口	1個	醤油酒出し用
食卓の道具	徳利	4	徳利	5		潤徳利	2本	
						徳利	3個	酒酢水油入用
	膳	20	膳	5		膳	10枚	
	椀の類	30	椀	10		汁椀	10個	
			盆	2		茶盆	2枚	
	飯茶碗	12.9	茶碗	20		茶漬茶碗	20個	
	飯櫃	3	櫃	3家に1		飯鉢	3個	
			急須	2家に1		急須	2個	
	土瓶	3	土瓶	2家に1		土瓶	1個	
	大中皿	20	皿	10		小皿	20枚	客・平素共
	小皿	30						
	重箱	1	重箱	3		重箱	6個	大中小各2
			弁当箱	1				
			盆	2家に3	客人用	引盆	20人前	客人用
			膳	2	客人用	膳	20人前	客人用
			椀	5	客人用	椀	20人前	客人用
			茶碗	5	客人用	茶呑茶碗	10個	
			急須	1	客人用			
			土瓶	1	客人用			
			徳利	2	客人用	ちょうし	1対	客人用
			皿	5	客人用	大皿	1組	客人用
						皿(中小)	40個	客人用
						皿(大)	2枚	客人用
						膳皿	20枚	客・平素共
						箸	50人前	客・平素共
						茶入	1個	小出し用
						茶入	3個	製茶保存用
						菓子盆	1枚	
						菓子入	1個	
						杯	3個	
						丼	2個	
						汁飯椀	10人前	客人用
						汁飯椀箱	1個	客人用
						膳	10枚	客人用
						膳箱	1個	客人用
						赤飯臺	1何	客人用
						やなぎ樽	2個	客人用
						杯 (台付)	1対	客人用
						ちょこ	20個	客人用
	絞り袋	0.1	絹濾シ	1				
	ビク	1						
	雑具	1						

用木鉢も一家に一個、樽類も五〜七個あり、これらも各家で持っていたものと思われる。おたま杓子（をたま）・杓子などは綾瀬村だけにしか書上げられてないが、他の二村では細かなもので省略されたと思われ、当然各家にあったとみられる。

「食卓の道具」についてみてみると、食器類は三村とも客用を含めて多種多様に持つ。椀は一家で一五〜三〇個、茶碗は一三〜二五個ほど、皿は一五〜六〇枚ほど、膳は七〜三〇枚ほど、徳利は四〜七本である。また、重箱・土瓶・飯櫃・急須・盆などが各家にあった。とくに綾瀬村は食器類が充実しており、平素の食器はもちろんのこと、客人用食膳具一式が二〇人前ほどそろっているようである。明治三四・三五年段階には、日常の食器だけではなく、冠婚葬祭などに使用する客用の食器類までもが多くの家に備えられていたことが判明する。

四　大正一〇・一一年の民家の詳細

『農舎及農地に関する現状』に基づいて、村是調査書から二〇年後になる大正一〇・一一年の民家の様相についてみてみよう。中川村・綾瀬村の農家は収録されているが、豊田村・金田村の民家はない。金田村は足柄上郡の事例がないのでここでは省略せざるを得ないが、豊田村については同じ中郡で、豊田村に接する大野村真土の例を検討する。

大野村の民家詳細

中郡豊田村に隣接する大野村真土では、自作農一戸と小作農一戸が調べられている。自作農の平井角左衛門家（図2）は、主人夫婦・母親・二人の男子・三人の女子と長男の妻の計九人家族で、田が四反七畝歩と畑が一町五畝四歩と併せて二町五畝四歩を耕作している。豊田村の明治三五年頃の農家一戸あたり平均耕地面積に比べると二倍近くの耕地を持つ。宅地は五〇二坪の南北にやや長い長方形で、北に接道して、北側中央部に出入口を開く。宅地の西寄り、中央やや南寄りに主屋は東面して建つ。主屋の南に「倉庫」（八坪）、前方南寄りに「納屋」（一二・五坪）、前方北寄りに「馬舎（四坪）・堆肥舎（六坪）」、北側宅地への出入口近くに「肥料舎」（六坪）を配す。また主屋の背後（西）の隣地近くに井戸を設ける。四一・五坪の主屋は大戸口を入ると梁間いっぱいに八坪余りの土間があり、土間沿い前寄りに「十五畳」の広間を取り、広間奥に「六畳」と一・五坪の「台所」とを並べる。それらの上手に「八畳」二室を前後に配す。奥の「八畳」には背面側に戸棚を設け、南妻に上「便所」を突き出す。また、土間の北妻に九坪の「下家」を下ろす。「倉庫」は八坪で、外郭を二重線で囲んでおり、土蔵であることを示しているものと考えられる。「肥料舎」は肥料を貯蔵する小屋とみられ、村是調査書にみられる「灰屋」に当たると思われる。

隣村豊田村の村是調査の明治三四年の宅地平均は二九六坪、主屋平均は二一・六坪であり、それに比べれば、当家は宅地で一・五倍、主屋で二倍ほどと大規模であり、さらに土蔵も持っており、村内でも上層に属す農家であろう。

小作農家（図3）は主人夫婦・二人の男子・二人の女子の七人家族である。田が一反七畝九歩、畑が七反五畝一三歩合せて九反二畝二二歩の小作地を耕作している。宅地は一一八坪の三角形状で、東南および西南に接道し、西南側北寄りに出入口を開く。一六・八坪の主屋は、出入口近くの北隣地境界沿いに、南面して建つ。付属屋は、主屋の西に〇・五坪の下「便所」があるだけである。主屋は大戸口を入ると四坪の土間で、土間奥に流しのある板張りの二坪、上手には土間沿いに「十畳」、奥に「五畳」の二室だけである。「十畳」の前（南側）には縁側がつけられている。また、東妻には二・三一坪の「下家」が差し掛けられる。明治三四年の豊田村村是調査と比較すると宅地は三分の一ほどで、主屋は五坪ほど小さい。

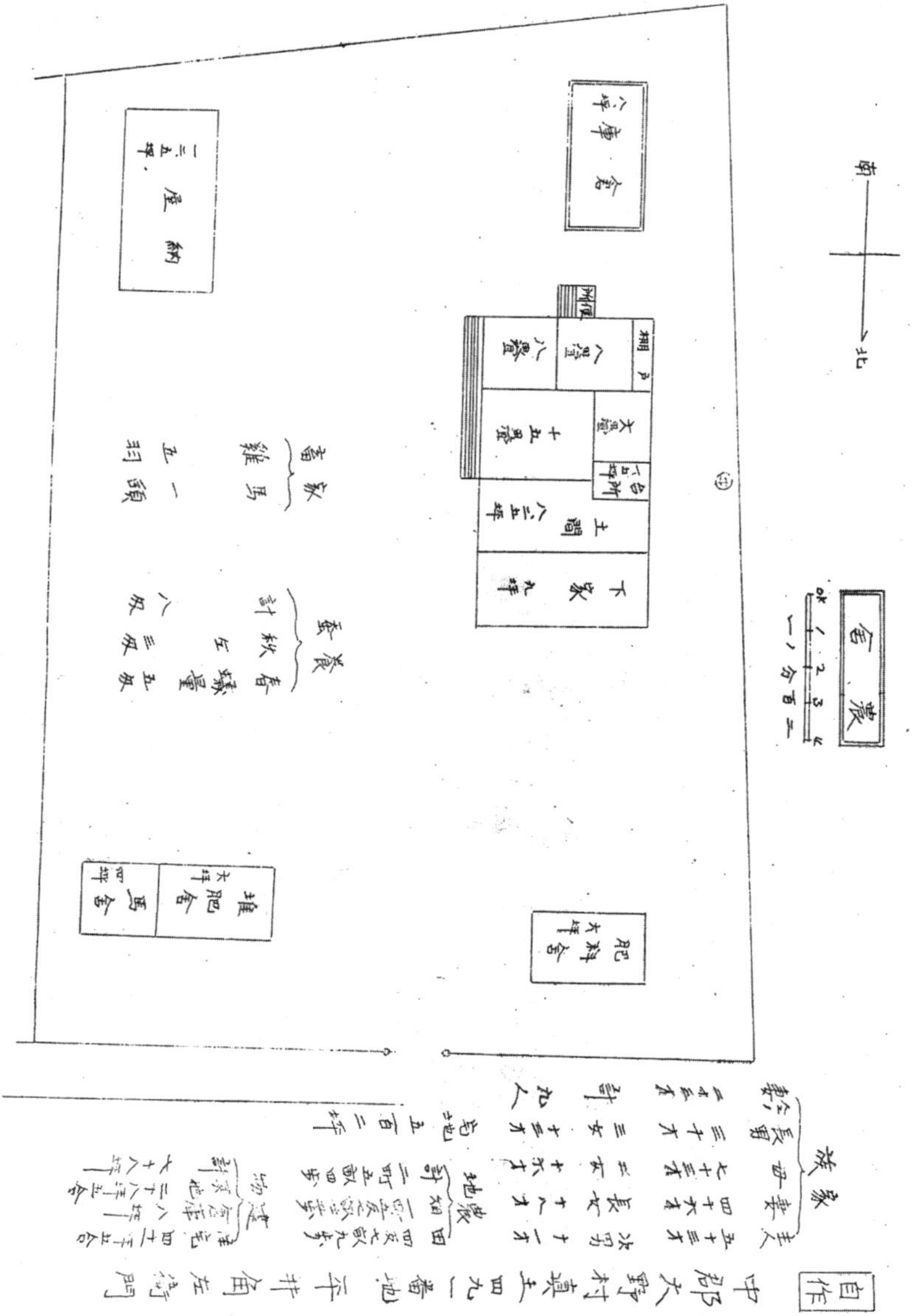

図２　大野村自作農家農舎

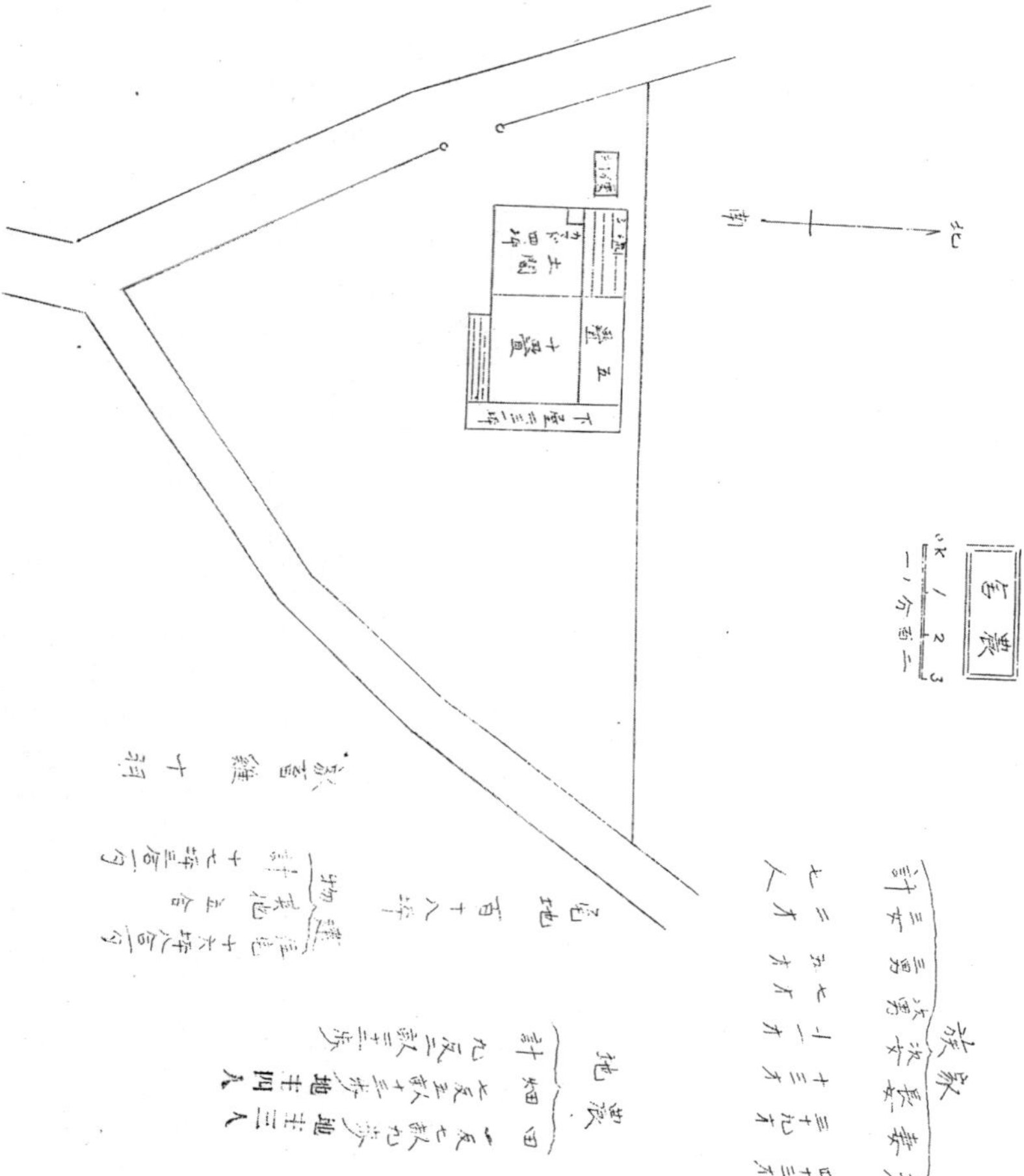

図３　大野村小作農家農舎

中川村の民家詳細

自作農の金子信家（図4）は中川村茅ヶ崎に所在する。主人夫婦・母親・弟・四人の男子・一人の女子の九人家族である。田が四反三畝歩、畑が一町二反八畝歩、山林が一町歩併せて二町七反一畝歩の土地を持つ。村是調査によると、中川村の農家一戸あたりの平均田畑は田が四反歩、畑が六反歩であるから田は平均的であるが畑は二倍ほど持っていることになる。宅地は三九三坪の北に若干突き出した多角形である。南西道路に接道し、その中央に出入口を設ける。出入口に正対するように宅地奥に南西に面して主屋は建つ。主屋に接して西北妻側に「味噌部屋」（三坪）・「納屋」（九坪）、納屋から前方に突き出して「厩」（六坪）が、背面には軒先に「湯殿」（二坪）が付けられる[24]。主屋前方南東寄りに「倉庫」（一〇坪）、およびその前に「貯氷庫」（七・五坪）、前方西北寄りに「堆肥舎」（八・七五坪）および「便所」（〇・五坪）が、さらに、西北に独立して「木小屋」（六坪）が配される。すなわち、主屋に接して四棟、さらに独立して五棟の合計九棟の付属屋がある。四一・五坪の主屋は大戸口を入ると一六・五坪の土間があり、床上は整形六間取の部屋に、土間および背面に突き出すように三室を取る。六間取の床上は正面側に下手から上手に「十二畳半」・「六畳」・「八畳」が並び、「八畳」は床・戸棚が設けられており最も格式の高い部屋であろう。一方、奥側は「十畳」・「四畳半」・「六畳」と並ぶ。さらに、六間を取り囲むようにコの字に縁側を回し、縁側に接して小便所と大便所を設けている[25]。土間の背面下手二・五坪を区切って「釜戸」を置く。すでに記したように「釜戸」背面の軒先に二坪の湯殿が接してつけられる。付属屋のうち「倉庫」は二重線で外郭を囲んでおり、土蔵ではないかとみられる。「貯氷庫」の用途は不明。「木小屋」は薪を貯蔵しておく小屋である。主屋の背面に井戸の印があり、その井戸に向って隣地から水路らしき線が二重の破線で示されおり、湧き水を引いているのではないかと思われる。

村是調査の当村の平均宅地および平均主屋面積はそれぞれ一八二坪・二六・三坪である。これに比べ、当家は宅地

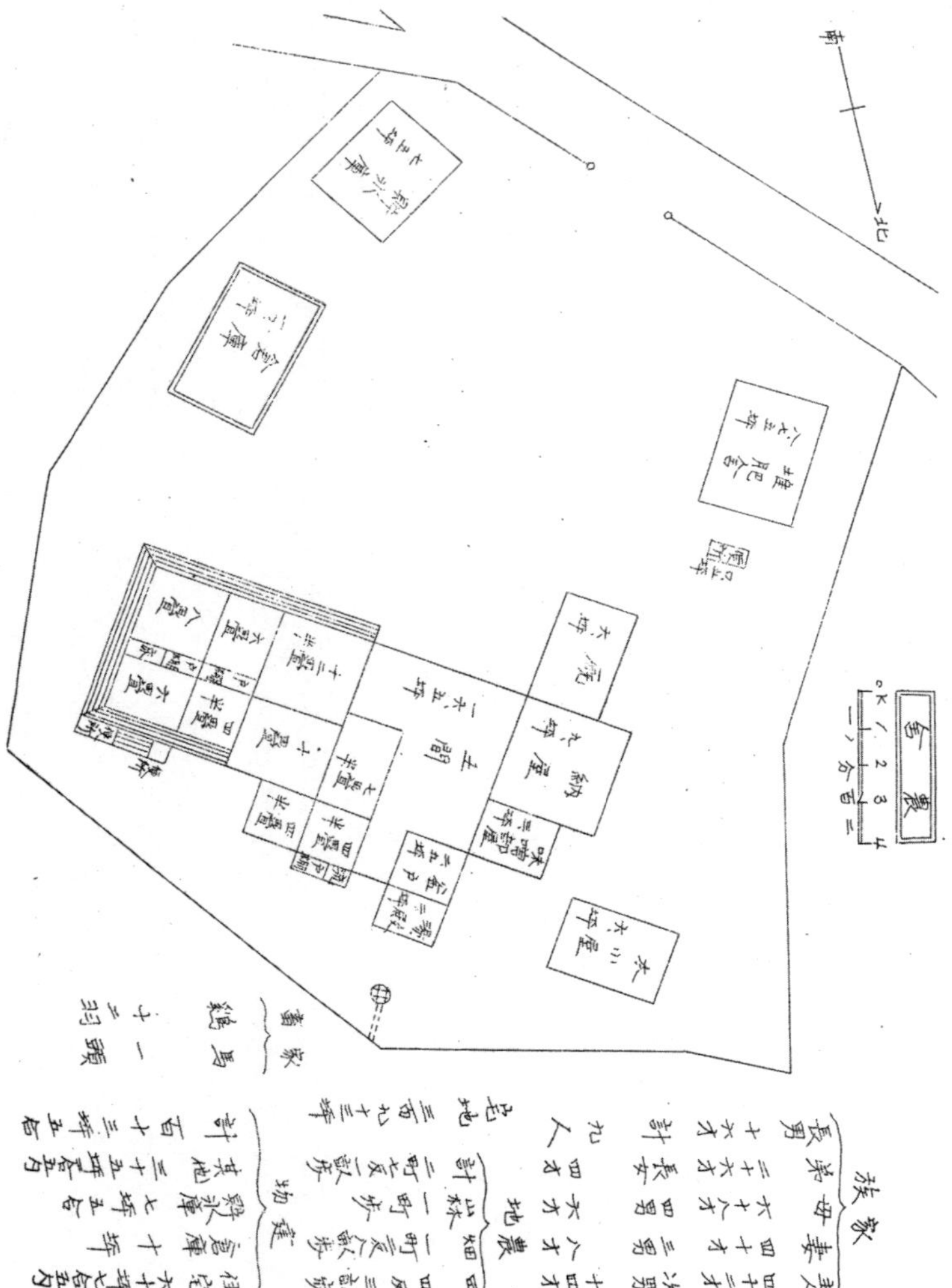

図４　中川村自作農家農舎

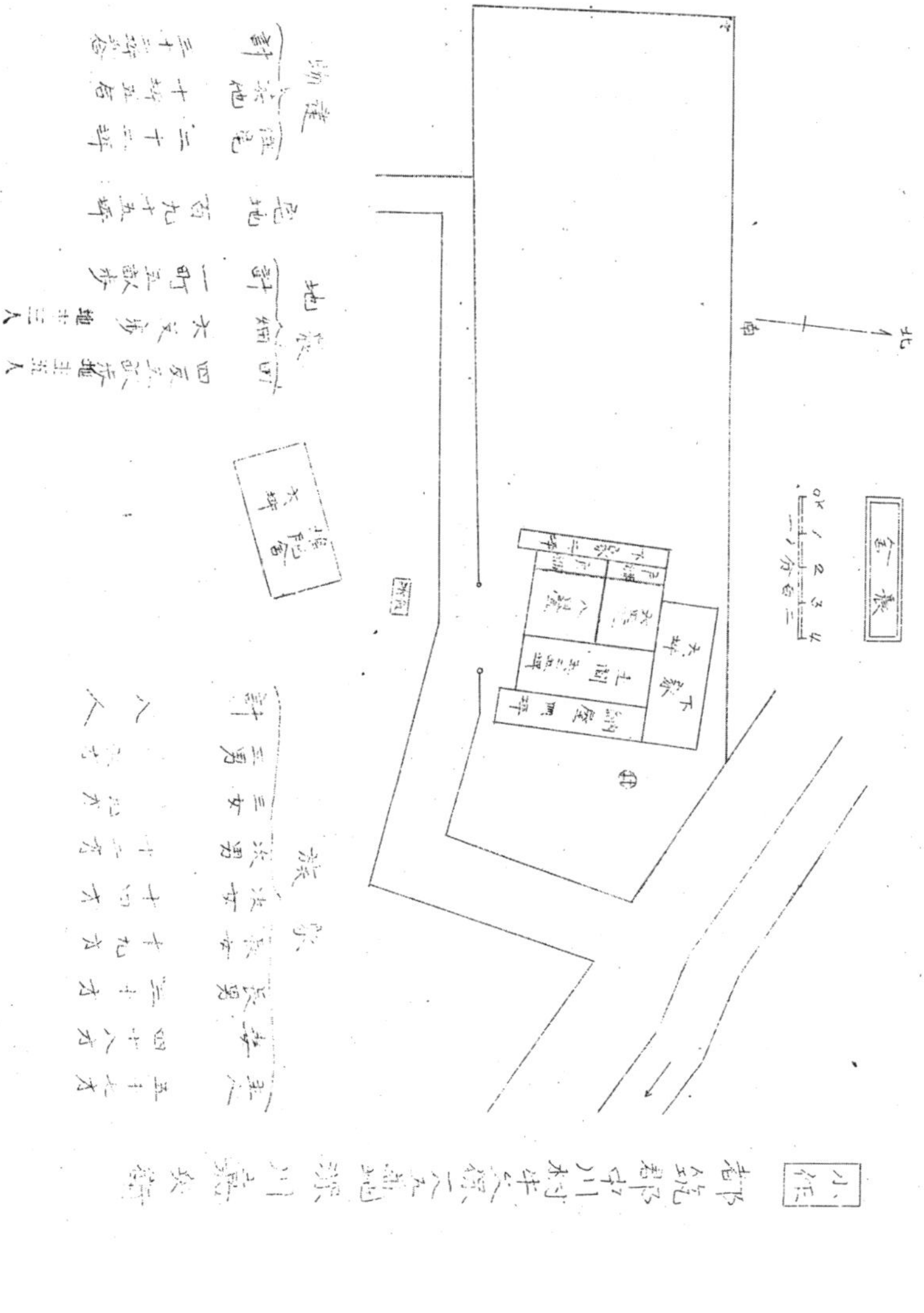

図５　中川村小作農家農舎

三九三坪・主屋四一・五坪と宅地においても主屋においても二倍ほどあり、二〇年ほどの年代差があることを考慮しても、村の中でもとくに大規模であるとみてまちがいなかろう。

小作家（図5）は中川村牛久保に所在する。主人夫婦・三人の男子・三人の女子の八人家族である。田が四反三畝歩・畑が六反歩併せて一町五畝歩の小作地を耕作している。一九五坪の宅地は、東西に長い長方形で、南の大部分・東・北の一部分を接道するが、接道する南辺の東寄りに出入口を設ける。出入口に接するように主屋は南面して建つ。主屋の東妻面に接して納屋を付け、南に接道する道を挟んだ先に「便所」（〇・五坪）と「堆肥舎」（六坪）を設けている。主屋は二二坪で、大戸口を入ると五・二五坪の土間があり、土間沿いに前後に「八畳」・「六畳」二室を並べる。「八畳」および「六畳」の上手にはそれぞれ戸棚がつけられている。背面および西妻面に六坪と二坪の下家を指しかける。そのほか、井戸が主屋の東側にある。

当家は明治三四年の村是調査の宅地平均・主屋平均と比較すると宅地は若干大きく、主屋はやや小さい。

綾瀬村の民家詳細

自作農の比留間忠蔵家（図6）は綾瀬村深谷に所在する。主人夫婦・父親・二人の男子・二人の女子と長男の妻および一人の孫の九人家族である。農地は、田が四反九畝一五歩に畑が二町九反八畝歩で、併せて三町四反七畝一五歩を耕作する。宅地は二九四坪の南北方向に長い長方形に近い台形である。南辺の中央に取り付き道路が通じ、そこが出入口である。主屋は宅地の奥に南面して建つ。主屋の前方西寄りに「倉庫」（五坪）、その前の出入口西脇に「納屋」（一六・二五坪）、主屋前方東寄りに「便所」（〇・五坪）、その前の出入口東脇に「堆肥舎・豚舎」（一〇坪・一坪）を配し、主屋背面に「味噌部屋・湯殿」（一・五坪・一・五坪）を置く。主屋は五八坪で、大戸口を入ると一三・五坪の土間があり、土間の下手に養蚕室を設け、土間の背面下手隅に一・五坪の「台所」を囲う。床上は土間沿いに「一〇畳」・「七・五畳」・「五畳」と前後に三室、それらの上手に「八畳」が二室前後に並ぶ。前の「八畳」の上手側には「床」・「戸棚」つけられ、それらの背後に上「便所」取られる。奥の「八畳」の上手には長「四畳」が配され、「八畳」・「四畳」の背面側に戸棚がつけられる。床上部分は六室あるが、整形四間取の土間沿い奥の部屋を二分割し、上手奥の部屋の上手に長四畳を追加した如き平面である。また、床上正面側には縁側を付け、主屋の背後に井戸を設ける。

明治三五年の村是調査の宅地・主屋の平均はそれぞれ三一五坪・二五坪である。当家は宅地においてはやや小さいが、主屋においては二倍以上大きい。

小作家（図7）は、綾瀬村吉岡に所在する。主人・長男夫婦・次男・孫女・孫男の六人家族に子守女が当家に住む。田が五反四畝歩に畑が二町八畝歩で、併せて二町六反二畝歩を小作している。宅地は三四七坪の三角形に近い四辺形で、東を除く三方を接道する。南および南西に出入口を設ける。宅地の東寄りに主屋を西面して建てる。主屋の前方南寄りに「納屋」（一〇坪）と「堆肥舎」（一〇坪）、前方北寄りに「牛舎」（二坪）と仮設の鶏舎[26]、南に「貯桑所」（六坪）・「木小屋」（六坪）、東（背面）に「湯殿」（三坪）を配す。主屋は三五・八坪で、大戸口を入ると一〇坪の土間があり、南妻に「納屋」がつく。床上は土間沿いに前後に「十畳」の二室、それらの上手に「八畳」と「四畳」を取る四間取である。上手前の「八畳」は当家の座敷に当たるとみられ部屋の北側に「床」と上「便所」設けられ。奥の「四畳」の背後（東側）に戸棚がつけられる。また、床上部分の正面には縁側がつく。そのほか、主屋背面に井戸がある。

村是調査と比べると当家は、宅地においてはやや大きいほど、主屋においては一・四倍ほど大きい。

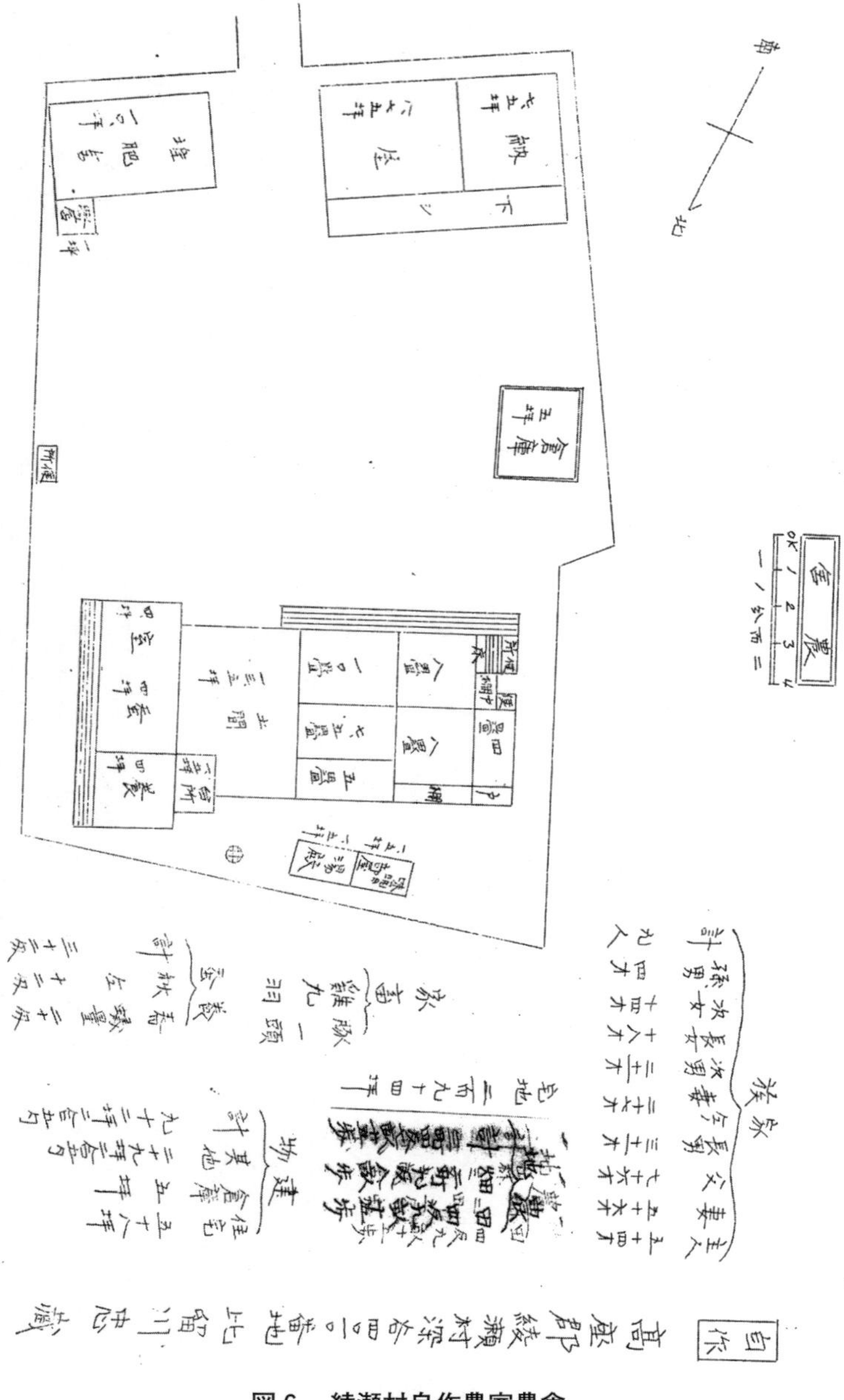

図6　綾瀬村自作農家農舎

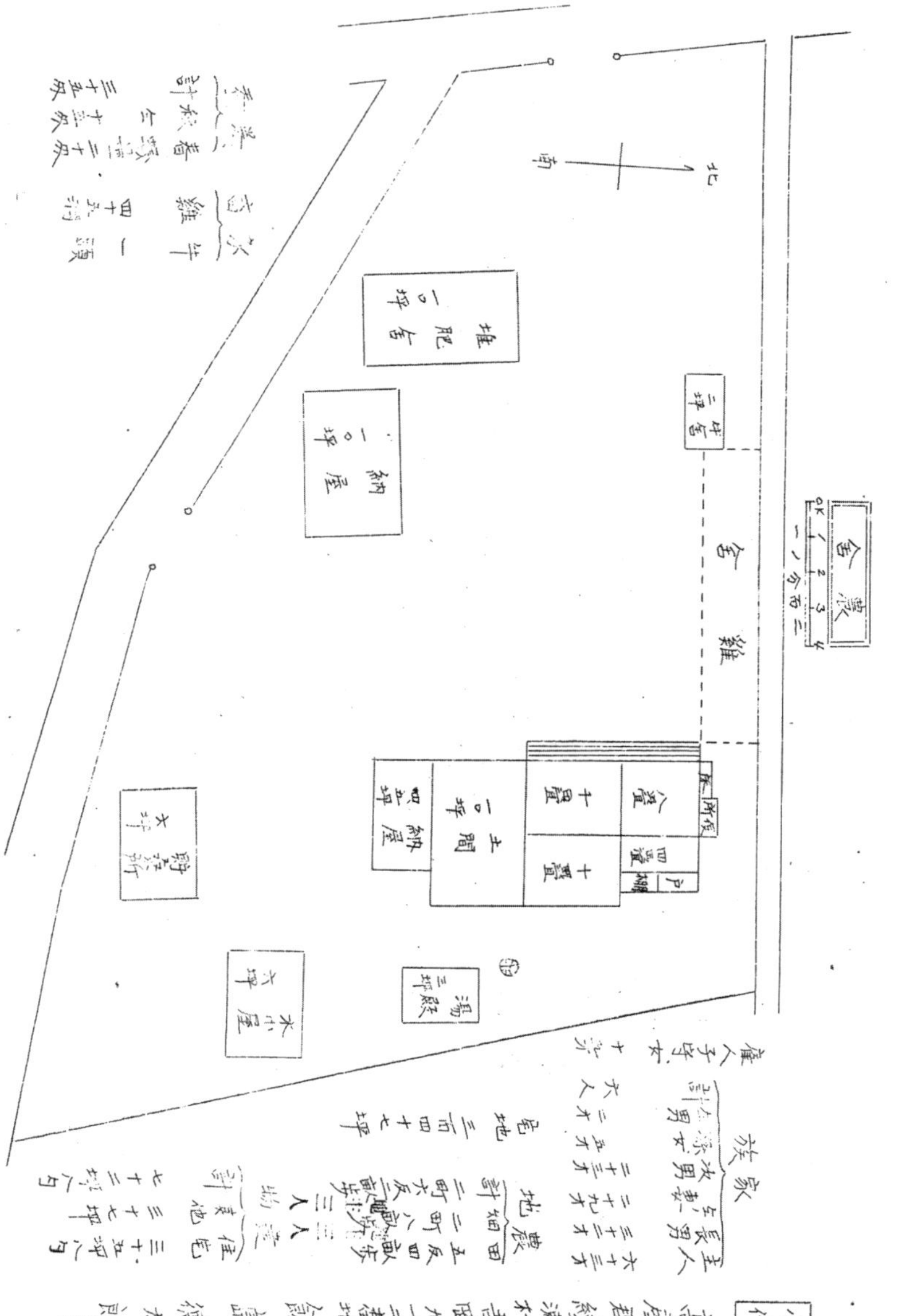

図７　綾瀬村小作農家農舎

五　元禄一一年、広川村の民家

明治三四・三五年および大正一〇・一一年の民家の様相をみてきた。これらの地域における近世期における民家はどのようなものであったであろうか。さいわい豊田村に近い広川村[27]の元禄一一年（一六九八）における住生活の一旦がわかる資料、すなわち「元禄十一年寅七月、相模国大住郡広川村人別宗門帳」[28]（以下、「人別帳」と略記する。）に従って、広川村の民家についてみてみよう。元禄一一年の広川村は旗本石原家と田中家とによる相給の村であり、「人別帳」は石原領についてのみ記された資料である。「人別帳」には、持高五六石ほどの庄左衛門家を筆頭に水呑三家を含む一六家について、旦那寺・持高・家の規模・屋根葺材の種類・主人と家族とそれらの出自・隷属民の内訳と出自・人数の合計・馬の数と種別が書上げられている。

家の規模についてみると、「長七間半、横四間」の三〇坪が最大で、「長七間、横四間」の二八坪が続く、最少は「長三間、横壱間半」の四・五坪である。持高と規模との関係をみると、五六石ほどで飛びぬけて持高の多い庄左衛門家は主屋規模でも三〇坪で最も大きい。二五・一石ほどの長兵衛家および二〇・九石余の次左衛門家は、同じ規模の二四・五坪。主屋規模で二番目に大きい二八坪の与左衛門家は持高では四位の一四・五石余である。一方、水呑および一石に満たない極めて少ない持高の六家はいずれも一〇坪に満たない小規模な家に住む。平均坪数は約十五・七坪ほどである。近隣豊田村の明治三四年の平均坪数は二〇・四坪ほどであり、約二〇〇年の年代差があるにもかかわらず、四・七坪ほど増加しているに過ぎない。なお、記入漏れと思われる一家を除けば、持高・主屋規模にかかわらず屋根はいずれも茅葺である。

おわりに

村是調査書をもとに、四村の宅地・建物を一戸あたり平均坪数でみると、宅地は中川村が若干狭いが、他の三村は三〇〇坪ほどあり、いずれにせよ広い宅地を持っているといえよう。主屋は二〇・四坪～二六・三坪で、豊田村が少し小規模であるが、他の三村は二五坪ほどである。主屋平均坪数においては、北関東の幕末期に比べ五坪ほど小規模である。(29)坪数が減少した原因は、新たな家が分出され明治期に戸数が増加したことによるものと考えられる。元禄一一年（一六九八）広川村の例、江戸中期から幕末にかけて二〇坪ほどから三〇坪ほどに漸増して行く北関東の例、(30)明治三四・三五年の村是調査書の例を敷衍していえば、主屋平均坪数は元禄期に一六坪ほどであったが、漸増して幕末期に至り三〇坪ほどになり、明治期になって、戸数が増えた結果、二五坪ほどに減少したのではないかと考えられる。

『農舎及農地に関する現状』による大正一〇・一一年

表4　元禄11年7月、相模国大住郡広川村人別宗門御改帳

持　高	名　前	家族人数(人)	男(人)	女(人)	家	長×横	坪　数	屋　根	馬
55.96	庄左衛門	17	9	5	家一軒	7.5×4.0	30	茅葺	1疋葦毛
20.906	次左衛門	5	2	3	家一軒	7.0×3.5	24.5	茅葺	
25.095	長兵衛	9	5	4	家一軒	7.0×3.5	24.5	茅葺	1疋月毛
14.568	与左衛門	10	6	4	家一軒	7.0×4.0	28	茅葺	1疋葦毛
13.567	平兵衛	9	4	5	家一軒	7.0×3.5	24.5	茅葺	1疋月毛
11.914	伊左衛門	5	4	1	家一軒	7.0×3.0	21	茅葺	1疋鹿毛
4.571	六右衛門	4	2	2	家一軒	5.0×2.5	12.5	茅葺	
9.516	茂右衛門	6	5	1	家一軒	6.5×3.0	19.5	茅葺	
5.599	甚左衛門	2	2		家一軒	4.5×2.5	11.25	茅葺	
8.813	小左衛門	6	2	4	家一軒	5.0×2.5	12.5	茅葺	
0.369	伊兵衛				家一軒	3.5×2.0	7	茅葺	
0.303	長三郎	2	1	1	家一軒	3.0×1.5	4.5	茅葺	
0.074	曾右衛門	8	3	5	家一軒	4.5×2.0	9	茅葺	
水呑	市左衛門	3	2	1	家一軒	4.0×2.0	8	茅葺	
水呑	金左衛門	4	2	2	家一軒	3.5×1.5	5,25	茅葺	
水呑	佐右衛門	5	4	1	家一軒	4.5×2.0	9		

主屋平均坪数　251÷16＝15.69㎡

の個別民家は、村是調査書の記事と併せて考えると、自作農・小作農に限らず、いずれも村内において比較的規模が大きくかつ質的にも良質の民家が選ばれる傾向にあったようだ。その点を差し引いて考えねばならないが、明治期になり新たな家を分出することにより主屋平均坪数においては減少するものの、旧来から引き続く多くの民家は主屋規模を縮小することはなく、引き続き維持されるか、漸増を続けていたとみられる。その結果を、明治三四・三五年の平均坪数に比べ自作農で規模が大きく、小作農でも同規模ほどである『農舎及農地に関する現状』の実例が示しているものと考えられる。

間取りについてみると大規模な一家が六間取、一方小規模な二家の小作家が土間沿いに二室を前後に並べる二間取である。残る三家は食違四間取・整形四間取・整形四間取の上手に小部屋をつけたものである。規模と間取りの関係をみると、三〇坪を越すほどのものが四間取で、二〇坪代以下のものが二間取といえよう。

以上のような三〇坪以上ほどの四間取あるいは二〇坪代以下の二間取の民家に、竈や流しはもちろんのこと、そのほかに表3に書上げられた如き家財道具を使用して当時の農村の人々は生活していたことになる。

『農舎及農地に関する現状』の諸言から窺がうに、当時の農会は、農舎（民家）や農地の状況を極めて劣悪な状況にあり、そのような農舎（民家）に文化的生活を実現する糸口さえ見つけ出すことが困難であるとの、悲観的かつ自己嫌悪的な視点のみで農村の状況をみているようだ。当時の民家を始めとする住環境のなかにプリミティブな美しさやバナキュラーな美しさ見出そうとする余裕はまだないようである。確かに、この報告で紹介してきた民家の中に、後世に国や地方自治体によって評価され、その証としての重要文化財等に指定されたものもない。農会の悲観的かつ冷徹に身内をみる目が残した調査資料が、今となっては実態がわからなくなりつつある明治・大正期の農村の住環境を伝える貴重な資料となるとは、なんという歴史的皮肉であろうか。(31)

注

（1）古島敏雄『台所用具の近代史』有斐閣、一九九六年。

（2）神奈川縣農会、『神奈川縣農会報第十四号』「神奈川縣中郡豊田村々是調査書」、明治三六年。

（3）神奈川縣農会、『神奈川縣農会報第十五号』「神奈川縣都筑郡中川村々是調査書」、明治三六年。この村是調査書は『博物館資料集第2号』（横浜歴史博物館、一九九六）で復刻され、苅田均による解説が付けられている。また、井川克彦は「明治村落の成立」（『明治村落史講座、第8巻生活③近現代』、雄山閣、平成三年）で、この村是調査書をもとに明治期の村落の様相について検討している。

（4）神奈川縣農会、『神奈川縣農会報第十七号』「足柄上郡金田村是調査書」、明治三六年。

（5）神奈川縣農会、『神奈川縣農会報第十八号』「高座郡綾瀬村是調査書」、明治三七年。この村是調査書は『綾瀬市史資料叢書2』として復刻され、小川直之による詳細な解説が付けられている。

（6）神奈川縣農会、『神奈川縣下に於ける自作農家四十六ヶ所の農舎及農地に関する現状』、大正一一年。この資料については、津田良樹が「歴史史料となった民俗調査資料」（『神奈川大学評論33』、一九九九年）で一部紹介している。

（7）祖田修「超村是運動の展開とその系譜―『興業意見』から町村是運動―」（農林業問題研究、第二五号、一九七一年）。祖田修『前田正名』吉川弘文館、一九八七年。

（8）神奈川縣農会報第十号（明治三四年）よると「町村是調査規程」は以下の通り。

町村是調査規程

第一條　本調査ノ目的ハ町村ノ繁栄及発達ヲ図ラムカ為メニ其状況ヲ調査シ以テ将来ニ採ルヘキ方針ヲ立テントスルニ在リ

第二條　本調査ヲ行フヘキ町村ハ郡農会長ノ選抜セルモノヨリ縣農会長之ヲ指定ス

第三條　縣農会長ハ本調査ヲ実行シタル郡農会ニ対シ一町村ノ調査ニ付各金弐拾円ヲ補助ス
第四條　本調査ハ縣農会長ノ監督ノ下ニ郡農会長之ヲ行フ、本調査ヲ行フニ当リテハ縣農会長ハ技術者ヲ派遣シ他ノ調査員ト共ニ調査ニ従事セシム
第五條　本調査ニ従事スルモノハ係長、主任、委員及顧問トス、係長ハ調査ニ関する事務ヲ総裁ス、主任ハ掛長ノ旨ヲ承ケ調査事務ヲ整理ス、委員ハ主任ノ命ヲ受ケ調査ニ従事ス、顧問ハ掛長及主任ノ諮問ニ答ヘ及意見ヲ述フ
第六條　掛長ハ郡農会長、主任ハ当該町村農会長ヲ以テ之ニ充ツ
第七條　委員ハ掛長之ヲ嘱託ス
第八條　顧問ハ主任ノ推挙ニ拠り掛長之ヲ嘱託ス
第九條　調査員成立シタルトキハ掛長ハ速ニ之ヲ招集シテ調査ノ方法、着手ノ時日、事務所ノ位置経費ノ予算等ヲ議定シ調査員ノ氏名ヲ添ヘテ之ヲ縣農会長ニ報告スヘシ
第十條　調査ヲ結了シタル時ハ掛長ハ調査員ノ評定ヲ経テ之ヲ縣農会長ニ提出スヘシ、調査ニ関スル一切ノ書類ハ郡農会ニ於テ之ヲ保存スルモノトス
第十一條　調査ノ成績ハ縣農会長ノ承認ヲ経タル後ニアラサレハ之ヲ発表スヘカラス
第十二條　此規程ニ拠リ郡農会長ハ便宜細則ヲ設クルコトヲ得、前項ノ場合ニハ縣農会長ノ承認ヲ経ル事ヲ要ス
　明治参拾四年拾弐月七日
神奈川縣農会

（9）注8に同じ。
（10）注2の「神奈川縣中郡豊田村々是調査書」および、注3の「神奈川縣都筑郡中川村々是調査書」の凡例。
（11）注8に同じ。

(12)注5の「高座郡綾瀬村是調査書」の緒言。
(13)日本において民家が学問的な研究対象になり、民家の調査が始められたのは大正年間の半ばからとみられている。民俗学の柳田國男・石黒忠篤や建築家の佐藤功一・今和次郎らによる白茅会という民家研究会が発足したのが大正六年。後に考現学の創始者として知られる今和次郎による、日本で最初の民家ついての本（『日本の民家』）がでるのが、大正一一年のことである。この同じ時期に『農舎及農地に関する現状』が作成されたわけである。
(14)石黒忠篤は、農政官僚で、一九〇八年に農商務省に入り、二〇年から農政課長として小作問題にかかわる。三一年農林次官となり、農山漁村経済更正運動を指揮。三四年に退官し、産業組合中央金庫理事長、農村更正協会など農業関係の要職を歴任。のち農商務大臣となり戦時農政を指揮する。戦後は参議院議員（緑風会）を務める。一方、一〇年（明治四三）には柳田國男らと郷土会を結成し、石黒は農業雑誌に農家建築の研究の必要性を提唱している。ついで、一七年（大正六）柳田國男、佐藤功一、今和次郎らとともに民家研究会の白茅会を結成する。白茅会の活動成果は、二一年の『民家図集』第1集の刊行として表われる（『石黒忠篤伝』岩波書店、昭和四四年）。
(15)小作農に適当な事例がない場合は、自作兼小作農を選んでいる。
(16)建物一棟あたりにすると二五・四坪である。
(17)下便所は半坪ほどで規模が小さいためか、その他の建物の棟数にはカウントされてないようだ。
(18)当村に籍はあるものの、不在者がいるのであろうか。
(19)皮葺は杉皮または桧皮で葺いた屋根ではないかと考えられる。
(20)「ねこ」は藁縄を編んで作った大型の蓆であろう。
(21)ここでは、井戸など一般には家財道具の範ちゅうに入らないものまで含まれている。なお、衣類および農具は省略した。

(22) 綾瀬村には井戸が書上げられてないが、一戸あたり釣瓶が一個あり、当然井戸もあったものとみられる。
(23) 綾瀬村には「ざる」が書上げられていないが、当然あったと思われる。
(24) これらの建物は、図面上では主屋に接して描かれており、主屋の一部とも見られるが、注記には主屋の坪数とは別に、その他の建物として坪数が集計されており、別棟であると判断した。
(25) 大便所・小便所と明記されているわけではないが、便所が二箇所に分かれてあり、その形態から見て大便所と小便所だと思われる。
(26) 鶏舎は注記では坪数に数えられてなく、図面上でも破線で示されており、恒久的な建物ではなく、仮設の建物だと判断した。
(27) 広川村は元禄一〇年から幕末にかけては旗本石原氏と田中氏の相給の村。明治二二年～昭和三二年は金目村、以降は平塚市に属す。明治三五年～大正期は豊田村に接する金目村の大字のひとつ。
(28)「元禄十一年寅七月、相模国大住郡広川村人別宗門御改帳」飯田忠男氏蔵（『平塚市史3資料編　近世(2)』昭和五八年）。
(29) 北関東の例だが天保期において、一村の平均主屋坪数は30坪ほどである。（津田良樹『街道の民家史研究―日光社参史料からみた住居と集落』芙蓉書房出版、一九九五年。）
(30) 一般の百姓家の主屋規模は正徳期（一七一一～一七一六）から天保期にかけて二〇坪ほどから三〇坪ほどに漸増する傾向にある。（注29文献に同じ）
(31) 村是調査書・『農舎及農地に関する現状』は明治・大正期の農村の実態調査であることはいうまでもない。だが、この明治・大正期の住環境は当然のことながら、多くは江戸期からの住居・家財道具を引き続き使用しており、江戸期の住環境を多分に反映していると考えられる。

第六章

戦後開拓と主産地形成
―栃木県を中心にして―

安藤　哲

一　戦後開拓政策の展開

戦後開拓は、昭和二〇年一一月九日に閣議決定された「緊急開拓事業実施要領」に基づき、食糧増産と戦災者、引揚者、復員軍人等に対する就業確保を目的に進められた国家事業である。先立つ八月一五日の戦争終結が、この事業の性格に大きな影響を与えたのはその通りであるが、この事業の土台には、戦時下においてすでに実施に移されていた戦災疎開者を救済し、食糧増産を果たそうとした拓北農兵隊があったという主張もある(1)。戦争終結から三か月という非常に早い時期に、「緊急開拓事業実施要領」が閣議決定可能であった背景として注目しておく必要がある。しかし、「緊急開拓事業実施要領」が閣議決定されるおよそ一か月前に、マッカーサーから幣原首相に対して民主化に関する五大改革が指令され、農地改革の推進が要請されていたことがあり、戦後開拓事業はこの要請にも応えることが期待され、拓北農兵隊とは自ずと異なる事業目的を帯びるものとなったことは疑いない。

一方食糧は、台湾や朝鮮半島から移入していた米穀で長年つじつまを合わせていたが、これらの条件を失い、また昭和二〇年産米が通年の三割以上の減収という破局的凶作で、食糧事情は急激に悪化していった[2]。同年一一月一日には、日比谷公園で餓死対策国民大会が開催され、早くも上野駅周辺で毎日数名の餓死者が出る事態となっていた。冬も迫った一二月一五日には、上野駅地下道の浮浪者約二五〇〇人が収容され、その後この「狩り込み」は繰り返し実施されていく。大都市東京には、住も職も食も欠乏していた。この飢餓ストレスは、翌二一年五月の飯米獲得人民大会（いわゆる食糧メーデー）へと高まっていったのである[3]。

こうした中で閣議決定された「緊急開拓事業実施要領」の要点は、次のようなものであった[3]。まず第一に、逼迫した食糧事情の改善に資する食糧増産計画という性格。第二に、離職者を就業させ自活化をすすめる。これは、当面帰農開拓、自給化の道しかない。そして第三に、入植した開拓地を「新農村」として建設する、というものである。第二の点は、治安維持上の目的を併せ持つとの評価につながるところであり、第三の点は用語としては必ずしも熟していない憾みをもっていた。農地改革によって出現することが期待される、新たな村落のイメージを楽観的に表現したものか。あるいは、満蒙開拓で喧伝された開拓村のスローガンを引きずるものか、定かではない。

翌、昭和二一年は平年作となった。これに加えて食糧輸入が開始され、一方復員・引揚の一段落もあって、食糧や社会秩序もやや平静さをとり戻し始めてくる。このような背景もあって、戦後開拓は、昭和二二年四月頃から「緊急」の二文字を取り除いた、より現実に即応させるものに改められていく。緊急開拓事業改訂計画と開拓法案がこの頃から立案され、最終的には同年一〇月二四日に「開拓事業実施要領」として具体化した[5]。

「開拓事業実施要領」での改訂点は、第一に、事業期間を長期化する方向へ動きだしたこと、とくに北海道については完了まで一〇年へ延長された。第二に、純粋入植者を減少させ、替りに地元増反者の積極的活用を計画したこと。これは、入植者の営農問題を重視し、生活の安定に配慮したことを意味する。第三に、開拓地での生産目標をおよそ四割削減し、その分を土地改良による生産力向上へ振り替えたことである。このように、「開拓事業実施要領」は、失業救済、人口政策的な側面を後退させ、生産政策的側面に比重を移し、国土開発への志向を強めたものとなった。

その後の戦後開拓は、昭和三二年四月に「開拓営農振興臨時措置法」が制定されるまで、基本的にはこの「開拓事業実施要領」に基づいて行われていく。

新たに登場する「開拓営農振興臨時措置法」は、日本経済の復興にともなって労働力の都市への流出が高まり、また戦災失業者の中にも復職や起業への挑戦を試みて離農する者も現われ、特に不振開拓地については離農を促進して、その労働力を都市へ吸収していく社会的要請が生まれており、これらの要請を法として実体化させたものであったとみられる。したがって、一つの柱に、負債整理を積極的にすすめて離農促進することが据えられ、他方定着者には協同して営農改善を促進させ、生産性の向上、近代化の促進のために必要な援助と振興を行う、両にらみの振興策となっている。不振原因については、営農上の資金問題以外に、インフラの不備不足問題が重層しており、総合的な視点から対策を立てる必要が認識された。このため振興計画の策定にあたっては、「一部特定の開拓者だけが採択可能なものは望ましくなく」、地域が「協同」して取組むことが要請されたのである(6)。

翌三三年五月に農林省は「開拓事業実施要領」を刷新して「開拓事業実施要綱」を定めている。これは従来の開拓地を、離農促進と総合的視点での振興という二分別化を推進していく一方で、新たな開拓を進めるにあたって調査、土地の入手、営農、各種助成、インフラ整備まで一貫した思想の下で総合的に進めることを定めたものである。しかし、昭和三六年になって開拓パイロット事業として具体化するまで、この制度で新規に実施に移された開拓事業は無かったとされている(7)。

従来の開拓地を統括する「開拓営農振興臨時措置法」は、昭和三五年七月に一部改正され、開拓営農振興審議会の設置が盛り込まれた。同審議会は早くも翌八月に諮問をうけ、同年一一月には重要な答申を行っている。諮問は、「既入植者に対する営農対策の改善に関する方策並びに開拓事業の今後の基本方向およびその実施方策」というもの

第六章

で、これに対する答申に基づいて、昭和三八年から五か年間、第二次振興計画が実施されることになった。

答申の内容は、既入植開拓農家を三区分して、区分に応じ思い切った措置を施すことを要請し、またこれらの措置は社会政策的視点からではなく、農政上の視点から実施すべきであるとしたものである。(8) この答申を転換点として、戦後開拓は漸次終結に向かうことになった。助成の受け皿としての開拓農協の経営合理化、経理の適正化も併行してすすめられ、最終的には一般農協へ統合していくことになる。

第二次振興策終了後、第三次振興策が期待されていたが実現せず、団体組織問題、融資償還関係、信用保証問題、負債問題の最終処理がすすめられ、昭和五〇年度をもって戦後開拓は一般農政へ完全に移行して終結したのである。ところで、戦後開拓をあらためて見渡した時、酪農・畜産、畑作、果樹など多様な分野で、現在欠くことのできない主要で重要な産地へと成長したものが、少なくないことを知る。緊急開拓としてスタートした戦後開拓は、社会政策的視点から捉えるべき悲壮な側面があったことを充分に理解しながらも、乳製品、畜産、蔬菜、果実などの重要な産地として積極的役割を担うにいたった側面も、また無視できない。

栃木県は、平成一二年で生乳生産量全国第二位、いちご生産量同第一位となっている。(9) このいずれも、戦後開拓が大きな役割を果たしているのである。生乳は、戦後入植が集中した那須高原周辺が主産地で、黒磯市が北海道を除くと全国最大の酪農地帯を形成しており、那須町を含めて北海道的な牧場風景が広がっている。栃木県内の生乳総生産量は平成一二年（一〜一二月）で三三万八七三二ｔに達した。いちごは、ここ数年全国第一位の生産量を持続し、平成一二年度で二万七六〇〇ｔの生産量となっている。そして、いちご生産量全国第一位の背後には、日光戦場ケ原開拓や鶏頂山開拓があるのである。

筆者は、主穀以外の酪農、畜産、蔬菜、果実等の主要な生産地の少なからぬものが、戦後開拓と関係して形成されていることに注目している。本稿では、戦後開拓と主産地形成との関係について、栃木県を例に小さな糸口をつけてみたいと思う。

二　栃木県における戦後開拓の諸相

栃木県の戦後開拓事業は、昭和二〇年一一月九日に閣議決定された「緊急開拓事業実施要領」をうけ、翌二一年一月に食糧増産推進本部を設置して緒につく。(10) しかし、戦争終結直後から陸続と帰農希望者が開墾適地の斡旋や情報を求めて県庁を訪れ、また軍用跡地を中心に旧軍人が集団で入植するなど、行政制度が整う前に実質の戦後開拓はスタートしていた。

軍用跡地は、未墾の山林原野に比べてはるかに開墾労力が少なく済み、土地所有権の問題も解決し易い開墾優良適地であった。平地や台地上にある飛行場跡地は取り分け優良地であった。次いで、陸軍演習地、軍馬補充部管轄の山麓地、国有林などが所有権問題を解決し易いこともあって開墾候補として適地とみられた。未墾の民有地は、昭和二一年一〇月になって「自作農創設特別措置法」が公布され、農地改革が本格的に始動するまでは、所有権問題に難点があった。したがって、二〇年八月一五日直後から実力で進められた入植は、旧軍の将校など職業軍人が、旧軍用跡地に集団で入植したものが多い。(11) 開拓入植が進められた旧軍用地は、表1の通りである。

こうした中、満州、朝鮮半島、中国、樺太などからの在外県人の引揚もすすみ、また栃木県は、他府県出身の引揚者や戦災疎開者の受け入れを指定されたこともあって、旧軍用地や国有林野以外に、民有未墾地をも含めて入植地を確保することが必要となった。

昭和二〇年一一月に「緊急開拓事業実施要領」をもって開墾入植の方針が確立したことをうけて、翌二一年一月栃木県は先にのべた「食糧増産推進本部」を設置し、壬生、金丸、黒磯の三か所に、入植者の事前訓練地（基地農場）

第六章

を設け、三万町歩一万戸の入植計画をたてた。農業経験をもたない引揚者や戦災疎開者も少なくなく、多くはこれらの基地農場を経由して入植していったとされる。民有未墾地の買収は、昭和二一年一〇月に公布された「自作農創設特別措置法」を活用するようになって、二二年以降、不在地主の所有する未墾地を中心に急速にすすんでいくことになる。栃木県の買収地は表2のように、昭和三〇年までに約二万町歩近くまでに達しているが、当初予定した三万町歩にはおよんでいない。

入植地の種別と傾向については、表2で明らかなように、戦争終結直後の入植は旧軍用地が圧倒的に多く、また入植者も、当初はその多くが旧軍人や縁故のあった元軍人、軍需工場関係者が多かったとされる。[12]これら初期の入植は、大規模入植も多く、その後那須地区では酪農基地として発展したところも多い。一方、外地から引揚げて来た人たちは、時間的ラグもあって、新たに解放が進んだ民有未墾地や斜面地、標高の高い高地国有林野等へ入植して行くことになった。昭和二二〜二三年にかけて、民有未墾地の解放が急速にすすみ、併せて国有林野の解放も行われていることがわかる。この頃までの入植選考基準は、引揚者を最優先し、次いで農家二・三男を重点的にあつかったが、昭和二四年以降は入植も地区ごとの開拓計画に基づいて実施するように改められた。この結果、地元農家の増反者を入植者よりも優先する状況も生まれ、入植も非助成入植を第一位として、助成入植は増反も非助成入植も行わない地区に実施するなど、次第にその性格を変化させるようになったとされる。[13]

栃木県は、昭和二一年一月に「食糧増産推進本部」を設置後、直ちに「開拓増産隊

表1　戦後入植の旧軍用地

旧軍用地種別	入植後設立された開拓農協名、（　　）は現在の行政区
飛行場	壬生（壬生町）　金丸（大田原市）　埼玉（黒磯市）　清原（宇都宮市）
飛行場予定地	矢板（矢板市）　塩ノ室（今市市）　大沢（今市市）
軍馬補充部牧場	高津（那須町）　高原（矢板市）
演習地	金丸原（湯津上村）　駒生（宇都宮市）　宝木（宇都宮市）
軍自活場	関谷（塩原町）　戸田（黒磯市）　大谷（小山市）　野木（野木町）

出典；『のびゆく開拓』栃木県開拓営農推進記念事業委員会1963年36頁より作成。

表 2　昭和三〇年までに、栃木県が買収した開拓用地面積

年　度	民有地	旧軍用地	国有林野	其他国有地	計
	町	町	町	町	町
昭和21	—	4,640.2014	—	—	4,640.2014
22	5,898.2228	45.3900	325.9802	—	6,269.6000
23	2,798.3629	381.7627	1,385.7228	—	4,565.8624
24	1,123.4403	—	203.3928	—	1,326.8401
25	303.0112	—	690.0826	49.5028	1,042.6106
26	154.3500	42.1521	18.9310	—	215.4401
27	146.1604	15.6406	134.2926	—	296.1006
28	151.0521	—	95.1712	—	246.2303
29	354.7601	—	120.9912	—	457.7513
30	90.7014	—	10.3023	—	101.0107
計	11,020.822	5,125.1608	2,984.9017	49.5028	19,179.6615

出典；『栃木県開拓十年の歩み』栃木県開拓十周年記念事業委員会 1956年 44頁。

表 3　昭和三〇年までの入植者と増反者実績

年　度	入植者	入植定着者	定着率	増反者	増反定着者	定着率
昭和20	589人			835人		
21	1,178			890		
22	868			3,230		
23	579			631		
24	369			352		
25	240			1,746		
26	89			823		
27	95			1,265		
28	134			198		
29	81			231		
計	4,222人	3,031戸	(71.8%)	10,201人	10,192戸	(99%)

出典；『栃木県開拓十年の歩み』栃木県開拓十周年記念事業委員会1956年　47～48頁より作成。入植者と定着者及び増反者と定着者の単位が異なるが、入植地に対する権利者を入植者の単位としているので、ここに示される人と戸は、ほぼ同じ意味とみてよい。

実施要綱を」作成して、入植推進事業の基本方針を示した。開拓増産隊は、戦時下で運用されていた食糧増産隊とその施設および要員をそっくり転用したもので、この訓練基地終了者に「帰農組合」を結成させ、この組合を単位に集団入植させた。「帰農組合」は、その後の行政指導の単位となり、後日農業協同組合法制定に際しては、開拓農協として纏まっていく単位となった。

入植者の実績は、表3からわかるように、昭和三〇年時点で当初計画していた一万戸のおよそ半分、四二〇〇戸余（うち昭和三〇年現在の定着者約三〇〇〇戸）にとどまり、これとは対照的に一万人を超える増反者が発生している(14)。農地改革の一環として、跡取ではない農家二・三男の農家創設事業として、未墾地の解放をうけてこれを推進しようとしたものである。この開拓事業の中で、懸案であった五十里ダム水没農家三四戸の集団移転なども行なわれている(15)。なお、増反面積等の実態が明瞭ではないため、増反の戸別面積規模や戦後開拓全体の中での比重については、詳細を知り得ないが、個々人の増反面積はあまり大きなものではなかったとみられる(16)。

増反者は、宇都宮を中心とする河内郡が二四〇〇余戸と最大で、県南の安蘇・足利両郡を除く残りすべての郡でも、ほぼ一〇〇〇戸台で均等分布する。これに対して、入植者の多くは那須郡に集中し、定着者三〇三一戸中の一六五二戸、人口でおよそ八〇〇〇人に達している。入植者人口は、那須、河内、塩谷、上都賀四郡で、一万二〇〇〇人余りとなっている(17)。

定着入植者については、『開拓三十年』で二六六〇戸とされ、戦後入植者の六〇％以上が開拓地に定着して、酪農・畜産、蔬菜（高原野菜）、果樹栽培など新たな生産地を形成し始めていた。最終的な計画開墾面積は、採草地などの付帯地を除く六〇〇〇町歩とされ、昭和四七年までにそのすべての開墾を終了している。結果、一戸当たり平均二・五町歩を少し下回る面積の開墾が実現し、かって荒地や未開の森林原野あるいは経営困難地であった土地も、農地改革で創設された戦後の自作農の平均面積（〇・九町歩）をはるかに超える、有利な経営基盤へと変身したのである。

入植者の経歴は、戦争終結直後は旧軍人およびその関係者、戦災疎開者が多く、その後満州、朝鮮半島、樺太など外地からの引揚者が続き、入植者の営農問題重視、生産力向上への転換を明瞭にした「開拓事業実施要領」が実施された昭和二二年一〇月以降、農家二・三男の積極的入植が計られるようになって、地元からの入植者が増加していった。この辺の事情については、表4の通りである。(18)

昭和三〇年頃までの入植地の営農は、多くが自給的な畑作中心で、経営は安定せず現金収入も少なかった。こうした中、昭和二八、二九年の冷害は、高冷地や那須、塩谷地区にとりわけ大きな被害を与え、開拓地全体で一億九五〇〇万円余りの災害融資をうけて、ようやく経営の持続が可能となったが、融資の大部分は昭和三三年までに返済するものとされた。(19)しかし、多くの開拓地では営農資金の償還も続いており、これに災害融資の返済も加わることになって、現金収入を得るための方策が切実に模索されることになった。

表5、6に見られる趨勢は、経営安定をめざしてすすみ始めた軌跡が投影されている。まず第一は、畑の水田化である。陸稲から水稲へ転換をすすめ、耕起用の役牛（和牛）も併行して減少している。これは、水の確保のための基盤整備と併せてすすめたものとみられる。水稲は、畑作と違って食糧管理法の管理下に入るため、安定した現金収入を確保し易いことがある。これにともなって、自給的な麦類、いも類、豆類、雑穀なども縮小されている。

表4　一九七八年頃の入植定着者の経歴

	引揚者		旧軍人	戦災疎開者	地元入植者	計
	旧満州開拓再入植	其の他の引揚者				
戸　数	470	301	355	592	942	2660戸

出典；『開拓三十年』栃木県開拓三十周年記念事業委員会 1979年33頁より作成。
　この戸数は、1978年時点での定着者であり、当初の入植者は、引揚者・旧軍人・戦災疎開者についてはこれより多く、離農跡地へ再入植した者の多い地元入植者はこれより少ないとみられる。

第六章

表5　栃木県戦後開拓地営農実績の変遷（1）

年度	戸数	農用地面積（ha）				家畜飼養頭羽数			
		水田	畑	樹園地	計	和牛	乳牛	緬山羊	鶏
昭 30	2,996					1,450	1,556	2,176	24,069
昭 33	2,966	346	5,085	68	5,499	1,271	2,916	1,837	33,861
昭 38	2,836	826	4,976	101	5,903	766	5,403	188	58,150
昭 43	2,568	1,560	3,774	331	5,665	499	8,396	19	108,277
昭 46	2,512	1,139	2,027	160	3,327	597	10,596	—	120,186

出典：昭和30年は、『栃木県開拓十年の歩み』栃木県開拓十周年記念事業委員会1956年116〜131頁より作成。昭和33年から46年は、『開拓三十年』栃木県開拓三十周年記念事業委員会 1979年43〜48頁より作成。

表6　栃木県戦後開拓地営農実績の変遷（2）

年次	作物栽培面積（ha）										1戸当粗収入（万円）
	水稲	陸稲	麦類	雑穀類	いも類	豆類	野菜	果樹	工芸作物	飼料作物	
昭 33	335	1,416	2,081	352	569	873	430	56	187	818	24.3
昭 38	782	912	1,327	140	338	496	659	86	236	1,850	50.5
昭 43	1,520	439	414	9	55	40	938	30	100	2,396	116.4
昭 46	1,495	266	233	48	73	152	511	58	55	2,429	140.3

出典：『開拓三十年』栃木県開拓三十周年記念事業委員会 1979年 43〜48頁より作成。

第二は、乳牛の増加である。同時に鶏も増進している。緬羊や山羊は、堆肥用の複合経営の動物として利用をめざしたものであろうが、牛糞や鶏糞でも充分なので、急速に減少していったとみられる。緬羊については、羊毛の生産を試みているが、技術的な点で放棄したとされる。[20]乳牛の増加にともなって、畑への飼料作物栽培がすすんでいる。

第三が、野菜類と果樹が持続されていることである。内容については、当初はすぐに現金化できるアメリカアリタ草、ワサビやキュウリ、バンタム（とうもろこし）などを導入したとされるが、その後大根に収斂していく。[21]

乳牛増加の大部分は、那須地区が担っていた。昭和五三年末時点での乳用牛の成牛およそ一万四〇〇〇頭中一万一〇〇〇頭余りが那須地区で飼養され、残りの多くも塩谷と今市に集中している。[22] この傾向は、表5で示した数値の内訳にも貫徹しており、乳牛導入当初の昭和三〇年時点での乳牛総数一五五六頭中、一一四六頭が那須地区に導入されたものであった。那須地区が一貫して酪農地域、乳産品の生産地として成長していったことがわかる。

那須地区が乳牛を導入し始めたのは、入植者の創意からであったといわれる。中原開拓農協が、昭和二三年に北海道から乳牛一〇頭導入したのが最も早い事例で、次いで樺太引揚者が入植した塩野室の萱場開拓農協が、昭和二六年に導入している。[23] 萱場地区は、もともと樺太で酪農に成功していた人々の集団入植地であり、「入植当時より酪農経営を目標としていた」が、この頃ようやくその機会を得たということのようである。その後の導入は、昭和二八、二九と連続した冷害を契機にしているものが多い。[24] 乳牛導入の理由については、畑作のように気候条件に左右されず、「現金収入を目的」とするのに適した営農形態であったとされ、同時に食生活の安定をめざして開田がすすめられていった。[25] こうして、緊急な自給自足開拓から経営体へと転換を遂げ始めていったのである。

その後、冷害を契機に急速に乳牛導入を進めていった各入植地は、昭和三〇年になって集約酪農地域に指定され、那須山麓地域に展開する広域酪農地帯として産地形成されて行くことになった。

三　戦後開拓と日光戦場ケ原農場

国道一二〇号を、中禅寺湖から湯元へ向かって坂を登りつめると、ぱっと視界が開けて戦場ケ原が広がる。赤沼の茶屋から湯元へ向けてさらに進むと、三本松茶屋に達する。この東側の奥まったところに、カラ松の防風林を配して戦場ケ原農場がある。日高山脈の麓に広がる十勝平野に突然迷い込んだような錯覚におちいる風景である。

日光戦場ケ原開拓は、昭和二一年五月に一七人が入植して始まった。半地下式、約三〇坪の旧陸軍対空監視哨に入居しての共同生活であった。当初の開拓目的は、栃木県農業会が事業主体となる種子用馬鈴薯の原種圃を拓くことにあった。一七人は、この圃場開墾の為に個人別に割り当てられたノルマ四〇〇坪を拓きあげ、八月一日に戦場ケ原帰農組合を設立し、共同組織としてその後の開拓をすすめることになった。この為もあって、戦場ケ原開拓営農地の全体を戦場ケ原農場と通称するようになったものとされる。(26) 入植者の前歴は、朝鮮や満州からの引揚者、自作農をめざす農家二・三男など、栃木県内の各地の入植者と共通している。

帰農組合設立時の開拓予定面積は、御料地一〇〇町八反、二荒山神社所有地二五町七反、計一二六町五反とされていた。(27) その後、離農と補充があり、昭和二六年に二荒山神社所有地の買収登記終了時点で一一戸、七三町三反四畝五歩が戦場ケ原開拓地の総面積となった。およそ、一戸平均約七町歩になる。売り渡しは、翌二七年三月一日付けで行われ、このうち個人売り渡し耕地が一戸平均三町、同宅地一反、組合共有の薪炭採草地・原野三八町三反五畝、公共用敷地二反二歩が完了した。墓地一反一二歩、農道等四町四畝二七歩は、後年日光市へ売り渡しあるいは譲与され確定している。(28) 組合共有地については、昭和三五年頃から個人割りに直し分筆登記することで協議が成り、昭和四五年に移転登記が完了、耕地、山林、原野がそれぞれ個人所有となり、今にいたっているとされる。(29)

昭和二一年八月に帰農組合を設立して後、一〇月になって各人の開墾予定地が決まり、県農業会から戦車を改造したトラックターが支給されたので、火入れをして一気に開墾を進めたが、土中を網目状に深く廻っている笹根が切れず、かろうじて筋条に耕地のようなものが生まれただけで、結果としては失敗だった。翌昭和二二年になって、こうして造りだした四〇haの焼畑様の土地の内、国道に近い一二haを風致保存のため営林署へ返還し、残りを個人へ仮配分して個人開墾がスタートした。手作業で深さ四〇cmに達する抜根作業は困難を極め、昭和二五年には原野へ戻ってしまうところも現われた。この頃までに、一一戸へ減少している。昭和二六年頃から本格化し始めた大根生産と土地売り渡しの完了が転機となって、昭和二八年から畜力導入、請負あるいは住み込雇人等の利用によって、開墾作業は急速に進展したとされる。(30) 割当て耕地分の三町歩は、昭和三〇年から三五年にかけて、一一戸全てが開墾を終了している。拡大された耕地は、新たに地力維持という課題を生み出していく。

栃木県農業会の開拓事業として開始された戦場ケ原開拓は、当初栃木県内の種馬鈴薯の自給を目的としていた。当時、米麦は勿論、馬鈴薯もＧＨＱの生産供出品として取りあつかわれていたので、栃木県では種馬鈴薯を北海道から移入して農家へ配給していた。この種馬鈴薯の県内自給化が計画され、群馬県嬬恋村の原々種農場から原種を導入し、これを戦場ケ原原種圃で育成して、那須や塩原にある採種圃へ下ろし、さらに繁殖させて県下農家へ配付する計画であった。戦場ケ原が選定されたのは、標高一四〇〇ｍの高冷地なので、アブラムシが媒介するウイルス病が少ないであろう、という理由であったとされる。(31) しかし、気温は北海道なみでも雨量は圧倒的に多く、結局病害に悩まされて、生産は安定しなかった。入植者は種馬鈴薯の生産では生活の持続が困難となり、この段階で多くの離農者を出している。開墾をしなければ作付けもできず、開墾をしていると作付けが遅れるという高冷地の短い適期の中で、生活安定を模索してたどりついたのが大根であった。

販売用大根の栽培は、小出寅一が初めて手がけたとされる。昭和二三年に試作した夏大根が、食糧難の足尾銅山に一本一〇円で四〇〇〇本引き取られたのである。(32) 翌二四年には三戸が加わり、昭和二六年から東京市場をめざして、戦場ケ原農場一丸となった栽培へと進展していく。当時の大根は、沢庵漬け用の秋大根が主流で、夏は長野産が中心で端境であった。高冷地ならではの夏大根が、生活も漸く安定してきた東京市場で注目されたのである。

種馬鈴薯原種圃として位置付けられていた戦場ケ原農場へ、大根が導入されたきっかけは、意外な日常生活の知恵であったというエピソードがある。それは、「戦場ケ原の入口にある茶屋のお婆さんが、もう二十年来大根を自家用につくっているが、いつも美味しく、よい大根が出来る」ことを知り試作を始めた、というものである。(33) これと同時に、戦場ケ原開拓実験農場長の木村亮も、種馬鈴薯のほか蔬菜栽培の実験も併せてすすめていて、夏大根（みの早生）

の成績が良好という結果を得ていたようで、こうした情報も役立ったとみられる。[34]

当初は、宇都宮市場へ出荷したが、値も悪く、量も捌けなかったので、昭和二六年頃から東京市場をめざし、次第に組織的な出荷体制を整え、「戦場ケ原大根」のブランドが確立するようになっていく。組織的な出荷体制を創りあげて産地形成に成功したのは、栃木県では戦場ケ原農場が初めてとされる。[35]

昭和三一年には、一戸当たり一〇万本から一五万本の出荷を実現し、出荷期間の一か月半は各戸とも一〇人程の雇人を入れ、年間二〇〇万円から三〇〇万円の販売を実現する大成功となった。しかし、大根は連作がきかない作物である。昭和三四年頃から、ついに連作障害が発生するようになって、同三五年には三割の減収、翌同三六年には半作となり、大根を基幹とする経営が困難になり始めていく。こうした経営問題を背景に、昭和三八年になって土地買収問題が発生し、最終的に五戸が離農していくことになったとされる。[36]

その後、再び適作を模索することになり、レタス、白菜、キャベツ、ホーレンソウ、ニンジン、セロリ、アスパラガス、鑑賞用の花卉など広く試作し経営の安定化がめざされ、大根も含めた高冷地蔬菜産地として方向を定めていくことになる。また、副業として民宿やキャンプ場の経営にも進出して、多角化の方向がめざされた。

その後の事情について、表7に戦場ケ原農場の営農の変遷を掲げておく。

「戦場ケ原大根」が東京市場で産地を確立し、雇人も入って賑わっていた昭和三二年七月末、田沼町新合・愛村農協の柿沼兵次と足利御厨苺組合の仁井田一郎が戦場ケ原農場を訪問する。柿沼は、前年昭和三一年に、石垣いちごを導入して北関東で初めて正月出荷を実現していた。[37] 仁井田と柿沼が戦場ケ原農場を訪問したのは、正月出荷をさらに早めてクリスマスに間に合わせる目的を果たすため、いちごの育苗試験をしたいということにあった。夏に冷涼な戦場ケ原でいちごを育苗して花芽の分化を促進し、この苗を石垣栽培で早期保温して実現したいというものである。成功すれば、生のいちごケーキが都会のクリスマスを彩り、大きな収益も見込める事業となる。これは、昭和三三年に成功した。この栽培を引き受けた岡崎義夫によると、柿沼が福羽、仁井田がダナーであったとされる。[38] この結果、石垣いちごの高冷地育苗体系が確立し、同年中には県産いちごを「日光いちご」と名称統一して、いよいよ東京市場でのブランド確立をめざすことになった。しかし、石垣いちごと組み合わせた高冷地育苗体系は、石垣栽培自体が多労な技術であったため、規模拡大が難しく、昭和三九年の二〇haをピークに減少していくことになった。[39] なお、「日光いちご」としたことについて確実な資料はないが、日光戦場ケ原農場での高冷地育苗にちなんだ命名であったのではないかとみている。この時、日光市のいちご生産は殆どなかったとされる。

昭和四〇年代になって、戦場ケ原農

表7　戦場ヶ原開拓地営農実績

年度	入植戸数	入植人口	農業従事者数	耕地面積	1戸当耕地面積	農業粗収入	1戸当平均農業粗収入	農外所得	上都賀郡内入植者1戸当平均農業粗収入
	戸	人	人	ha	ha	万円	万円	万円	万円
昭和30	11	45	25	21.3	1.9				
昭和36	11	58	22	42.4	3.85	1,135	103	—	42
昭和37	11	60	24	42.4	3.85	1,390	126.4	—	46.6
昭和38	11	63	27	33.0	3.0	1,762	160.2	—	52.8
昭和39	7	39	15	28.4	4.05	1,095	※(99.6)	—	55.6
昭和40	7	37	14	27.8	3.97	1,097	156.7	—	67.7
昭和41	7	37	14	27.8	3.97	1,097	(99.8)	—	76.4
昭和42	6	33	16	23.1	3.86	1,800	300.1	—	90.0
昭和43	6	34	19	22.45	3.74	1,680	(280)	28.9	(119.8)
昭和44	6	34	17	20.6	3.67	1,812	(302)	57.5	(122.3)
昭和45	6	34	14	19.1	3.2	1,438	(239.6)	46.0	
昭和46	6	29	9	18.0	3.0	1,203	(200.5)	562.1	
昭和47	6	10	10	18.3	3.05	1,296	(216.0)		
昭和53	6		13	18.0	3.0	3,150	(525)	700.0	(452.3)

出典；昭和30年は、『栃木県開拓十年の歩み』栃木県開拓十周年記念事業委員会1956年118～119頁。昭和36年～47年分は、各年度『開拓地営農実績調査』栃木県農務部農地開拓課。昭和53年は、『開拓三十年』栃木県開拓三十周年記念事業委員会 1979年 278頁より作成。なお、※印の数値は資料のママ、他の( )内数値は推計値。－は、資料のママ、空欄は原資料に数値の記載がないことを示す。

場で成功をみた栃木県独自の高冷地育苗は、新たに導入された品種と技術体系に再び取り入れられ、栃木県がいちご促成栽培産地として一層飛躍していく上で大きな役割を果たしていくことになる。

昭和三〇年頃、いちご栽培の多くは露地栽培で、五月下旬から六月に出荷されるのが普通であった。その中で際立つ早出しが行われていたのが、静岡の石垣いちごである。石垣いちごは、一月出荷の優位性をもって東京市場で高い評価を得ていた。仁井田や柿沼が確立した戦場ケ原高冷地育苗も、この技術体系を改良したものである。

一方、石垣栽培に依らないで出荷を早めようとする技術も、次第に開発されていく。まず、昭和三三年から開発が始まるビニールを利用したトンネル栽培、これは四月出荷を可能にした。さらに、ビニールハウスを導入して一月上旬から保温、三月下旬出荷へと前進したのである。しかし、保温開始の時期を早めていくと、次第に果実が矮小化する現象が発生し、これ以上出荷期を前進させることが困難となったのである。その後、この現象が休眠であることを突きとめ、この打破が課題となった。休眠は、必要な低温時間を経過しないことで発生すること、この打破にはダナーで五度C以下の低温七〇〇時間の経過が必要であることを発見したのである。ようするに、冷たい冬の季節を過ごさないと目覚めないということで、擬似冬を人為的に与える新しい栽培技術が生みだされていくことになった。昭和三八年から、休眠打破に取組み始め、この過程で高冷地育苗が実用性ある技術の一つとして再評価されることになったのである。[40] こうして、ついに一月中旬まで出荷を前進させることに成功し、石垣いちごの優位はゆらいでいくことになった。

戦場ケ原農場では、昭和三〇年頃からぽつぽつ始まっていた大根の連作障害が、昭和三五年頃には、「発芽七日後に種子根に発生、二割が罹病、十四日後に根部病徴は顕著になり、地上部の発育にも影響、…収穫期には、発病株数は四割」になる、という深刻なものになってきていた。[41] 大根萎黄病という、当時わが国では和歌山県でしか知られていなかったもので、有効な防除方法などなかったのである。ただ、本橋早生という品種のみ発病率が低かったので、その後しばらくの間、戦場ケ原農場大根生産の主品種となったが、大根に依存する経営は不安定になった。この頃から、レタス、セロリなど洋菜の導入が試みられ、当座の収入源として畑ワサビの契約栽培から乳牛の導入まで検討するなど、営農の見直しが始まってきた。[42]そして同じ頃、「日光いちご」の生産地も、休眠打破のために高冷地育苗用の圃場を本格的に求めてくるようになるのである。

昭和三九年に、鹿沼の古林平吉が、鶏頂山開拓地にダナー三〇〇〇株を「山上げ」したのが、休眠打破を目的とした高冷地育苗としては最も早いものとされる。[43]戦場ケ原へは、同じく鹿沼から昭和四一年に約一二〇〇株「山上げ」されたのが初めで、本格的な実用化への第一歩はこの時からとされる。なお、岡崎義夫の営農表では、昭和三九年から三反をいちご圃に充てているが、これは仁井田ら御厨苺組合が、東京オリンピックの開催期間中の一〇月出荷をめざして計画したプロジェクトのようで、休眠打破をめざしたものではないということである。見事に一〇月に出荷できたが、予想外の安値で報われなかったとされる。この技術は、開花直前の苗を戦場ケ原の冷気で開花することを押しとどめ、真夏に山から下して開花させ、一〇月に結果させせようとしたものとみられる。[45]

表８は、岡崎義夫の営農表である。萎黄病以降の戦場ケ原農場での営農の姿が如実に表われている。昭和四三年を最後に馬鈴薯の作付けが行

表８　大根萎黄病発生前後からの営農の軌跡（単位；反）

年　次	馬鈴薯	大根	キャベツ	白　菜	苺　苗	レタス	経営面積
昭和35	1.0	25.0	1.0	1.0		1.0	30.0
昭和37	3.0	15.0	5.0	2.0		5.0	30.0
昭和39	3.0	10.0	1.5	8.0	3.0	3.0	30.0
昭和41	1.0	8.0	4.0	6.0	5.0	5.0	30.0
昭和43	1.0	7.0	3.0	7.0	7.0	5.0	30.0
昭和45		3.0	1.0	6.0	15.0	5.0	30.0
昭和48		2.0	1.0	2.0	16.0	9.0	30.0
昭和50		2.0	15.0	3.0	14.6	9.5	31.6

出典；岡崎義夫「戦場ケ原開拓三十年と我が家」（前掲『開拓誌』131頁）。
昭和50年の経営面積は、一部を二毛作している。

われなくなり、大根も昭和三二年に二町九反のピークを打ってから以降は急速に減少し、これに替えてキャベツ、白菜、レタスなど葉菜を導入し、最終的にはレタスへ主力を移していく姿がしめされている。そして、注目されるのが、高冷地育苗圃としての利用の進展である。昭和四四、四五年あたりから高原野菜と高冷地育苗圃という、営農の形が定着していくことになった。早出し産地としての「日光いちご」のブランドは、戦場ケ原の育苗圃場の拡大とともに確立していくことになるのである。勿論、戦場ケ原農場の面積は限られており、いちご生産は、さらに釈迦岳や横根山などに新たな山上げ場所を求めながら、あるいは冷蔵施設で代替しながら拡大していくことになるが、標高一四〇〇mの高冷地は戦場ケ原農場しかなく、今も「山上げ」は続けられている。

おわりに

戦後開拓は、農地改革の枠組みの中で行われたことが重要で、幸いなことであったといえる。自作農創設事業として、国家による強制買収が行われなければ、おそらく戦災疎開者や引揚者、旧職業軍人や職場を喪失した給与生活者の自活の場を、早急に準備することは至難であったとみられるからである。戦後開拓が、主産地を形成するまでに育ち、成功を遂げた栃木県においても、民有未墾地の解放には根強い反対の動きがあったことも忘れてはならない。昭和三〇年までに、一、〇三八件の異議申し立てと、二七七件の訴願、五五件の訴訟が記録されている。[46] 戦後開拓は、未墾地解放が農地改革の一環として行われたからこそ、これら解放反対の動きを最小限に止めながら、推進できたのものといえよう。また一方、未墾地解放は地元増反との関係でも大きな意味をもったとみられ、これら戦後開拓における土地改革としての未墾地解放の評価については、今後の課題としたい。

注

（1）『北海道戦後開拓史　上巻』北海道戦後開拓史編纂委員会　一九七三年　二七〜二八頁。
　昭和二〇年になって、東京をはじめ全国の主要都市への空襲が熾烈化して、職も家屋も失った戦災者が激増、食糧事情も悪化してきていた。このような事態に対処すべく、政府は同年三月「都市疎開者の就農に関する緊急措置要綱」を閣議決定するところがあったが、一方民間からも意見書が提出され、五月になって「北海道疎開者戦力化実施要綱」として次官会議で決定された。民間意見書は、衆議院議員・黒沢西蔵等から提出された「疎開者戦力化ニ関スル意見書」や「戦災者戦力化ニ関スル意見書」というもので、疎開者や戦災者を戦争遂行の「戦力」とする名目で、抗戦力の基本である食糧増産と都市住民の疎開を有機的に結合して、労働力の寡少な北海道の未開地への就農を促進する緊急性を提言したものであった。のち、拓北農兵隊と呼ばれたものである。戦争終結の八月までに、東京、神奈川、愛知、大阪などから一八〇〇戸、八九〇〇人余りが集団入植している。八月一五日以降も入植は続き、戦後緊急開拓事業に引き継がれるまでに約三四〇〇戸、一万七〇〇〇人に達している。あまりの短期日に急激に行われたので、現地市町村を混乱させ、制度や助成も不充分であったため大変な苦難を強いることになった。この辺の事情については、開高健の小説『ロビンソンの末裔』に描かれている。
（2）当時の国内米の生産高は、およそ六〇〇〇万石で、朝鮮・台湾からの移入米約一〇〇〇万石を加えて需給の均衡を保っていた。昭和二〇年産米は、およそ三九〇〇万石の大凶作であった。
（3）神田文人編『昭和平成現代史年表』小学館　一九九七年　四六〜四八頁。
（4）内地八〇万戸八五万町歩、北海道二〇万戸七〇万町歩、計一〇〇万戸一五五万町歩を、入植・開墾させ、五年で完成することをめざしている。配当面積は、内地一町五反、東北二町五反、北海道五町歩で、いずれも採草地を含むとされた。これによる食糧増産目標、米換算で一六二四万石と定めている。この増産数値目標は、台湾・朝鮮半島からの移入米約一

第六章

〇〇〇万石を失い、かつ新たな人口増加と四〇〇万人を超えると予想される引揚者の食糧手当てを考慮した机上の数値であったとみられ、目標とする開拓適地を地区ごとに積み上げたものではなかった。当時の世情を考慮にいれても、過大な数値であったといえる（『北海道戦後開拓史　上巻』北海道戦後開拓史編纂委員会　一九七三年　二九頁）。

(5) 本岡武『農地開拓論』技術資料刊行会　一九四八年　九三頁。

「緊急」の二文字について、強調の為の形容詞として理解される向きもあるが、当時一千万人餓死説さえ半ば信じられていた食糧危機と、戦災による都市住民の大量失業という深刻な実態があり、この場合文字通り救済を目標とした緊急事業として立案・着手されたものとみてよい。しかし、食糧増産効果はその性格上即効性を望めるものではなく、初年度は入植者への加配米も必要であったことから、緊急的失業救済事業としての側面に効果を見出し得るにとどまったとみられる。初年度に入植者約一〇万人を収容しているが、この数字も余り大きなものとはいえない。緊急開拓事業改訂計画の概要については、本岡武『農地開拓論』一一一～一一七頁を参照されたい。また、開拓法案については、利谷信義「農地改革と土地改良法の成立」（『戦後改革六　農地改革』東京大学出版会　一九七五年）で論及されている。利谷氏によれば、開拓法案は昭和二一年六月に立案、閣議決定されたが、GHQが承認しなかったため、国会提出にいたらなかったとされる。このことについて利谷氏は、開拓を予定している未墾地の取りあつかいについて、農地改革（農地解放）の一環として位置付けることを要請するGHQと、緊急開拓実施要綱の延長として国営開拓事業の中で処理することを構想していた政府との対立があったことを指摘している。

(6) このことは、昭和三一年七月一八日付の農林事務次官通達「開拓営農振興臨時措置法の施行について」（三一農地第二八六一号入）の中で、明記されている。また、この「開拓営農振興臨時措置法」にも冠せられている「営農」という用語は、戦後開拓で多用され、経営という概念では説明できない「経営以前の諸問題を抱えている開拓地の、「建設・開墾・農業生産・生活」の拡張再生産過程を端的に表現しようとした苦心の言葉」であった、とされる（『戦後開拓史（完結編）』

戦後開拓史編纂委員会　一九七七年　二六五頁）。

（7）農林省農地局開墾建設課編『開拓・干拓総覧』土地改良新聞社　一九六四年　三〇頁。

（8）『戦後開拓史（完結編）』戦後開拓史編纂委員会　一九七七年　一一五頁。

三区分は、一類（営農が確立している農家）、二類（営農を確立し得る農家で援護を必要とするもの）、三類（営農の確立が困難な農家）、というものである。三類は離農を促進するべきものとされた。

（9）栃木県の生乳生産量は、戦後開拓の進展とともに増産を続け、近年北海道、千葉県に次いで全国第三位へと躍進していたが、平成一二年になってついに千葉県を抜いて全国第二位となった。平成一三年七月の月産生乳生産量も、栃木県が二万七六〇〇ｔ、千葉県が二万五〇〇〇ｔということで、平成一三年も全国第二位の生産量を確保するとみられる。いちごは、平成一二年度の栃木県生産量が二万七六〇〇ｔ。同出荷量二万五〇〇〇ｔで、福岡県を押さえて全国第一位である（「栃木県の生乳と牛乳等の生産動向」　農林水産統計速報　平成一三年五月及び七月。「栃木県農林統計」一七九号栃木県農林統計協会　二〇〇一年七月）。

（10）『栃木県開拓十年の歩み』栃木県開拓十周年記念事業委員会　一九五六年　三五～三六頁。

（11）「座談会」（『開拓三十年』栃木県開拓三十周年記念事業委員会　一九七九年　一六四～一六五頁）。

この座談会の中で、開拓農協連合会長・松本勲氏は、相馬栃木県知事（当時）が、「『松本君、これからは食糧増産だ。今の軍用地に入植させせたらどうかねー。』といわれまして、（昭和二〇年）九月初旬ころから準備をはじめた」、と記している。このように、栃木県では早い段階から旧軍用地への入植がすすめられていた。入植順については、「手始めに駒生、宝木、壬生、それから金丸、埼玉、清原、それに軍馬補充部のあった那須町の高津、夕狩地区へと広がって行った」、とされる。ちなみに、ここで述べられる名称は、入植後設立された開拓農協の名称である。

（12）『栃木県開拓十年の歩み』栃木県開拓十周年記念事業委員会一九五六年三六頁。

なお、栃木県買収開拓用地面積については、『開拓三十年』にも記載がある。『開拓三十年』は、昭和三八年までの数値を掲載しているが、このうち昭和三〇年までは『栃木県開拓十年の歩み』に依拠しているようにみえるが、杜撰である。民有地面積の年次が一年ずれ、無意味な数値で欄を埋めた個所も多く、貴重なデータ故に惜しまれる（『開拓三十年』栃木県開拓三十周年記念事業委員会一九七九年三一頁）。

(13)『栃木県開拓十年の歩み』栃木県開拓十周年記念事業委員会一九五六年三八頁。

(14)『のびゆく開拓』と『栃木県開拓十年の歩み』で、年次別入植者数が異なっている。前者が一九六三年刊、後者が一九五六年刊である。その後一九七九年に刊行された『開拓三十年』は後者を引用している。ここでは『栃木県開拓十年の歩み』に記載される数字をとった。ちなみに、『のびゆく開拓』に記載される昭和二〇年から昭和二九年までの入植実績を積算すると三八五四戸、うち定着戸数二八七六戸となるが、『栃木県開拓十年の歩み』は本文中に示したように、同期間の入植実績が四二二二人、うち定着戸数が三〇三二戸とされる。この違いの所以については、今後明らかにすべき課題である。（『のびゆく開拓』栃木県開拓営農推進記念事業委員会一九六三年四四頁）

(15)『栃木県開拓十年の歩み』栃木県開拓十周年記念事業委員会一九五六年四七頁。

五十里ダム水没による移住者は、今市（今市市）と五十里（那須町）等へ入植している。

(16)『のびゆく開拓』によれば、昭和二一年から同三七年までの累積で、栃木県が買収した開拓用地面積が一万八五三〇ha、このうち入植者へ売渡した面積が一万四五二一ha、増反者へ売り渡した面積が三一二四ha、合計一万七六四五haとされる（『同書』四三頁）。差し引き八八五haが未売却で栃木県が保有していた。これは、増反者一人当たり推計で平均三反前後となり、小規模であったことがわかる。

(17)『栃木県開拓十年の歩み』栃木県開拓十周年記念事業委員会　一九五六年　四八、五六頁

(18)満州開拓の再入植は、金井（宇都宮市）、上江川（喜連川町）、千振（那須町）、那須大谷（那須町）、山梨（那須町）、

黒磯（黒磯市）などがある。

千振入植地は、北満州に入植した千振開拓団五〇〇人（栃木県から一三人参加）が、昭和二一年八月に佐世保へ引揚げ、その後本隊が旧軍馬補充部高津分厩に再入植したものである。入植時五〇戸、その後増加して、昭和二五年時点で七八戸三八〇町歩となっている。当初畑作中心であったが、後年酪農へ転換して大規模な生産地へ成長している。那須大谷入植地は、山形県西村山郡大谷村（現朝日町大谷）出身者が、昭和一四年満州阿城へ集団入植、昭和二一年九月に引揚げ、同年一二月に東京農地開発営団の斡旋で入植したもので、当初一一〇戸の大規模入植が行われた。その後、三〇戸近くが離脱したが、酪農へ転換してこれも大規模な生産地へ成長している（大町雅美『栃木の百年』山川出版　一九八六年　二四九～二五一頁）。

樺太引揚者については、昭和二三年に集団で萱場（今市市）へ入植している例がある。先住地は樺太小能登呂村で、酪農モデル指定を受けた成功村であったとされる。同年末までに二〇戸入植したが、当初は強酸性土壌での畑作中心経営で、生活は悲惨を極め七戸が離脱した。昭和二六年になって、当初から目標としていた酪農へ転換をすすめ、昭和三〇年頃より生活も安定し、酪農から生じる堆肥を投入して土壌改良もすすめ、畑作も安定するようになった。酪農と畑作の複合経営で安定し、以後落伍者なく今市の中心的酪農地域へと成長している（『開拓三十年』栃木県開拓三十周年記念事業委員会　一九七九年　八一～八二頁）。

(19)『栃木県開拓十年の歩み』栃木県開拓十周年記念事業委員会　一九五六年　八四頁

(20)「座談会」（『開拓三十年』栃木県開拓三十周年記念事業委員会　一九七九年　一六九頁）。

荒井四万氏によれば、「家畜の導入は緬羊から始めました。…いかにして収益を挙げるかが問題だったわけで緬羊の毛刈りまで指導したんですが、指導といっても我々自身の技術が大変未熟だったため、毛を刈りながら耳まで刈り落としてしまった事もあり、大変恥ずかしい思いをしました」ということで、羊毛生産をめざしたが上手くいかなかったというのが実情とみられる。

(21) 富樫梅子「思い出」(『開拓三十年』栃木県開拓三十周年記念事業委員会　一九七九年　一七五～一七六頁)。なお、乳牛導入事始めの頃の飼料についても、次のようにのべている。「麩、米糠、大豆粕、アマニ粕位で自家配合し、…山野草と自家で取れた陸稲の藁」を与えていたということで、飼料作物を畑に栽培するなど思いもよらないことであった、という。

(22) 昭和五三年一二月三一日現在「開拓農協別営農実績」(『開拓三十年』栃木県開拓三十周年記念事業委員会　一九七九年　二七六～二八三頁)。

(23)「中原開拓農業組合」、「萱場開拓農業協同組合」の項(『開拓三十年』栃木県開拓三十周年記念事業委員会　一九七九年　八〇～八一、一二一～一二四頁)。中原開拓農協は、旧鉾田飛行師団の将校を中心に旧軍馬補充部高津分厩に入植して設立された、那須帰農組合を前身としている。萱場開拓農協については、注(18)参照。

(24) 昭和二八～二九年にかけての冷害を契機に、乳牛の導入がすすんだとしているのは高原(矢板市)、泉村(矢板市)、関谷地区(塩原町)、玉東(塩谷町)、田所(塩谷町)、高栄(氏家町)、上江川(喜連川町)、柏台(那須町)、新夕狩(那須町)、田島(那須町)、大日向(那須町)、那須大谷(那須町)、那須高原(那須町)、黒磯(黒磯市)、高林(黒磯市)、平野(烏山町)などの各開拓農協であるが、千振(那須町)、穂積(那須町)の両開拓農協もこの冷害を契機として酪農へ転進したと思われる(各開拓農協の項『開拓三十年』栃木県開拓三十周年記念事業委員会　一九七九年　六三～一四三頁)。

(25)「高栄開拓農業協同組合」の項(『開拓三十年』栃木県開拓三十周年記念事業委員会　一九七九年　一〇九頁)。

(26) 加藤成二「戦場ケ原農場の推移」、道上佰子「入植記」(『戦場ケ原開拓誌』戦場ケ原開拓三十周年記念事業実行委員会　一九七六年　八八、九七～九八頁)。

(27) 加藤成二「戦場ケ原農場の推移」(前掲『開拓誌』八八頁)。
(28) 小松憲二「戦場ケ原開拓回顧録」(前掲『開拓誌』一六九～一七七頁)。
(29)(30) 吉津谷忍「入植」(前掲『開拓誌』四一～四五頁)。
(31) 柴田為「戦場ケ原開拓地の思い出」、蓮実重智「戦場ケ原と私」(前掲『開拓誌』一八二、一九九～二〇六頁)。
(32) 吉津谷忍「営農の推移」(前掲『開拓誌』四八頁)。
(33) 坂入宏「戦場ケ原開拓の思い出」(前掲『開拓誌』一八〇頁)。
(34) 木村亮「戦場ケ原の作物実験農場記録大要」(前掲『開拓誌』一六一～一六四頁)。
(35) 坂入宏「戦場ケ原開拓の思い出」(前掲『開拓誌』一八〇頁)。
(36) 小出寅一「東京都知事よりの優良出荷団体としての感謝状について」、小出寅一「戦場ケ原開拓の歩みと私」(前掲『開拓誌』八九～九〇、一〇八～一一二頁)。
(37)『栃木のいちご』全国いちご研究大会栃木県大会実行委員会　一九九二年　六頁。
(38) 岡崎義夫「戦場ケ原開拓三十年と我が家」(前掲『開拓誌』一二三頁)。
(39)『栃木いちごのあゆみ』「栃木いちごのあゆみ」を作る会　一九九九年　九三～九四頁。
(40)『栃木いちごのあゆみ』「栃木いちごのあゆみ」を作る会　一九九九年　八七～九二頁。
　休眠打破の技術として、高冷地育苗(山あげ)の他に、株冷蔵、遮光栽培、電照栽培などが開発されている。また休眠の浅い品種、「女峰」が育成されていく。「女峰」は休眠が浅いので、容易に一二月出荷を実現し、さらに山上げを併用すると一一月下旬出荷まで前進させることができるとされる。この「女峰」の育成が、いちご産地としての栃木県の位置をつくりあげたといえる。しかし「女峰」も平成一〇年には、「とちおとめ」に作付面積で逆転されてその地位を譲っている。

第六章

(41) 加藤成二「大根萎黄病について」(前掲『開拓誌』六三頁)。
(42) 岡崎義夫「戦場ケ原開拓三十年と我が家」(前掲『開拓誌』一二四～一二五頁)。
(43)『栃木いちごのあゆみ』「栃木いちごのあゆみ」を作る会 一九九九年 四四～四五頁。
(44)『栃木のいちご』全国いちご研究大会栃木県大会実行委員会一九九二年 一九頁。
(45) 仁井田一雄「日光苺と戦場ケ原」(前掲『開拓誌』一九七～一九八頁)。
(46)『栃木県開拓十年の歩み』栃木県開拓十周年記念事業委員会 一九五六年 四五頁。
梶井功「農地及び未墾地価格の研究－栃木県那須郡金田村調査報告―」東京大学農学部農業経済教室 一九五五年。

田中淳「未墾地解放反対運動と土地改良法制定」(「歴史と文化」第七号 栃木県歴史文化研究会 一九九八年)など。

第七章

経済更生運動と民芸運動
―積雪地方農村経済調査所の活動から―

及川　清秀

はじめに

積雪地方農村経済調査所（以下、「雪調」と略す）は、東北・北陸・北海道の一道十県におよぶ地域を対象に農業恐慌による窮乏に喘ぐ農山漁村の自力更生を目的とし、昭和八年九月一五日、農林省経済更生部の一機関として山形県新庄町に設立された。「雪調」は、所長山口弘道の熱心な指導の下、中谷宇吉郎の雪の科学的研究、今和次郎の農村住宅（民家）研究、柳宗悦の民芸運動の成果を農家の更生計画に取り込むと共に、一方ではそれらの学問・運動を育てる場を提供した。(1) 小稿では、「雪調」の活動を通して特に、民芸運動と経済更生運動とのつながりについて考察してみたい。

これまで、民芸運動についての研究というと美術的な価値論、あるいは創始者である柳宗悦研究における思想的研究に関心が寄せられていた。一方、民芸運動はというと柳田國男の民俗学に対して関心を払っていたが、『月刊民芸』

第七章

誌上の柳宗悦と柳田國男との対談での相違点[2]、それは対立を明確化したものであったが、以上に展開を見せることはないままである[3]。さらに戦後、民俗学から民具学が提唱、確立されていく中で、民具学の側から民芸に対する批判が強まった[4]。その後、それを危惧した有賀喜左衛門は『民具マンスリー』発刊にあたって、お互いの運動を尊重し合いひいてはお互いの運動の発展につながるものであると発言した[5]。その上で有賀は「生活文化」を対象とするものとして両者の対立を払拭する発言をした[6]。しかし現在においても民俗学および民具学における民芸運動に対する認識はどこかで相いれない雰囲気に包まれたままでいる[7]。

このように、民芸運動はその誕生と共に昭和初期以降、周辺学問にも影響をおよぼしてきたが、それは「民」を共通のキーワードとしたという同時代性を持っている。民芸運動を考えてみようということは、昭和初期という時代相の中での「民」への関心の一つの方向を探ることでもある。

一　経済更生運動と「雪調」の設置

経済更生部は、昭和八年八月下旬に開催された第六三回臨時帝国議会、通称「救農議会」に提出された農山漁村経済更生計画の実務担当部局として、昭和七年九月二七日、農林省内に新設され、同一六年の部局廃止までの約九年間にわたり計画遂行の中枢として機能した。後藤文夫農相の下、初代部長に就任したのは石黒忠篤門下の小平権一で、いわゆる石黒、後藤、小平の農政官僚トリオの活躍の場が用意されることになった。経済更生計画の特色は、小平更生部長の「経済更生は人なり」という掛け声のもと人材育成に力を注ぎ、また支出面においても指導・調査費が大半を占めたことなどにみられるように、純粋な経済政策というよりも政府主導の「運動」としての性格の強さにあった[8]。

しかしながらその一方で、小平は「此の運動は既に昭和五、六年頃より各地方に於て唱道せられ、府県又は町村、若は農会等に於て自ら之を行ひ自力更生、農村振興等の名称が使用せられて居った[9]」、あるいは「併し民間の輿論も相当根強かった。政府が民間の輿論に動かされて起ち上がった点もある。而して経済更生運動は実際は昭和七年九月農林省に経済更生部が設置せられた以前より始まって居る[10]」と、運動としての萌芽を昭和恐慌下における地方農山漁村の主体性な経済的建直しの動きにあったことを強調した。それは、農政官僚を中核とした政府主導の運動でありながら地方農山漁村の自力更生を主題とした運動であるがゆえに当然強調されるべき点でもあった。小平自身の、「経済更生運動、詳しく云えば、農山漁村経済更生計画樹立実行運動、此の運動は、昭和五、六年の農山漁村が不況のどん底に陥ったときに開始せられたものであって、農山漁村を永遠に安定せしむる目的を以て、各町村毎に更生計画を樹立し、全町村民の協力一致に依り、実行せしむるものである。之れ即ち経済更生運動である[11]」という要約にはそうした位置付けが明瞭に表われている。楠本雅弘は、経済更生計画の持つこうした性質について、「政府の農林＝地方行政である側面と、民間における社会運動としての側面との複合的な性格」であると指摘している[12]。以下にみる「雪調」の設置過程には、その複合的な性格が顕著にみてとれる。

「雪調」の設立は、「雪害運動」の流れの延長線上に位置付けられている。山形県選出の代議士松岡俊三が大正末年以降起こした「雪害運動」、この自然現象である雪を経済的な損失すなわち「雪害」として位置付け積雪地方の経済の根本的建直しを主張した運動は、やがて昭和四年以降松岡の国会を舞台にしての活動とあわせて東北・北陸の各自治体による国会への救済決議・陳情へと動き出すなど活発化し、翌五年一二月には新庄町の青年たちによる山形県最上郡雪害既成聯盟の結成へと結びついていった。同六年一月に開催された雪害運動講習会は新庄駅前の善正寺などを借りて松岡と膝を交えて二泊三日催されたが、その受講者の延人数は千数百名に達したという。そして昭和七年一一月、農林省提出の「雪害地農産漁家経済更生機関設置費」が大蔵省の査定を通過すると、翌一二月二十日、新庄町、最上郡各町村会、最上郡雪害期成聯盟の聯盟による「雪害地農山漁家経済更生機関を山形県最上郡新庄町に御設置相成度き陳情書」の政府関係機関への提出への運びとなり、「雪調」誘致活動が繰り広げられた[13]。

こうした地方での運動の一方で、国政の場では、昭和七年八月の救農議会が開催される前月の七月永井拓相が閣議提案した「雪国対策調査会」の設置案を契機に、松岡が主張してやまなかった「雪害問題」が本格的に議論されることになった。内務省に設置された「雪国対策調査会」の事業案は、第一に産業・経済、第二に土木交通及通信、第三に教育、第四に衛生及社会事業、第五に財政及税制、第六にその他というように、その施策は産業・経済に限らず社会生活全般を雪という自然現象の特殊性を通して改善していこうというものであった。経済更生部長に就任して間もない小平は、一〇月の第二回「雪害地ノ範囲及調査要目等審議ニ関スル特別委員会」での席上、「徹底的ニ雪国地方ノ農山漁家経済ノ根本ノ建直シヲヤッテ見タイト思ヒマス」と、その意気込みを発露した。しかしながら、結局、「雪調」の事業中に「雪害対策」に示された諸項目を掲げることは農林省の経済更生部という所属上困難で、農林漁業以外の教育や衛生・社会事業、財政・税制に関する分野にまで事業を拡大することはできなかった[14]。

「雪調」は、昭和七年一〇月六日の経済更生部の発足時には設置されておらず、約一年後の官制の一部改正により当初の総務課、金融課、産業組合課、副業課、販売改善課の五課に加え新設されている。こうした点をみると、先の小平の意欲的な発言には、その後の「雪調」的機関の設置への意思表示が隠されていたと受け取ることができよう。こうした経過をみてわかるように、「雪調」的機関の設置に向けての画策は、経済更生部設立当初より根強くあったことがわかる。しかし、その実現にあたって約一年の時間を要し且つ加設という処置を取らざるを得なかった背景には、行財政上の無理押しという状況を予想させる。いずれにせよ、小平の運動への執念の強さを確認することはできよう。結局、五万円という予算がつくことで「雪調」の設置は認められたが、雪害運動の主唱者であった松岡からすれば「わずかばかりの経費[15]」であった。

こうして設置された「雪調」の性格について、主唱者である松岡は「雪調」設置会議の場で次のような意見を示していた。「農林省ノ計画シテ居ル雪害地ノ研究所ヲ主体トシテ、其ノ脇ニ現場デ教ヘル所ノ授産場ヲ造リ、サウシテ授産場ニハ各縣カラ代表的ナ数名ノ者ヲ入所セシメテ、実地ニ之ヲ教ヘテ行ク、其教ヘテ貰ッタ者ガ今度縣ニ帰ッテ各村ヲ巡ラセルヨウニスル。サウシテ或ハ各部落毎ニ、現在ノ生活ヲマルッキリ一変セシムルヤウナ共同作業場ヲ拵ヘテ、其共同作業場デ、授産場デ習ッテ来タ所ノ者ガ皆仕事ヲ教ヘテ、サウシテ生産ヲ増大セシムルト云フ計画ニ行カナケレバ、矢張又高イ税金ト、生産ガ少イノト、生活費ガ掛ルコトニ依ッテ、遂ニ高イ利息ヲ払ッテ高イ金ヲ借リテ、又々二度目ノ農村負債整理ノ御厄介ニナラナケレバナラヌト云フコトニナルダラウト思フ」[16]。この発言を受けて政府委員の立場の小平は「雪害調査ノ機関ガ出来マシタ暁ニ於キマシテハ、出来ルダケ御説ノヤウニ農村ニ共同作業場ヲ設ケサセマシテ、ソレト連絡ヲ取ッテ、具体的ニ仕事ヲ授ケルヤウニ致シタイト考ヘテ居ルノデアリマス」[17]と答弁している。さらに「研究所ト申シマシテ宜シイカ、或ハ調査所ト申シマシテ宜シイカ、今度出来マスル機関ハ、唯単ニ机上ノ調査ニ終ルヤウナコトデナクテ、出来ルナラバ其地方ノ最モ密接ナ聯絡ヲ取リマシテ、職業ヲ授ケ、殊ニ農村ノ将来ニ向クベキ方向ヲ示シテヤルヤウナ指導ヲシテ行キタイト考ヘテ居ルノデアリマシテ、随テ授産ノヤウナコトモ、出来レバ致シタイ思フノデアリマス」[18]と、調査所のあるべき姿勢について踏み込んだ見解を示した。

松岡の主唱した調査所の性格は、小平も大いに期待するところのものであり、このように単なる研究機関にとどまらない貧窮に陥った農村を経済的に建て直すことを目的としていた。「雪調」の設立には地方における下からの社会運動的側面と農林官僚による上からの行政的な関心の強さとの結合がみられるなど、その後の多様な活動を展開していく基礎は準備されていたのである。

二　「雪調」の活動と民芸の振興

松岡、小平の思いを現場で積極的に主導したのは山口弘道所長であった。山口弘道所長の下、次の二項を管掌事項として「雪調」は活動を開始した。

一　積雪地方ニ於ケル農山漁村ノ経済更生計画ノ調査指導ニ関スル事項

二　積雪地方ニ於ケル農山漁村ノ経済ニ関スル雪害防除ノ調査指導ニ関スル事項(19)

事業の範囲は、第一に農山漁村の経済更生の方法、第二に農林漁村経営に関する事項、第三に副業的原始生産及加工等に関する事項で、庶務課、積雪課、経済課、副業及農村工業課の四係で業務を分担した。(20)

さっそく、山口は、昭和一〇年八月「雪調」内に東北地方農村工業指導協会を設立し自ら協会理事長を勤め、東北各県副業品販売斡旋協会に基本経費を負担してもらうことで事業を展開、また並行して積雪地方農村工業研究会を組織し自ら会長に就任した。協会は「東北地方副業及農村工業ニ関スル指導並試験研究」を目的とし次の六つの事項を事業として掲げた。

一、副業及農村工業ノ生産技術経営ニ関スル伝習会ノ開催

二、副業及農村工業ニ関する指導員の派遣

三、副業及農村工業製品の試作並試売

四、副業及農村工業ニ関スル試験研究

五、印刷物ノ刊行及頒布

六、其他本協会目的達成ノ為必要ナル事項(21)

副業あるいは農村工業の奨励は、経済更生計画の中でも現金収入の道を開き農家経済の安定を促すということで積極的に求められ、殊に積雪地方においては冬季労働力の活用の機会として重要施策の一つとして展開せられるなど農村救済の一つの潮流であった。第一に掲げられた伝習会の開催は、技術者を養成し各地に技術を広めていくという松

岡が力説した授産場としての方針を実行に移したもので、小平も大いに賛同の意向を示したところのものであった。それゆえに、「雪調」の真価が問われる事業であったといえる。昭和一〇年度の「雪調」の農村工業研究会会員は会長を山口弘道、副会長に中村義夫、地方委員として福島県二名、宮城県二名、岩手県二名、青森県二名、秋田県二名、山形県二名、新潟県二名、富山県一名、北海道一名と、そして各県から合計六一名の研究生が名前を連ねた。そして集められた研究生は技術を習得した。[22]

各年度の事業を追ってみると、昭和一〇年度は、九月から一一月の二ヶ月間は農産物塩漬に関する伝習会、続く一一月から一二月の約一カ月間は毛皮及獣肉加工に関する伝習会を開催。同一一年度には、七月から一二月までの半年間に農産物瓶詰及味噌醤油醸造法に関する伝習会、九月から一二月までの四カ月間は機織に関する伝習会また同期間に木工に関する伝習会。翌一二年一月から三月までの二カ月間は毛皮及獣肉加工に関する伝習会を開催した。この同一二年度には、七月から六ヶ月間農産物瓶缶詰乾燥及味噌醤油醸造に関する伝習会、同七月から四カ月間機織に関する伝習会、一二月には栄養料理講習会、なめこ缶詰に関する講習会、ホームスパン製織法に関する研究指導、九月には山形県最上郡下の民芸品の調査指導と幅広く事業を展開している。翌一三年二月には莞草加工に関する講習会が開催された。

しかしながら、順調に滑り出したかにみえた農村工業指導事業ではあったが、当初の計画とは裏腹に、昭和一二年四月に宮城県が農村工業協会を脱会したのを皮切りに福島県、秋田県、青森県の各会員が次々と脱退におよんだ。結局、負担金の徴集に設立間近から困難がつきまとい、同一三年八月三一日、四年を経ずして協会は解散に追い込まれるにいたり、財産は「雪調」の外郭団体である財団法人雪国協会に寄付されることになった。[23]

さて、一二年九月に実施された山形県最上郡下民芸品の調査指導は、まさにそうした状況下での新たな事業であった。事業報告書によると、次のように記されている。

「東北地方ニハ古来優レタル民芸品アルモ其ノ真価を省ミラレズ依然農山村ニ埋レツヽアルハ遺憾ニシテ且ツ之ガ振興ト近代化ハ農村工業及ビ農家副業トシテ重要ナルニ鑑ミ雪国協会ト相協力シテ先ズ山形県最上郡ヲ調査地区ト定メ斯界ノ権威柳宗悦氏ノ指導ヲ得テ実地ニ調査研究ヲ行ヒタリ
本調査ノ結果最上郡下ニハ優レタル民芸品ガ多ク而モ農民ハ優秀ナル製作技術ヲ有スルタメニ之ガ多少ノ指導ニヨリ中央市場へ進出ノ可能性モ多分ニ存シ且又民芸品ノ製作ガ農村経済ノ更生ノミニ止ラズ農民精神ノ向上啓発ニ裨益スル尠カラザルヲ認メタリ」[24]

報告書の通り調査は当時民芸運動を提唱していた柳宗悦を招いて実施された。そして、民芸研究座談会が新庄町、西小国村、大蔵村等で開かれた。報告書は、とくに及位村・大蔵村・金山村の轆轤木工品、金山村・及位村・各町村のアケビおよびブドー皮細工、金山村の蓑、新庄町の陶器（東山焼）、東小国村・戸沢村・他の麻布、鮭川村の七島筵、角川村のチガヤ筵、当地方の藁工品に「民芸品」としての将来性を掲げるなど具体性に富だものであった。なお、単に民芸品の収集が目的でなかったことは、報告書に記されている通りである。指導改良を加え、農家副業そして商品として中央市場への進出が目的とされていた。例えば、アケビおよびブドー皮細工やチガヤ筵では「デザインの改良」により「大ニ進出ノ期待ガ持タレル」、蓑では「製作技術ノ近代化」、麻布では「農家ノ好副業」等と指導ポイントや将来性が述べられている。

ここにおいて、民芸運動が農村工業指導事業中に組み込まれる余地は、民芸振興が農家副業あるいは農村工業すなわち経済更生上の一方法として期待される点と「農民精神」[25]の啓発との二点における内的連関性に求められていたことがわかる。

このように、民芸運動と「雪調」との出会いは農村工業指導事業との結びつきおいてみられたが、それは当初より計画されておらず事業遂行上の不安状況を抱えての時期に突如として出現したかのようである。それが、果たして山口自身の主体的な発意によるものであったのかということと、山口自身の民芸への関心が何時頃からあったのかという点については明瞭ではないが、農村工業指導事業の資金的行き詰まりの中で、民芸研究会が山口にとってひとつの光明となり農村工業を考える上での転機となったということは確認できそうである。

ところで、当時、農政の意見者的立場にあり、また「雪調」の設置にあたって積雪地方の経済的設計の担当を任されていた経済学者の東畑精一によれば、東北地方に求められた農村工業政策は必ずしも従来の農業に加工業を付加せしめるという意味におけるものではなく、工業の地方分散を起因にした農業分野の活性化であったという点を押さえておく必要がある。[26]その点、びん詰・缶詰製品の生産を主軸とした「雪調」の農村工業化計画は、農家の家内的な副業的性格を越えて工業的性格を前提にしたものであったといえる。最上振興会は新庄中央工場と「雪調」とのパイプの強化を答申しているが、それは東畑的見地からの農業建直しが具体的に議論される受け皿が地域にもみなぎっていた証左でもある。また東畑の議論は、東北地方の経済構造全般を問題にした上で、あくまでも経済合理主義の立場から、東北地方に存する非合理的な「農業社会的」構造の破壊を救済の第一義に据えるなど厳しいものがあった。「農民精神」などはまったくの論外であった。

こうした東畑的見地からみた場合、報告書に示されたような自給的生活の中で作られ使わていた道具に商品的価値を付与し副業として成り立たせるという民芸運動の見地は、経済政策としてもまた農業社会的生活を前提にしているという点からも相対的に低く評価されるものと思われる。民芸運動が経済政策としてどの程度有効性を持ったものであったかという点は、民芸運動が経済更生運動から乖離していった場合に次第に変節していかざるを得ないという性格を当初から持っていたというべきである。それには共同の伝習会と授産場の設置が大きな核となる。

この点、農業政策の立場から農村工業と民芸について東畑が特に言及した形跡はない。経済学者としては河田嗣郎が昭和一六年に「経済学雑誌」[27]誌上で経済と民芸についての論文を発表したのが特筆されるが、全般的に民芸の有する「用」と「美」についての経済学的な価値論に終始しており、また産業的側面について「一の産業として国民経済組織中に於ける生産業務体系として一の産業系統を造り為すものである」と評価してはいるものの、副業的効果や農村工業政策における地域的な具体例や政策的な位置付けが乏しく一般論の域を出ておらず、ほとんど柳の論を経済学的立場から後追いした感が強い。

また「民芸復興の運動は、各地方に於て、当該地方に適正な指導の下に行はれることを要する。それは又民間的なものばかりでなく、官公的なものも必要で、両者相倚り相助けつつ献身努力が払われるものでなくてはならぬ。現今漸くその気運の涌いて来たのは、洵に喜ばしい傾向である」と結んでいるあたりは『民芸』の論調とさして変わるところはなく擁護的論調が目立ち、その一方で当論文について『民芸』誌上で柳が絶賛しているところをみると、河田が純粋に経済学の問題として取り上げたようには思えない。おそらくは近衛新体制下における奢侈品の廃絶気運にあっての民芸運動擁護への画策の一つであったように思われる。結局、経済政策あるいは農業政策の問題としては、民芸運動は正面から取り上げられることはなかったといえる。

東畑が企図した処方箋は、工業による外部からの農業の活性化のみならずそれに付随した農業社会の近代化をも図っていた。東畑は破壊されるべき東北地方の「農業社会」の特質について次のように述べている。「企業的精神の欠乏は、農業に於ける産業的発達が悉く農民以外のものから企てられ、農民は常に創意心がなくて、単に受動的な順応をなすにすぎなかった。然るにこの受動的に順応するについてさえ、多くの農民は積極性・自立的判断を有していないのである。東北地方は、この点に於てその好例である。眼前の一切の状態を是認するか、或は固定的に考えたり、運命的に受け入れているということと、企業的精神、創意的精神は正反対で、全く相容れぬ。此の意味に於て積雪地方では、農民の経済に処する心構えに於て開発すべきものが甚だ多い[28]」と。そして積雪地方民についてとくに考慮されるべき問題を、経済生活における計算的精神の涵養、協同体思想の涵養、青年の重用、協同体化の順序、企業的精神の涵養の五点に整理した。

一方の民芸運動は、先の報告書からみる限り、それを生み出した農業社会内部からの経済的効果を目指すというものであり、東畑が特に経済上の問題点として取り上げた農業社会の改革については考慮していない。そのかわりに「農民精神」の啓発が謳われたが、東畑が克服されるべき農民の精神を具体的に抽出したのに対して「農民精神」が何をさすのかについての説明は示されていない。

このように「雪調」の東北地方における農村工業化政策と民芸運動との結びつきは、当初より微妙な不安定さを内包していたものと理解することができる。こうした点を踏まえた上で、民芸の副業化政策の中身についてみていきたい。

三　民芸の副業化計画

先に見た事業報告から、山口弘道が民芸の副業化計画にかなりの確信をもっていたことを読み取れるが、農村工業指導協会の事業が躓きかけていただけに、そこに掛ける期待は大きかったものと思われる。あるいは自ら農林技師という立場からの実現可能な方向性をそこに見いだしたのかもしれない。「民芸の会」組織にあたっての「山口さん猛烈な熱だ。吾々も一はだぬぎたい。それで君の都合返事がほしい」[29]という、柳宗悦から河井寛次郎宛て書簡には、山口の熱意のほどがうかがえるが、またそれは一方で、民芸運動に対する山口並びに農林省の一機関である「雪調」の主導性を物語るものでもある。

山口はさっそく、「雪調」の「所長名」で、翌一三年二月七日、第一回「民芸の会」を東京学士会館で開催することを通知した。その第一回の民芸研究会では、第一に最上郡下で民芸の新製品を指導し「雪調」後援の下に製品の買上げを行うこと、第二に同年四月に最上郡民芸品展覧会を新庄町で開催すること、第三に最上郡に対し新製品の指導を行い「雪調」の後援の下に製品の買上げを行なうこと、第四に昭和一三年度の実地調査は先ず岩手県下において行なうことが協議された。第一回の例会出席者は伊藤駿一（東京）、浜田庄司（栃木県益子）、大西伍一（日本青年館）、柳宗悦（日本民芸館）、柳悦孝（日本民芸館）、今和次郎（早稲田大学建築科）、浅沼喜實（たくみ工芸店）、浅野長量（東京）、水谷良一（東京）、式場隆三郎（千葉）、芹澤鮭介（東京）、大村英之助（芸術映画社）、石本統吉（芸術映画社）、松田解子（芸術映画社）、山口弘道（積雪地方農村経済調査所長）、森本信也（積雪地方農村経済調査所）の一六名であった[30]。

そして翌八日には所長から最上郡下農会長宛に、二一日には最上郡下町村長宛に「民芸品展覧会出品製作の件」が発せられるなど、準備が急ぎ進められている。その書簡では民芸品について次のように説明している。

追テココニ民芸品トハ従来ヨリ農家ガ自家用又ハ販売用等ニ製作シツヽアル実用的ノ手工品ノ意ニシテ（玩具ノコトニ非ズ）例ヘバ各種藁細工、各種材料ノ筵、莫蓙類、ハケゴ等ノ蔓細工、麻布等ノ手織物、盆椀等ノ木工品等ニ有之為念申し添候[31]

さて、山口所長は二月二二日、最上郡民芸品展示会開催の件、東北地方民芸品講習会開催の件、岩手県下民芸品調査の件などを打ち合わせるため、再び会員に第二回の「民芸の会」を三月七日に同じく東京の学士会館で開く旨を伝えた。その三日後の二五日には例会の期日を五月七日に延期する旨が通知されたが、それにともない翌月一八日には地元の最上郡下町村長および農会長宛に「民芸品出品期日延期の件」が伝えられている。五月三日改めて最上郡下一三農会長宛に「民芸品蒐集方依頼の件」の通知によって五月一四・一五日に開催の旨と五月一〇日までに出品物を送付するよう伝えられた。延期の理由は定かでないが、民芸と副業事業とを結びつける場であった農村工業協会の解散が直接の原因かと推測される。農村工業あるいは副業事業として展開することにおいてのみ「雪調」の側からは民芸運動の価値が存する以上、これは避けては通れない問題であった。結局、同一三年八月一三日の協会の解散により、その後は「雪調」の外郭団体である「雪国協会」を中心に民芸の奨励を機軸に展開していかざるを得なかった。この期間、「雪調」は「民芸による副業振興計画概要」(32)をまとめている。「概要」の作成年月日は詳らかでないが、一三年二月の第一回の「民芸の会」を前後してまとめられたものと思われる。この「概要」から、農家副業と民芸に対する基本的姿勢をみてみよう。

民芸ニヨル副業振興計画概要

最上郡ニ於ケル農山村振興方策トシテ適切ナル冬季副業ノ重要ナルコトハ何人モ異論ナキ所ナルモ吾人ハ先ズ其ノ一トシテ民芸ニヨル副業ノ振興ヲ図ルヲ以テ最モ実現シ易キ方法ト認メ左記計画ニヨッテ本年ヨリ其ノ実施ヲナサムトス

一　民芸ノ展覧会ノ開催

郡内ノ民芸品を一堂ニ蒐メ現在最上郡内ニ於テ製作セラレツツアル民芸品ノ技術如何ヲ調査セントス

二　新民芸品ノ考案指導

現在ノ技術ヲ基礎トシ其ノ利用ニヨリテ直チニ製作シ得ベキ新民芸品ヲ本所ニ於テ考案シ其ノ製作ヲ指導セムトス

三　新民芸品ノ買上

本所ノ指導シタル新民芸品ヲ製作シタルモノハ所定ノ価格ヲ以テ本所ニ於テ買上ゲムトス

四　新民芸品の副業化

斯クシテ年々新民芸品ヲ指導シ且之レヲ買上ゲルコトニヨリ漸次本郡ニコノ種の副業ノ基礎ヲ築キ以テ本郡農山

村ノ経済更生ニ寄与セムトス

五　本所ニ於テ買上ゲタル新民芸品ハ之レヲ大都市ニ於ケル展覧会又ハ業者ノ手ニヨリテ販売シ特ニ貿易品トシテ海外ニ輸出セムトス

「民芸副業化計画」は、経済更生計画の側から、冬季副業への民芸製作の導入が「最も実現し易き」農家救済の方策であると位置付けている。しかしそれは、単なる奨励によるのではなく、調査、指導、生産、そして買上げ売却による販路形成、といった経済的な流れを創出しそして組込むことによって実現するものと考えられた。この方式は、前節でみた「東北地方副業及農村工業ニ関スル指導並試験研究」の方針を基本的に踏襲したものであることがわかるが、農村工業指導一般が「試作並試売」までにとどまっているのに対して民芸の振興においては「大都市ニ於ケル展覧会又ハ業者ノ手ニヨリテ販売シ特ニ貿易品トシテ海外ニ輸出セムトス」とより具体的な販路にまで踏み込んでいる。東京の三越による民芸品の展覧会や民芸店たくみを通しての販売が直接的には想定されていたといえよう。前者においては調査・指導に重点が置かれており農家あるいは農業への経済的効果には間接的な立場にあったが、後者においては生産を軌道に乗せるためにも農家への直接的な経済的効果をもたらすことが期待されていたことがわかる。東北民芸品の生産化を本格的なものにするこうした方向は、その後、たくみ工芸店→東北興業→東北各県→農業者という縦の販路形成と、日本民芸館、「雪調」・「雪国協会」、東北各県、東北興業による横の連絡組織の確立によってより具現化が図られていくことになった。

次に生産される民芸品自体についてみてみる。「計画」には「新民芸」の語が使用され、その考案・指導が求められている。これは、副業として位置付けられる民芸はその芸術性を発見され購入される客体ではなく、新たに創出・生産される「商品」でなければならないということを示している。表は第一回の最上郡民芸品新作品目録であるが、

表　第一回最上郡民芸新作品目録

品名	員数	産地	価格	備考
箕（大）	1個	最上郡及位村	６０銭	澤グルミ製
箕（中）	1個	同　上	４０銭	澤グルミ製
箕（小）	1個	同　上	４０銭	澤グルミ製
炭取	1個	同　上	６０銭	澤グルミ製
ハケゴ（大）	1個	同　上	７０銭	山葡萄製
ハケゴ（小）	1個	同　上	４０銭	山葡萄製
籠（大）	1個	同　上	1円１０銭	蓋付
籠（中）	1個	同　上	1円	蓋付
籠（小）	1個	同　上	1円	蓋付
籠（極小）	1個	同　上	８０銭	蓋付
蒲萸莚（小）	1足	同　上	６０銭	
樏	1束	最上郡角川村片倉	２０銭	
籠（ハナノ木製）	1個	最上郡角川村余語屋敷	３０銭	
ハバキ	1足	最上郡東小国村	３０銭	
箒	5本	最上郡戸沢村松坂	1円	
麻布	1反	最上郡萩野村	３５銭	
箱俵	1個	最上郡萩野村	5円	
皿（大中小）	1組	最上郡新庄町東山涌井製		
醤油差	1個	同　上		
素貴焼鍋	1個	同　上		
茶碗	1個	同　上		
大皿	1個	同　上		
色見（試作）	1個	同　上		試験品

「新作」であること、そして価格が表示されている点が重要である。その際に問われるのは民芸品にとっての美の問題であり、そのための指導者、すなわち民芸運動における「何が作物の正しい標準なのかを指示する者」が求められることから、民芸品の調査・指導は副業化事業にとって民芸の真価を問われる重要なポイントとなるのである。経済更生運動の中でしばしば掲げられた副業のための木工品、藁工品という経済的な表現のみでは要件があいまいなのであり、あくまでも民芸の立場からの美的な要素が求められるのである。

それでは、一方の製作者の側についてはどうか。柳は「民芸の趣旨」の中で「作家は僧侶であり、職人は平信徒」であるというたとえでもって民芸運動における指導者と職人との関係を論じるとともに、その相愛によって結ばれた職人の組織の必要性が運動の持続と成長にとって不可欠であるとしてる。実際には京都の上加茂工芸協団を念頭においての指摘であろう。しかしながら新庄町の東山焼といった職人的なものについてはそれでもよかろうが、藁工品をも含めた広い農村的副業を対象にした場合についてはどうなのであろうか。この点について民芸運動としては特に細部にわたって言及してはいない。東畑の「積雪地方における経済機構」によると、副業の計画に関しては、協同的であること、また経済更生全般において青年に期待することの必要を掲げていたが、「計画」の中では特に触れられてはいない。この時期、伝習会的模策は思想的に準備されていたが、共同の授産場となると話はまだ先の段階であったといえよう。

ところで、柳の民芸運動は、当初より、「用の美」という芸術性のみを問題として民芸を据えていたわけではなく、機械生産が主流になっていく時代にあって失われゆく民衆的工芸の依って立つ場を模索し、民芸を生み出す手仕事による生産の場を社会に創出することをも目的としていた。昭和二年の京都上加茂民芸協団の発足は、間もなく失敗に終わったものの工芸協団設立への強い信念を示すものであった。昭和八年に書かれた「民芸の趣旨」では「私は地方的な手工芸が、民芸の運動を発足させる最も自然な安全な順序であるのを考えないわけにはゆきません。特に副業として確実な経済効果を現すでしょう。疲弊した農村は今仕事に飢えているのです。両手を差し出しているのです。手工芸を過去の道だといって棄て去る人もいますが、私にとって最も問題となるのは、方法の新しさ古さよりも、品物の正しさ悪さにあるのです。私は民芸に正しい出発を与えるために、手工芸を地方産業として選ぶ事が、最も妥当であると考える者です」(33)、と民芸と副業との接点についてかなりの確信をもって訴えている。また同年には、民芸品の消費組合についても思いを巡らしていることからも(34)、この頃になると、生産現場にとどまらず実際の経済状況の中での民芸の存立可能性、生産から消費段階までを視野に容れた民芸の現在的位置付けについての考えをまとめていたことになる。販路という点においては、昭和七年に鳥取で吉田璋也による民芸店たくみが開店していたことも重要である。このように、民芸運動は「雪調」の農村工業指導事業と結びつく論理をすでに有していたのである。しかし、その支点は農村工業の勃興というよりも農家副業からという立場におさえられている。

こうして、農村工業指導の側からは積雪地方の農家副業政策の最良策として民芸の導入が計画されることになったが、一方の柳の側からすれば、これまで醸成してきた民芸運動を実際の経済的社会の中で試す最高の機会を得たことになる。先にも触れたように、ここにいたるまでの一連の流れは「雪調」の山口を主軸に展開しており、「雪調」という機構と山口という良き理解者がいなくては昭和八年「民芸の趣旨」で主張した農家副業としての民芸の可能性の真価も言論による啓発の域にとどまり運動としての段階にまで高めることはできなかったであろう。

そうした意味においても、昭和一二年九月に実施された民芸品調査の意義は両者にとって大きかった。雪国協会会員であった森本信也は「雪調」の事業への民芸運動の影響を次のように語っている。「雪調が柳先生のご指導を得て、民芸品の調査にかかったのはもう三年前のことだ。先づ手始めに新庄町を中心とした最上郡下の各村を先生に行脚していただき、河井先生も態々京都より馳せ参じられた。鮭川村で農家の豊かな生活振りと立派な構造美を先生から指摘せられ吾々は始めてその時東北の農村生活が決して貧しいものでないことを知ったのである。昭和八年以来遂ひ最近まで東北農村の経済状態が不如意な一方面のみを見、又之が更生の方面にのみ眼を向けて来た吾々には、東北の富、高い文化を見逃してきたし、又そんな観方をしても来なかった。従って東北は日本に於ける最も日本的且つ最も生活文化の高い所であり、富んだ文化を持ってゐることにも深い関心を拂はなかったのである。只どの農家も比較的多くの米を作り平年ならば食糧には概して困らないが、現金収入が少いから貨幣経済の今日に於ては極めて貧しい経済であり、雪のために蒙る損害や不利益も決して尠くないからどうしても近代科学の文化に遅れざるを得なかったといふ方面にのみ頭を突込んで来たのである。そしてかかる貨幣経済に恵まれない東北農村を少しでも経済的に豊かにさせようとする方面にのみ働きかけ、思ひを致して来た矢先、柳、河井両先生から富める東北の現実を教へられ伝統に基づく尊い生活の文化と手仕事を振興させることによって農家経済の更生にも役立たせようとする民芸品の農家副業化問題を研究し始めたのである。（中略）かく高い文化をより廣めて生活の文化を振興すると共に経済的農村の更生に資せんとしたのが、この民芸品の産業化運動である」[35]。この中で、森本は、東畑が厳しく批判したように、それまでの「雪調」が積雪地方の生活状態を遅れた更生すべきあくまで経済的な対象としてのみ映していたのに対し、伝統に基づく文化的な豊かさ発見する視点を与えてくれた民芸について新鮮な驚きを抱いていた。先に指摘した「農民精神」とは、この点をさしているのであろう。

民芸運動は「伝統に基づく尊い生活の文化と手仕事」への新たな価値の創造を、そして副業化計画は純粋な経済的政策と文化運動的側面との両面を内在させていたのである。そこには、厳密に経済学的に捉えるならば農村工業か農家副業かという問題を内包していたものの、「副業」という「産業化運動」に活路を見い出すことで真価を世に問う強い姿勢がみられる。それは急速に進む貨幣経済の浸透、すなわち資本主義社会の到来に「民」という文化概念をキーワードに内発的な農村救済の可能性を提示した時代に抗する「運動」であった。さらに文化運動的側面においては当初より「創造」的であり「民」や「美」といった開かれた抽象的概念を基軸にしていたことからも一国（民族）の文化に固執し閉塞していく雰囲気を持ち合わせてはいなかった。それは柳の朝鮮の民衆文化への理解からも推察されるであろう。そして民芸運動は経済的生活を建て直す一方策としての農家副業という視点を見失うならば、運動としての精神を空洞化してしまう内面的な問題を微妙に抱えていたのである。有賀のいう「生活文化」、文化概念をも実質的かつ具体的に超えたところに運動の本質はあった。

結びにかえて

山口と柳との関係、あるいは「雪調」以前における山口と民芸運動との関わりについてはたどれないが、少なくとも強いつながりはなかったようである。農村工芸協会の事業に当初より民芸が加えられていなかったことを考慮すると、協会運営の行き詰まりの中での模索として浮かび上がって来たのではないだろうか。昭和一二年という年はちょうど「雪調」の建物が今和次郎のデザインで設計された年だが、今と柳との長い付き合い、さらには両者と親しかった石黒とのつながりや今の民家調査[36]にも加わったことのある小平との関係といった人脈も一つの契機として上げられよう。すなわち先に指摘したように民芸運動自身に経済更生運動と直結する論理が内在していなければ到底むりなことであった。

本来ならば、経済更生運動以降の、近衛首相の新体制以降の民芸運動のあり方にまで触れる必要がある。経済制度の移行すなわち統制経済下における民芸運動の位置を論ずることが求められよう。ここでは、奢侈品の統制下において民芸品はそれまで「農民精神」と呼んできたものから「日本精神」「民族精神」へという言葉の推移へと変わっている点を指摘しておく。しかしそれは偏頗な日本至上主義ではなく他民族の文化を認めた上での議論であるが、軍国体制に沿った製品の創造下にあって時代にほんろうされるあやうさを内在させていたものの、常に「健全なる」としている点においてバランスを取ろうとしていたことには運動の強靭さを覚える[37]。

さて、最後に民芸運動における民具研究への態度を付け加えておこう。第一回の民芸研究会の列席者についてはすでに触れたが、第二回の民芸研究会の開催にあたっては、次の面々に参加の案内が発せられている。伊藤駿一、浜田庄司、大西伍一、河井寛次郎、柳宗悦、柳悦孝、今和次郎、浅沼喜実、浅野長量、水谷良一、澁澤敬三、式場隆三郎、芹澤銈介、石本統吉、松田解子、早川孝太郎、高橋文太郎、森数樹。当時、民具研究の必要を精力的に提唱していた澁澤敬三が通知先に加えられていたことは興味をひく。アチックと民芸運動との関係では、昭和一一年に式場隆三郎がアチックに来館しているが、その一回だけである。[38]その翌一二年九月二九日にはアチックで第一回の「民具研究会」が開催されていることから、澁澤は立場を鮮明にする意味でも直接的な連携へはいたらなかったのかもしれない。澁澤自身その後「民芸の会」として活動していないことをみると積極的な賛同を示さなかったものといえる。「民具」という概念は研究に、「民芸」という概念は経済生活を、という出発点からの目指す方向の違いがあった点は重要である。「民」をめぐる時代の一つの「運動」の試みを再評価してみたい。

注

（1）『雪害運動小史―雪国に灯火をともした人びと―』（北国から発進の会実行委員会編　一九九〇年）。水越啓二「雪国の民芸運動」（『雪国』創刊号　一九九四年）。
（2）『月刊民芸』四月号。
（3）『日本民俗学概論』（福田アジオ・宮田登編　一九八三年）においても民俗と民芸の関係には触れられていない。
（4）宮本常一「民具試論（一）」（常民文化叢書〈2〉『民具論集1』所収　一九六九年）。
「調査する方の側には民具となるとどうしてもめずらしいもの、手のこんだもののみに目を向けるようになって、いわゆる民芸品あさり、骨董品あさりになりがちである」。
しかし、民芸運動自体、その勃興時とは変質、運動論としては衰退、言葉のみが一人歩きしはじめている状況を考慮しなければならない。
（5）『民具マンスリー』一巻一号　一九六八年（神奈川大学日本常民文化研究所所蔵）。
（6）有賀喜左衛門『日本常民生活資料叢書』総序　一九七二年。

（7）平成九年一一月、浜松市博物館は「民芸と民具―「美」と「歴史」の発見―」と題して展示をした。
（8）『農林水産省百年史』二一九―二二〇頁（『農林水産省百年史』刊行会　一九八〇年）。
（9）小平権一「農村経済更生運動を検討し標準農村確立に及ぶ」六五頁（楠本雅弘編著『農山漁村経済更生運動と小平権一』所収）。
（10）同前　六五頁。
（11）同前　六一頁。
（12）楠本雅弘編著『農山漁村経済更生運動と小平権一』解題。
（13）杉山茂「「雪調」設置のころ」（『山形近代史研究』第九号　一九九三年）。
（14）同前。
（15）「農村負債整理組合委員会ニ於ケル雪害地方農山漁村経済更生調査機関設置ニ関スル議事要録」一九三三年（積雪地方農山村研究資料館所蔵文書）。
（16）同前。
（17）同前。
（18）同前。
（19）「（積雪地方農村経済調査所設立経過）」一九三三年（積雪地方農山村研究資料館所蔵文書）。
（20）杉山茂「「雪調」設置のころ」（『山形近代史研究』第九号　一九九三年）。
（21）「（東北地方農村工業指導協会設立協会会議要項）」一九三三年（積雪地方農山村研究資料館所蔵文書）。
（22）「（東北地方農村工業指導協会関係資料）」一九三三年（積雪地方農山村研究資料館所蔵文書）。
（23）「（東北地方農村工業指導協会設立要項並びに解散決議書）」一九三三年（積雪地方農山村研究資料館所蔵文書）。

（24）「東北地方農村工業指導協会昭和十二年度及十三年度決算並事業報告書」（積雪地方農山村研究資料館所蔵文書）。
（25）経済更生運動における民芸運動は「農民精神」として語られることがあったが、新体制以降は「日本精神」という言葉が使われるようになっていった。
（26）東畑精一「積雪地方農村経済機構設計に関する研究」一九三四年（積雪地方農山村研究資料館所蔵文書）。
（27）河田嗣郎「経済と美術・工芸」一九三七年（『経済学雑誌』第十巻第十一巻所収）。
（28）東畑精一「積雪地方農村経済機構設計に関する研究」一九三四年（積雪地方農山村研究資料館所蔵文書）。
（29）『柳宗悦全集　第二十二巻下』八九頁　筑摩書房。
（30）「（昭和一三年度起案文書綴り）」（積雪地方農山村研究資料館所蔵文書）。
（31）「（昭和一三年度起案文書綴り）」（積雪地方農山村研究資料館所蔵文書）。
（32）同前。
（33）柳宗悦「民芸の趣旨」（『民芸四十年』所収　岩波文庫　一九八四年）。
（34）『柳宗悦全集』第二十一巻上（筑摩書房）　五三八頁　太田直行宛書簡。
（35）『月刊民芸』四月号。
（36）神奈川県津久井郡内郷村の村落調査は、大正七年七月〜九月の三度行われた。郷土研究会の新渡戸稲造、貴族院書記官長柳田國男、早稲田大学工科講師今和次郎等を中心にして実施された。九月の調査には新渡戸稲造、柳田國男と共に農商事務官の石黒忠篤・小平権一両氏も参加している。
（37）『月刊民芸』一月二月合併号では「新しき生活文化の諸問題」というテーマの下、「日本精神と日本的生活」「国民服の問題」「新体制と民芸運動」等が話し合われた。
（38）『アチックマンスリー』一九三六年　（神奈川大学日本常民文化研究所所蔵）。

本論文の執筆には多くの時間を費やした。現地で快く資料の閲覧に協力して下さった「北国から発進の会」の皆さん、とくに佐藤進一氏、水越啓二氏、並びに新庄市立図書館分館長（当時）として膨大な資料の整理をなさっていた杉山茂氏には大変お世話になった。雪積もる二月、今和次郎デザインのトンガリ屋根から落ちる雪の音を聞きながら、ストーブを囲み多くの話をした体験はとても新鮮なものであった。この場をかりてお礼を申し上げたい。

第八章

犂と犂耕に関する関東地方の民俗知識

有馬洋太郎

はじめに

通説は、近世期の関東地方において犂耕は実施されてなかったという[1]。しかし、筆者は、近世中・後期から明治初年に栃木、埼玉、神奈川（三浦半島）、千葉（上総）の各地域で犂耕が実施されていたことを実証した[2]。その犂耕は、春、水田で行われ、耕土の反転耕起だけでなく、漏水防止と労働競合緩和に機能した。使用された犂は、栃木県鹿沼市域は無床犂、宇都宮市域は有床犂、上総地域は無床犂と無床犂的短床犂であり、上総地域と交流のある三浦半島は無床犂あるいは無床犂的短床犂と推定した[3]。

しかし、史料の制約により、犂が、水田の耕起に使われていたとしても、具体的にどのように使われていたか、あるいは、鹿沼市域、宇都宮市域、上総地域、三浦半島を除く地域でどのような犂が使われていたかを明らかにしたとはいえない。そのため、現在、関東地方の博物館や民俗資料館などに保存されている犂を採寸するとともに、犂耕経験者に聞き取りを行っている。保存されている犂に近世期から明治初年の犂の形態（構造）が継承され、同時期の犂耕が犂耕経験者に継承されていると考えるからである。

本稿は、上記の視角に基づき、関東地方に居住する犂耕経験者を訪ね、聞き取った犂と犂耕に関する民俗知識をまとめる。(4)

一　栃木県佐野市における犂と犂耕に関する民俗知識

1　Aのキャリア

Aは、一九四六年（昭和二一）、競犂会で一位になった。そのこともあり、栃木県の畜力指導員と東洋社古河工場の指導員に委嘱された。当時、二段耕犂の出始めで、東洋社の二段耕犂を持って県南部―佐野、足利、安蘇、下都賀、上都賀（南摩、西方）―の農機具店をまわり、お得意さんの田圃で実演した。古河工場の指導員を二～三年、県の畜力指導員を五年くらい務めた。両者が重なっている時期もある。昭和三〇年代に入り耕耘機が開発、導入され、畜力指導員を辞めた。

青年団活動も熱心に行い、地区の青年団長を務め、一九五〇年（昭和二五）には市の連合青年団長に就いた。一九五八年（昭和三三）、佐野市役所に入り、定年まで勤めた。

2　犂と犂耕に関する民俗知識

Aの民俗知識に入る前に、写真1～写真6を説明する。写真1～写真3は佐野市郷土博物館に寄贈されている在来

表１　犂耕経験者（聞き取り対象者）の一覧（敬称略）

対象者	住　所	生年月日	聞き取り年月日
A	栃木県佐野市君田町	1928年１月	2002年１月26日
B	栃木県佐野市並木町	1937年１月11日	2002年１月26日
C	茨城県猿島郡五霞町川妻	1923年２月１日	2001年12月16日
D	埼玉県北葛飾郡鷲宮町東大輪	1917年５月１日	2002年３月13日
Dの妻	埼玉県北葛飾郡鷲宮町東大輪	1919年10月15日	2002年３月13日
E	埼玉県草加市柿木	1918年６月13日	2002年１月27日
F	埼玉県北葛飾郡北川辺町栄	1938年11月11日	2001年12月17日

犂である。写真１の長床犂と写真２の短床犂は話者のAが寄贈し、写真３のオーガは同市並木町のBが寄贈した。この抱持立犂は、Bの祖父の時代、明治から大正の時代に使われていた犂で、物置の梁にかけてあった。「帝国農科大学御用」と「群馬県太田町□□□工場」の焼印がある。

写真４～写真６は、佐野市内の犂ではないが、後述する埼玉県北葛飾郡鷲宮町の町立郷土資料館に保存されている近代短床犂である。論述上、犂の理解を早めるために掲載した。

(1)　犂の種類と変化

Aが寄贈した長床犂と短床犂の二種類のオーガは、一haほどを耕作していたトシヨリ（祖父）が昭和の初め頃まで使っていた在来犂である。Aは二つの犂を使った経験はなく、他者が使っている様子を見たこともない。したがって、犂と犂耕に関する知識は、祖父から聞いた話と、近代短床犂（写真４、写真５参照）や二段耕犂（写真６参照）を使った自己の経験に基づいている。

一九五八年、佐野市役所に勤め始めた頃は馬を使って耕起していた。その後、耕耘機やトラクターで耕起する時代になり、従兄弟が手伝ってくれた。しかし、その従兄弟も勤め出したので手伝いができなくなり、一九六六年（昭和四一）頃、トラクターを入れた。

(2)　犂の呼称

写真１の長床犂、写真２の短床犂ともにオーガと呼ぶ。在来犂でない近代短床

写真 1　オーガ（長床犂）
（栃木県佐野市郷土博物館）

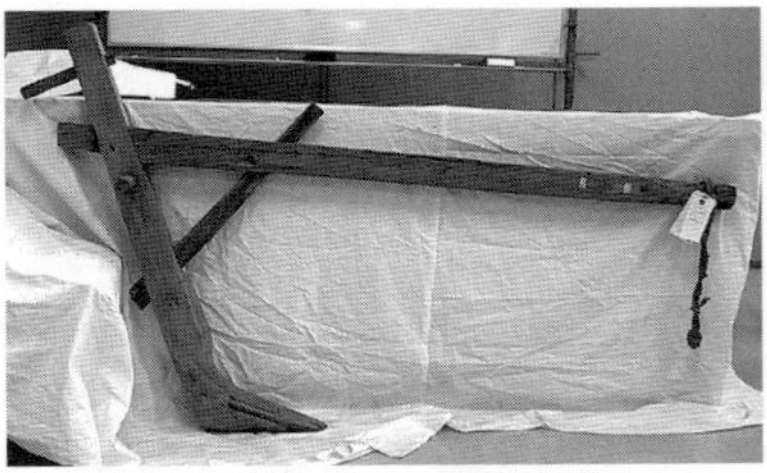

写真 2　オーガ（短床犂）
（栃木県佐野市郷土博物館）

写真 3　オーガ（抱持立犂）
（栃木県佐野市郷土博物館）

写真 4　近代短床犂（単用）
（埼玉県鷲宮町立郷土資料館）

写真 5　近代短床犂（双用）
（埼玉県鷲宮町立郷土資料館）

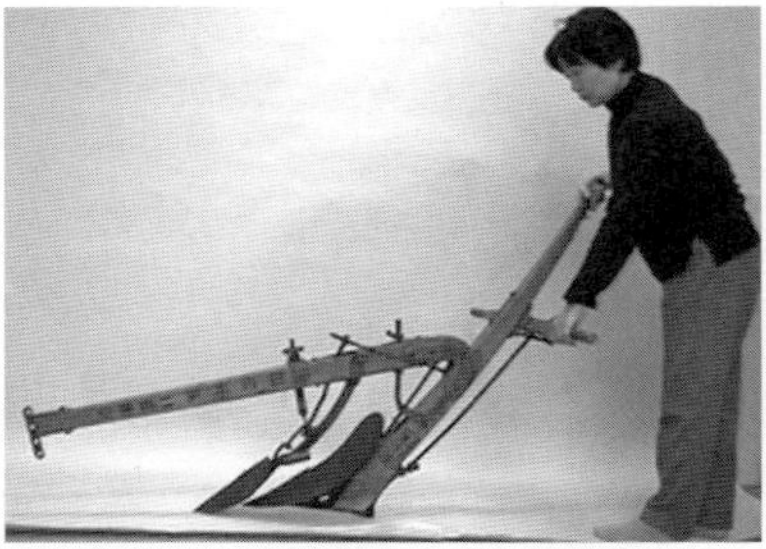

写真 6　ニダンコーリ（双用）
（埼玉県鷲宮町立郷土資料館）

犂のうち、単用犂はカタガエシ（片返し）、双用犂はリョウガエシ（両返し）、二段耕犂はニダンコーリと呼ばれている。これら近代短床犂は、当地では東洋社製の「日の本号」が多かった。

(3)　乾田は馬、湿田は牛

Aの住む君田集落には、麦を作れる田圃が多いので馬が多く、牛はいなかった。牛が多いのは、湿田が多い所である。馬は足が速く、動きが速いので、湿田にはむかない。牛は、動きは遅いが、力があるので湿田にむいていた。牛の入れない田圃はマンノウを使った。

渡良瀬川に近い大古屋、伊保内、飯田の各集落は湿田が多く、牛が多かった。腰までくる湿田には竹製のワタリを入れてあり、これを外さないように田圃仕事をやれといわれていた。

(4)　上層は馬所有、中層は借馬、下層は馬と労働力の交換

家畜なしで農業はできなかった。君田集落（三五戸）は馬の利用が多く、牛のいる農家は一戸であった。馬を所有しているのは一〜一・五haの自作農か自小作農の五戸くらいで、小作農は必要な時期だけ博労からカリウマ（借馬）した。共同で借りるのでなく、一戸で借りていた。君田集落では農家間の馬の貸し借りはなかった。馬をおくほどの面積のない三反くらいの農家は、「馬仕事は頼み」にして、田植の時、テマガエシ（手間返し）をした。

なお、自作で一haあれば農業だけで食えた。農閑期は、男性はドカタ（土方）、女性はチンバタ（賃機）で稼いだ。

(5)　水田の保水法とシマバタケ（島畑）

普通畑は、大古屋、伊保内、飯田の各集落にあるが、君田集落にはない。君田集落の畑は田圃の中にある。田植水を確保するために、水を早く干上がらせないために、水もちを良くするために、田圃のシタツチ（下土）を削り、田面を低くする。その削ったシタツチ（下土）を田圃の真中に積み上げ、そこが畑になる。それをシマバタケと呼ぶ。

第八章

シマバタケでは、根菜類を作れず、せいぜい里芋を作れるくらいで、主にハッパモノ（葉物野菜）を作った。

(6) 犂操作者の呼称

馬や牛の前方で誘導する人をハナドリ、後方で犂を扱う人をウマカタあるいはウシカタと呼ぶ。

(7) 犂の構造と操作

犂轅が長いと、力にロスはあるけれども、スキトコ（犂床）は振れず安定する。犂轅が短いほど、犂轅が動くとトコ（床）が振れる。したがって、技術が良くないと犂轅の短い犂を使えない。犂轅が長いと細かい仕事はできない。犂轅の長い犂は一人では使えない。ハナドリが必要だった。タズナ（手綱）は、馬は二本綱、牛は一本綱で制御した。

耕土の返し（カエシ）、すなわち耕土の耕起反転状況について、カタガエシとリョウガエシをくらべると、犂へらのカーブが決まり固定しているカタガエシの方が良かった。リョウガエシは犂へらが平板でうまくいかなかった。ニダンコーリは、前方の犂で株根元を切るように起こし、後方の犂で耕土を天地返す。前方のスキサキ（犂先）は常に研いでおく必要があった。ニダンコーリが本格的に普及し始めた頃、耕耘機が開発され、普及し始めた。ニダンコーリを使うには技術が必要だった。

カタガエシ、リョウガエシ、ニダンコーリともに、スキサキ（犂先）は鋳物である。

(8) 田植迄の耕耘順序

①一番ウナイ

春、長床犂のオーガ（写真1）を使う。

一毛作田は旧正月前に一番ウナイをすることもある。それをネンナイウナイと呼ぶ。

ネンナイウナイにより、耕土をカンザラシ（寒晒し）て虫を少なくする。

また、ツカイカエシやシロカキ（代掻き）用に耕土をほぐすことになる。これを、ホグリをよくすると言う。

二毛作田は稲刈後の一一月にうない、麦を播く。
②ツカイカエシ（使い返し）
シロカキする前に、耕土を自由に、簡単に動かせる短床犂のオーガ（写真2）を使い、反転耕起というよりも耕土を掻きまわす。
③シロカキ（代掻き）
まず、刃が長く、先が少し曲っているオニマンガ（鬼馬鍬）で掻く。

次に、刃が短く、真っ直ぐなシアゲマンガ（仕上げ馬鍬）で掻く。

代掻きの実施日は土質により異なる。砂地は、早く掻くと砂が下に沈み固くなり、苗を挿しにくくなる。これをエックと言う。したがって、田植当日に代掻きしたり、前日の夕方に掻く。土が沈まない田は、早めに掻き土を落ち着かせる。

(9)　麦播種迄の耕耘順序

麦播きは乾田か湿田かにより、播く時期と方法が異なる。
※ 乾きの良い田（乾田）
秋、コナシマキを行う。その内容は次のようである。
①馬や牛がオーガを牽き、耕土を起こす。
②馬や牛がヒキズリマグワを牽き、耕土を荒くこなす（砕土する）。
③フリマンガを使い人力で耕土を細かくこなす（砕土する）。
④クワ（鍬）を使い、人力で南や東から太陽が当たるように片方から畝を作る。それを、カタウネ（片畝）、あ

第八章

るいはカタガエシ（片返し）という。

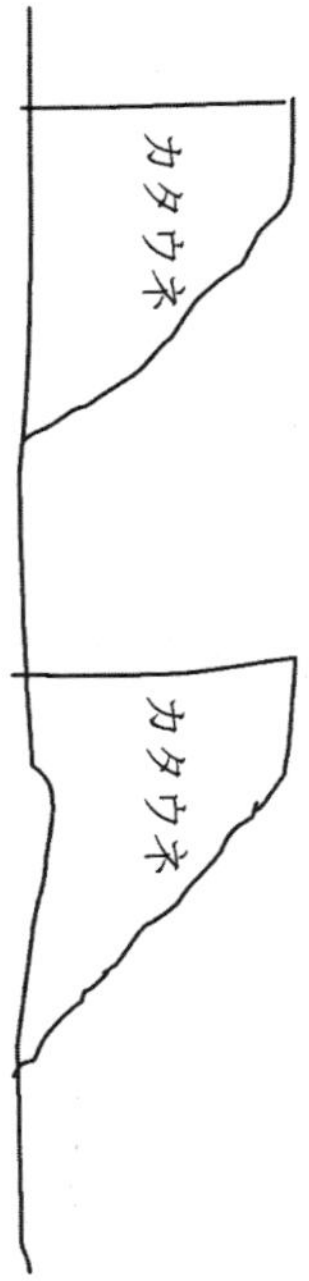

⑤カタウネ（片畝）に種を播く。秋播き麦になる。
⑥播いた種の上に堆肥を撒き、土を軽くかける。

※半湿田

ハルタと呼び、春になると乾いてくるのでヤグラマキを行う。その内容は次のようである。

①クワ（鍬）を使い、人力で耕土をキッツャクリ（切り削り）、高い畝を作る。その形が櫓に似ているので櫓播き（ヤグラマキ）の名がついた。

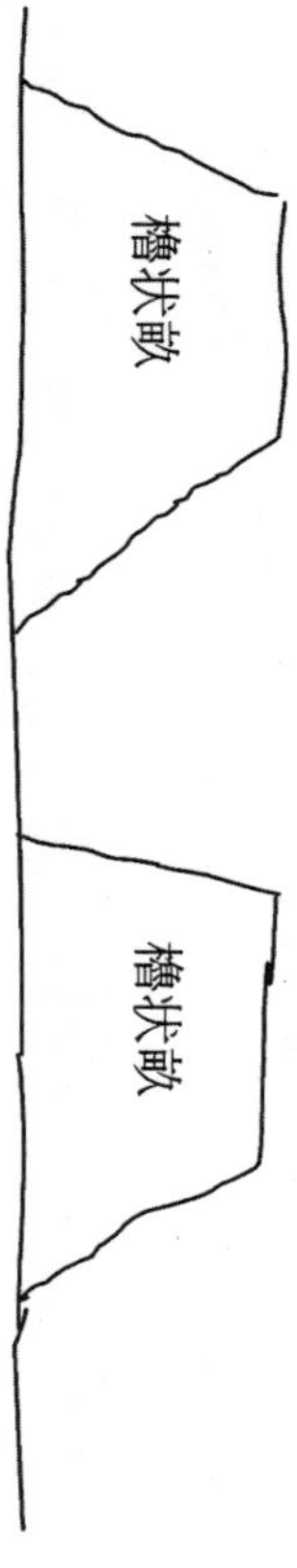

②櫓状の畝の上を足で踏み、平らにする。
③平らにした畝に種を播く。春播き麦になる。

④播いた種の上に、細かくきれいに刻んだ堆肥を撒く。撒く土が少ないからである。

⑤播種後、櫓と櫓の間をマンノウ（鍬）でうない、ボッコシ（砕き）、櫓の上にかける。あるいは、両手で櫓の肩（側面）の土を掴みとり、両手で拝むよう細かく砕きながら、櫓の上にかける。それをオガミヤという。

(10)　畜力除草

水稲の除草に畜力を利用したこともある。条間を広くして、ハナドリをつけず、馬や牛にハッタンドリを牽かせ、実施した。これを畜力指導員時代、指導したことがある。一番草、二番草の除草に使った。スピードがあり、人力除草より深くうなえるので、稲の活着や分げつが良かった。方向転換の際、稲を傷めるが、活着時期なので治りが早かった。三番草になると、稲も成長しているので傷みが激しく、ハッタンドリを牽かせられない。

二　茨城県猿島郡五霞町における犂と犂耕に関する民俗知識

1　Cのキャリア

Cは、一九四一（昭和一六）年五月二九日、学校を卒業して就職のため東京駅から中国へ出発し、一九四五年（昭和二〇）の春、帰国した。以後、農業と農外の仕事に就いた。

戦前、C家は男女の奉公人がいて、母親がジョチュウ（女中）を連れて婚入したほどの農家だった。その農家の二男がCである。

2　犂と犂耕に関する民俗知識

(1)　犂の呼称

在来犂はオーグワ、単用近代短床犂はカタキリ、双用近代短床犂はリョウヨウとそれぞれ呼ばれている。単用近代短床犂と双用近代短床犂を総称してバコウと呼ぶ。二段耕犂はニダンコーと呼ばれている。

(2)　犂の種類と変化

小学校入学の頃、一九二九年（昭和四）頃、大きな田で、馬がオーグワを牽いていた。畑ではオーグワを使わなかった。オーグワを使う時、ハナドリをした経験がある。

一九三一年（昭和六）、「満州事変」の頃、カタキリやリョウヨウが使われ出し、ニダンコーは戦後に使われ出した。五霞町では、オーグワ→バコウ→バコウ・ニダンコー→テーラー→トラクターの道を辿った。テーラーが導入されて馬や牛がいなくなった。

利根川をはさみ五霞町の対岸、茨城県総和町（Cの聞き取りに同席していたG夫人の出身地）では、露地のヤサイバ（野菜場）なので、オーグワを田畑ともに使わず、エグワ（踏鋤。写真8、写真9参照）を使っていた。エグワは田圃では使わなかった。エグワ使いは、一日に五畝耕起できると

写真7　オーグワ
（埼玉県幸手市民具資料館。幸手市は五霞町に隣接する。）

写真8　エグワ
（改良踏鋤。埼玉県幸手市民具資料館鋤先は鉄製）

写真9　エグワ
（踏鋤。千葉県夷隅町郷土資料館）

「一人前」といわれていた。五霞村（現五霞町）へ嫁に行くのは、ノードウグ（農道具）を貰うといわれていた。

(3)　乾田、湿田

オーグワは、ドブッタ（湿田）でない普通の田で使っていた。ドブッタではマンノウを使って耕起した。畔にエビカニが入り、高い田から低い田へ逃げると、水も逃げるので、毎朝、特に田植後、水漏れがないか、田の中を見まわっていた。

Cの住む川妻集落でたびたび利根川土手が決壊し洪水になり、五霞町の農業や暮らしは大変だった。他方、その洪水でエゴミ（栄養分の多い泥水）が流れ込み、美味い芋（ヤツガシラなど）ができた。このようなコウズイバ（洪水場）ゆえに、五霞町は芋作りの本場であり、芋作りができないと嫁にいけないといわれていた。

(4)　馬牛の貸借

川妻集落では、中規模以上の農家は牛や馬を飼っていた。その中で、「百姓」（規模）の小さい家は牛を、大きい家は馬を使っていた。牛や馬を飼えない小さい農家は、五本マンノウで耕起し、ハッタンコロガシで砕土・整地した。馬は博労が栃木県石橋町から買ってきて、農家に売ったり、貸した。借りる家では、忙しくなる前に借りて馴らしていた。なかには、餌を十分やらないで使うから、動かない馬がいた。馬とオーグワあるいはバコウをセットで貸借することはなかった。

戦争中に馬は徴発され、熊本牛や朝鮮牛に変わった。朝鮮牛はおとなしく仕事をした。

(5)　犂操作者の呼称

馬や牛の前方で誘導する人をハナドリ、後方で犂を扱う人をシンドリと呼ぶ。ハナドリは、仕事時、シンドリによく怒られた。Cがハナドリ、兄がシンドリで実施したこともある。戦前、コヤロッコ（小さい男の子）を、ハナドリヤッコとして雇っていた。シノタケ（篠竹）を使ってハナドリした。

(6)　犂の種類と操作

毎年、バコウでうなっている田圃はジザカイ（耕土と耕盤の境）ができるので、シンドリが楽だった。耕盤が固くなり、その表面とバコウの犂床との摩擦が軽減されるからである。バコウを使うと一日に三反くらいうなえた。桑畑で使うバコウは、邪魔になる横にのびたハンドルを切って使った。また、桑の根でスキサキをよく欠いた。バコウやニダンコーのスキサキは鋳物だった。

ニダンコーはオカボバタケ（陸稲畑）をきれいにうなえた。

(7)　田植迄の耕耘順序

①イチボツキ

春、三月、彼岸の頃、水の入ってない田をオーグワで耕起して、ハメ（畝）を作る。畝を作ることをハメタテという。ハメタテの幅は人によって違う。レンゲや麦は生えてない。ミズオチ（水落ち。排水）が悪いから裏作はできない。栗橋在では、ハメタテして二毛作をしていた。

ジザカイ（耕土と耕盤の境）があるので、オーグワやバコウを使うのは楽だった。クロ（畔）の内側廻りは、クロを塗る土を残すために、マンノウで起こした。

②ニボツキ

五月、畑の麦刈り前の頃、馬をハメの中に入れ、オーグワやバコウを使い耕起する。

③アラカキ（荒掻き）

馬にシロカキ（馬鍬）を牽かせて掻く。田によって違うが、数回往復して計四～八回、馬鍬をかける。スナメの（砂の多い）田は多くかける。

コゴリ（土塊）が残ると、シロカキをあて、ツブテッコシで打ち砕き、平らにする。

④ホンカキ

馬にシロカキ（馬鍬）を牽かせて掻く。アラカキをやっているから適当でよい。コゴリ（土塊）が残ると、シロカキをあて、ツブテッコシで打ち砕き、平らにする。人手のない家はアラカキだけにして、ホンカキはしない。

⑤田植

六月二〇日～二五日に実施

三　埼玉県北葛飾郡鷲宮町における犂と犂耕に関する民俗知識

1　Dのキャリア

Dは、一九三〇年（昭和五）、学校を卒業して家業の農業に従事し、一九四三年（昭和一八）の結婚をはさみ、兵役を二回務めた。Dの妻は婚入以来家業の農業を支えてきた。

戦後、Dは、農地改革の専任事務員をしていたが、父親の怪我により、ノラ（野良。耕作規模）の多い農業に働き手が不足したので、専任事務員を辞めた。その後、農業のかたわら土木関係で働いた。

D家は、戦前、三戸の地主から計一町六反の田畑を借り、耕作していた。大麦と小麦は、水田と畑で作った。菜種は、畑だけでなく、タンナカ（田の中）にも二反から三反作った。大麦と小麦は、一一月頃播いた。養蚕も行い、戦後も、集落の中では遅くまで蚕を飼っていた方である。桑畑では、タチガマでカタギリ（肩切り）して草を根っこから切り、畝間に落とし、ダゴエを入れ、エンガ（踏鋤）を使いすき込んだ。近くに、センノヒト（父親）の弟がブンチ（分家）している。

2　犂と犂耕に関する民俗知識

(1)　犂の呼称

在来犂をオークワ、近代短床犂をバコウと呼ぶ。

(2)　犂の種類と変化

小学校入学の頃、一九二四年（大正一三）頃、田圃で馬がオークワを牽いているのを憶えている。農業に本格的に従事していた一九三二年（昭和七）頃、オークワを使った。オークワの次はバコウになった。オークワは畑では使わなかった。オークワやバコウは幸手（現幸手市）や久喜（現久喜市）で買っていた。幸手、久喜ともに鷲宮町に隣接している。

写真10　オークワ
（埼玉県鷲宮町立郷土資料館）

(3)　乾田、湿田

東大輪は田圃が低く（湿田が多く）、また、小麦刈の頃は雨もけっこう多いので、小麦はハンデに掛けて干したり、庭に運び込んで台に立て掛けて乾かしたりした。大麦刈は小麦より早い。畑の耕土は固く、サツマ（薩摩芋）を作れなかった。

同じ町内でも、Dの妻の生家のある集落は、当地から数㎞の自然堤防上にあり、砂地で田畑の耕土はさらさらしている。刈り取った麦や稲をそのまま五日くらい置くと乾いていた。これをカッコロガシという。

(4)　馬牛の貸借

ダイノウウカ（規模の大きい農家）では馬を飼っていた。D家でも一頭飼っていた。数戸共同で飼う家もあった。

(5)　犂操作者の呼称

馬を誘導する人をハナドリ、オークワを扱う人をシンドリという。

(6)　犂の種類と利用

ハナドリがいないと馬を使えないので、Dの出征中は、ブンチの叔父がハナドリをしていた。Dの妻はハナドリをスハダシ（素裸足）でやり、小麦のネッコ（根っこ）で足を切り、ダゴエが入っていたので、黴菌（ばいきん）が入ったこともある。

耕起は、下図のように、長い畔に沿って直線状に進み、行った。ウナイ残しをマクラという。

(7)　田植迄の耕耘順序

①麦や菜種の高畝を、テマンガ（手馬鍬。四本マンノウ）で崩し平らにする（下図）。

②ダゴエ（厩肥）の搬入

③イチボウナイ

春、彼岸の頃、オークワを馬に牽かせタウナイする。

稲刈は一二月頃までかかった。早い人は正月前にタウナイした。

④ニボウナイ

イチボウナイだけでは土が粗いので、オークワを馬に牽かせタウナイ

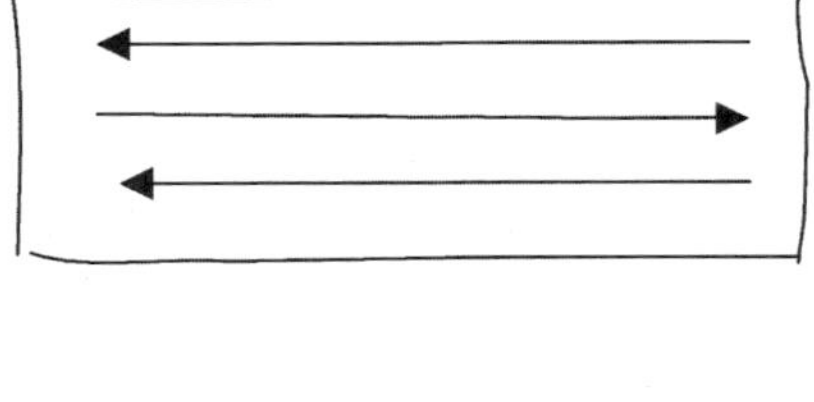

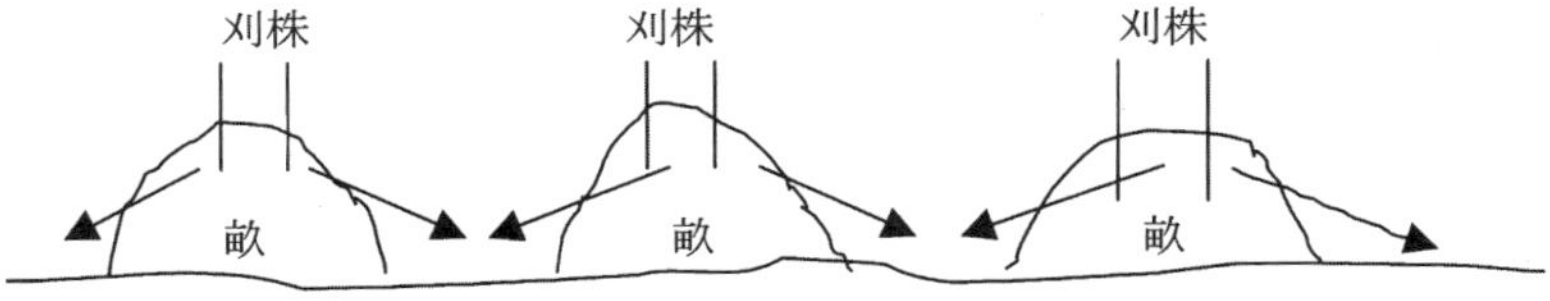

する。

⑤水が来る

⑥代掻き（シロカキ）

マンガを馬に牽かせ砕土・整地する。

⑦田植

五月下旬。一町六反の田畑を耕作していたので、他家より遅くまでかかった。

なお、苗代は、三畝ほどに水を入れ、馬で掻いて畝を拵え、種籾を播いた。

(8)　麦播種迄の耕耘順序

①四本マンノウで耕起して畝を作る（下図）。

②三本の畝を一本の高畝にまとめる（下図）。その畝の上を足で固める。

③種を播く。その上に細かくしたダゴエを撒く。泥（耕土）の代わりにダゴエを振った。

田圃が低いので（湿田なので）、高畝にしないと麦がムグル（水に潜る）。

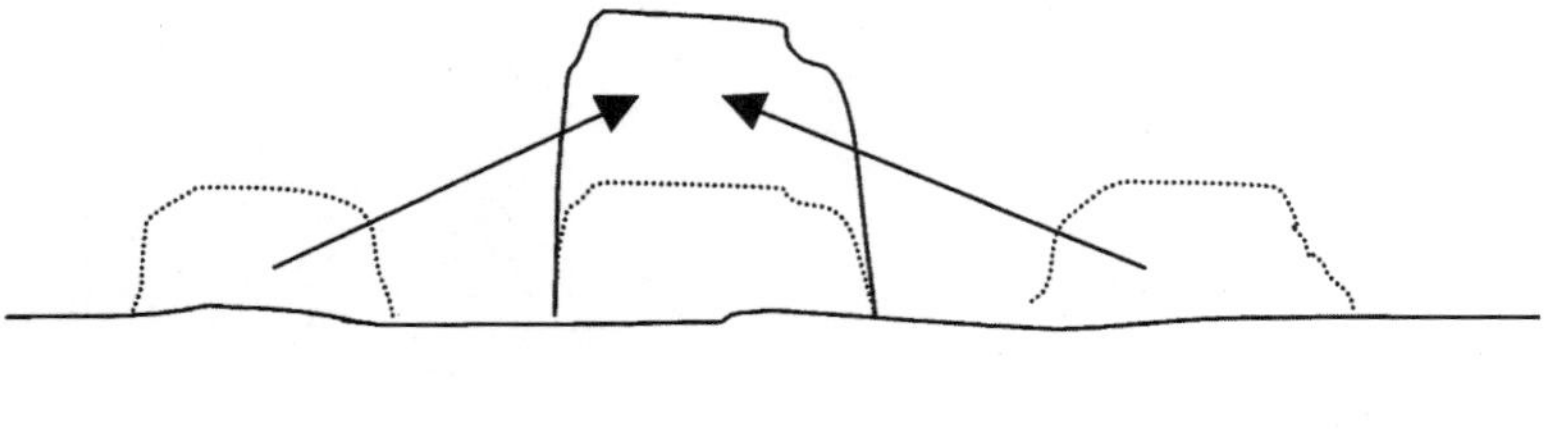

四　埼玉県草加市における犂と犂耕に関する民俗知識

1　Eのキャリアと農業経験

Eは、農学校を卒業して家業の農業に従事しつつ、青年団を作り活動した。E家は、当時、一七haほどを所有し、農地改革で一五haを解放した。

Eは、戦後も、農業のかたわら団体活動や地域活動に参加するとともに、草加市議会議員を二期八年務め、社会教育の推進に力を注ぎ、地区公民館を作る社会教育五ヵ年計画を市当局に樹立させた。市議会議員を辞め、五〇歳の時、念願の地区公民館第一号の柿木公民館開館に伴い、草加市から館長を委嘱され四年間務めた。その後、三つの公民館長を務め、草加市中央公民館長を最後に一九八二年、定年退職した。

Eの暮らす集落（柿木三区）は、戦前、二五戸ほどの戸数があり、そのうち商家は二戸で、残りは農家だった。E家は、農業のかたわら祖父の代まで箕問屋も営み、本所の問屋へ出荷していた。農家の副業に箕作りがあり、原料のササ（篠）を茨城から伝馬船で運び、芯を抜いて箕を作っていた。

戦前、ならびに戦後の化学肥料が主流になるまで、「いい家」は干鰯や豆粕を使っていたが、一般農家の主な肥料は人糞尿だっだ。その人糞尿は、東京方面から集めてくる専門の業者から買っていた。しかし、途中で水割りされ、薄められ、水を買っているようだったので、集落で組合を作り、大きな船を買い、東京浅草の言問橋まで下り、人糞尿を集めた。それを、集落とさほど離れてない船着場の近くに作った貯留槽に入れた。冬期、そこから各家のタタキダメへ運び、水割りした。船着場に船を接岸させるのは、潮の加減でたいへんだった。人糞尿を出す言問の町内会にはカネを払い、正月には餅を持って、頭を下げに行った。

縄ないの副業から出る藁屑を馬に踏ませて肥料にする家もあった。それをサッパブネに乗せて運び、田へ撒いた。人糞尿だけで稲を作るより良かった。畑では青物を作っていた。

2　犂と犂耕に関わる民俗知識

(1)　犂の種類と呼称

Eは、写真11のヒムグリを草加市立歴史民俗資料館に寄贈している。在来の長床犂をヒムグリ、近代短床犂をバコウと呼ぶ。ヒムグリ、バコウともに、農機具屋の多い吉川（現吉川市）で買った。

ヒムグリは、祖父の時代も使い、Eが「百姓」を習い始めた頃にも使い、兵隊に行く迄使っていた。兵隊から帰ったら、あまり使わなかった。兵隊に行った留守に宮城県からヤトイノヒト（雇い人）が来ていて、バコウに代わっていた。

(2)　乾田、湿田

柿木は、海抜二m七〇〜八〇cmで、水はけの悪い田が多いので、乾いてからヒムグリを使うことが多かった。田植時に水がない時など、八条地区と当地で、ミズケンカ（水喧嘩）をしていた。

(3)　馬の貸借

写真11　ヒムグリ
（埼玉県草加市立歴史民俗資料館）

写真12　ヒムグリ
（埼玉県草加市立歴史民俗資料館）

馬を常時もてない農家は、博労から借りたり、馬を所有している人から金銭で借りた。共同で借りる人はいなかった。博労は、田植がはじまると馬を四〇日から五〇日もあっち、こっち貸した。まず、当地より代掻きと田植が一〇日から一五日早い二郷半（三郷市、吉川市）に貸し、次に当地へ来た。

田掻きと田植の労働力は相対で、カネをかけないように、二郷半と当地の間で交換した。ハカをやってない人（規模の小さい人）は、田掻きと田植でヒヨウトリ（日庸取り）した。

馬は、借りて使うだけでなく、肥料もとった。

(4)　犂操作者の呼称

馬を誘導する人をハナドリ、馬の後方でヒムグリを扱う人をウマカタと呼ぶ。

(5)　犂の種類と利用

ヒムグリは片面、バコウは両面だった。すなわち、ヒムグリは犂先と犂へらが左反転に固定され、バコウは犂先と犂へらが左右に回転する双用近代短床犁を使っていた。犂先はホッツャク、あるいはホッサキと呼ばれている。牽引にはアサナワ（麻縄）を主に使った。

ヒムグリは田圃だけで使った。バコウは天地返しできるが、ヒムグリはできない。

ヒムグリやバコウの操作は簡単だが、慣れないうちはハナドリをつける。馬とウマカタの気が合っていれば一人で行える。したがって、馬を若いうちから仕込む。ヒムグリとバコウは、固い所ではトリテ（把手）が急にあがる。

戦争に行く前と、戦後に、乳牛の子牛を仕込み、使ったこともある。能力は悪い。そのうち、耕耘機が流行り出した。普通の牛を使ったことはない。ヨソ（他家）では使った人もいる。

(6)　田植迄の耕耘順序

①一番ウナイ（アキウナイ）

秋、バコウを使い天地返しする。バコウは、耕土だけでなく、ソコツチ（底土）までひっくり返す。一人で行う。馬によく逃げられた。バコウを牽っぱったまま家に帰って行った。その際、馬が足を切ることもあった。

②二番ウナイ

春、バコウを使い天地返しする。耕土の風化を平均にする。乾燥させ、肥料分を日（太陽）に当てる。肥料が残っており、いっぱいだと稲が食いきれないので風化させ、次の肥料とする。

ジンプンニョウ（人糞尿）を使うから、春は草の生え方が盛んになるので、草の実をこぼさないようにひっくり返して草を下にする。その結果、草の生え方は弱くなる。

バコウのない時代の一番ウナイと二番ウナイはマンノウを使った。手に豆ができた。

③三番ウナイ（ヒムグリ）

ヒムグリを使い、耕土をくるくる掻き回す（下図）。土の固い田圃はヒムグリだとうまくいかない。「田圃の中をムグッテ歩くと、あおられて土が砕けた。」ヒムグリはバコウより仕事が速い。バコウは土をほーり過ぎる。ヒムグリだとあまり土をいじくらないので良い。固い所を天地返しする力はない。おっ立っちゃうので、馬が骨折れる。カメノコ（ウナイ残し）の所では、ヒ

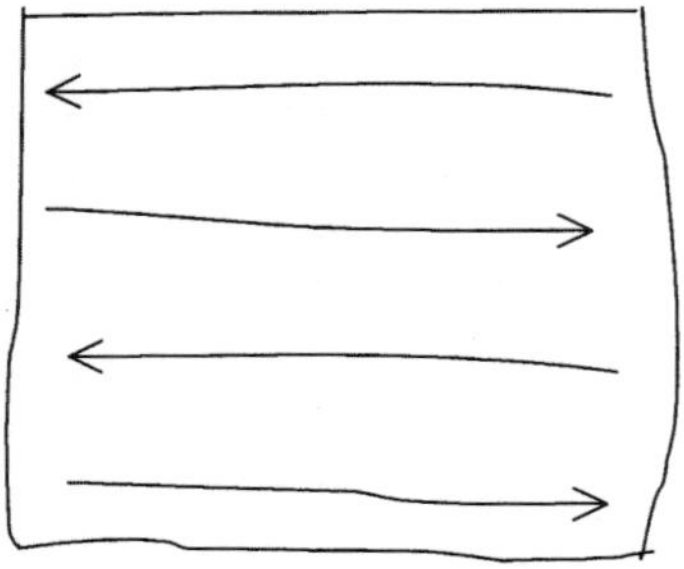

バコウの進み方（直線型）

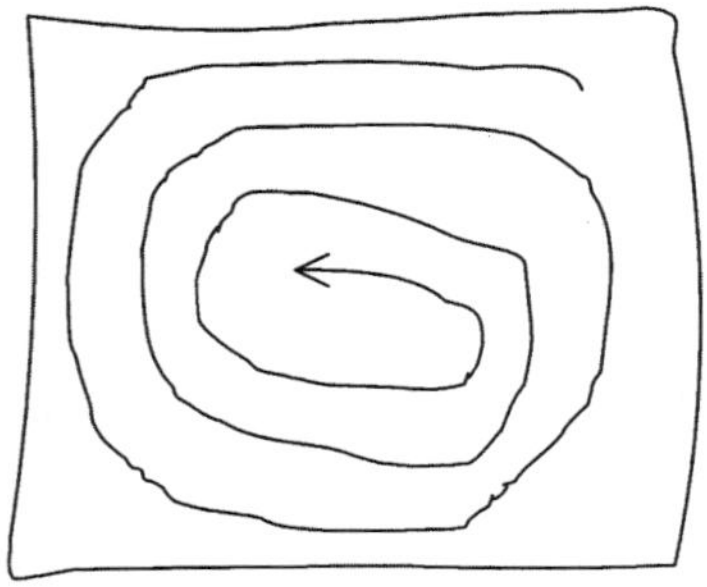

ヒムグリの進み方（四辺形・求心型）

ムグリの把手をグッーと上へあげられる。カメノコはバコウの時細かくしないと後がたいへん。ヒムグリをやれるのは、耕地をそうとう持っていて、馬がいてヒムグリをもっている農家である。小さい農家は、馬を常時持てないので、マンノウでやり、大きいツチクレ（土塊）のままマンガを入れることになる。

④人糞尿の撒布

田植の一週間前、タタキダメから天秤棒で二桶づつ担ぎ、コイブチ（人糞尿撒き）した。人糞尿を撒き過ぎると、出来秋に、茎が倒れたり、延びて真っ黒になったり、いろいろ影響が顕れるので、平均に撒く工夫をした。具体的には、水田に一坪づつ藁で四角の囲いを作り、そこへ撒いた。その囲いをマザキという。一つのマザキに、天秤棒の両端に一桶づつ吊るし、二桶（一荷と呼ぶ。）の人糞尿を撒いた。慣れている人は、マザキの中へ上手に撒けたが、慣れてない人は苦労した。

⑤水を田に入れる。

八条用水には各集落に一本づつ用水堀があり、ミズクルマ（水車）を担いで行き、水をひいた。

⑥タウエムグリ

手間がなく、田植の三日くらい前にヒムグリをやったりした。田植前にヒムグリしてあると、耕土が細かくなっていたり、カメノコをなくしてあるのでシロカキが早く終わり、田植の人が三〇人、四〇人いても大丈夫だった。ヒムグリしてあると「まだ、シロカキできねーのか」と怒られなかった。ヒムグリしてないと、シロカキに時間がかかり、隣りの田で田植していると気が急いた。

⑦シロカキ

田植の前日や当日にマンガをかけた。畔に沿って直線状に進む。シロカキの際、カメノコがあったり、耕土が大きく固まっているとマンガが跳ね上げられる。その時、マンガに代わってヒムグリを使うこともあった。水の中をワサワサするから効果がある。
それが済むと、また、マンガを使った。
⑧田植

五　小括

以上の犂耕経験者の民俗知識から、犂や犂耕に関して次の四つの特性を知る。
①犂の種類（形態）は、長床犂（写真1・11・12）、抱持立犂（写真3）、無床犂的短床犂（写真7・10）、木柱短床犂（写真2）、近代短床犂（写真4・5）、二段耕犂（写真6）を確認できた。無床犂的短床犂は、近代短床犂のように明確な犂床がなく、接地面すなわち犂床と犂身が若干の角度をもって連続する一木造りの犂であり、無床犂に分類することもできる。
②犂の機能は、耕土の反転耕起だけでなく、長床犂のヒムグリ（写真11・12）にみるように、耕土を掻きまわす攪拌耕のあることを知る。犂床が長く、犂先が耕土に深く割り込めない特性と耕土の固さとがマッチした使い方であり、機能である。
③犂の進み方（犂耕法）として直線型と、長床犂のヒムグリのような四辺形・求心型があることを知る。なお、四辺形・求心型について、筆者は、阿蘇山火山灰土壌の大分県緒方町でも確認している。
④牽引する家畜は馬が多く、牛は少ない。なお、埼玉県北川辺町のFは、「メシうんと食わないと牽けねーど」と爺さん（祖父）たちがいっているのを聞いたことがあるので、砂壌土の多い北川辺町では、馬や牛だけでなく、人間も二人くらいでオークワを牽いていたのではないかと語る。

注

（1）古島敏雄は関東地方の犂耕について、「犂耕の行はれざる関東」、「東北・関東・東海等犂耕の證の見られない地域」と規定している。（『日本農業技術史』、五〇五頁、五一八頁、時潮社、一九六七年）。

（2）有馬洋太郎、「近世中期から明治初年における栃木県域の馬耕」（『農村研究』、第九一号、東京農業大学農業経済学会、二〇〇〇年）。

有馬洋太郎、「近世期から明治初年における埼玉県域の馬耕」（『農業史研究』、第三五号、農業史研究会、二〇〇一年）。

有馬洋太郎、「相州三浦郡の『浜浅葉日記』にみる近世後期の犂耕」（『農村研究』、第九四号、東京農業大学農業経済学会、二〇〇二年）。

有馬洋太郎、「近世後期から明治初年における上総地域の犂と犂耕」（『農業史研究』、第三六号、農業史研究会、二〇〇二年）。

（3）前掲2の論文。

（4）民俗知識とは、文字やマスコミなどの情報媒体を通さず、生産や生活の中で経験したり、見聞して蓄積されている知識をさす。民俗知識の定義については、榎美香「民俗知識による民具分類へのアプローチ―房総半島南部の鍬を例として―」、『民具研究』、一二五号、日本民具学会、二〇〇二年）に準拠した。

あとがき

一九九四年八月一六日、神奈川大学大学院日本経済史研究室の院生の指導にあたられていた丹羽邦男先生が、闘病生活もかなわず永眠された。まさに「巨星墜つ」の感つよく、研究室一同の悲しみと動揺は計りしれないものがあった。

翌年七月一六日に執り行われた一周忌の「偲ぶ集い」には、研究室の院生たちも多数参列して追悼の意を表した。その折り、生前に学恩をうけた院生たちの間から、自然発生的に論文集刊行の話がもち上がった。当時の日本経済史研究室には、丹羽先生を指導教員とする院生だけでなく、長倉保先生（一九九六年五月ご逝去）と山口徹先生を指導教員とする院生も在籍しており、その院生たちからも執筆の希望が出された。そこで、追悼論文集に代わるものとして、丹羽先生にご指導を仰いだ院生による論文集という形で本にまとめ、丹羽先生の学恩に報いることになったのである。

丹羽先生を中心とする当時の大学院日本経済史研究室の活動は活況を呈しており、丹羽、長倉、山口の三先生のもとで多くの院生が研究に取り組んでいた。最盛期ともいうべき一九七〇年代から、その後一九九四年にかけて日本経済史研究室で学んだ院生は、丹羽ゼミ一四名、長倉ゼミ二名、山口ゼミ六名、工学研究科一名の二三名を数える。また、そのころ池上和夫、中島三千男の両先生も相次いで赴任され、すぐにこの研究会に参加されたので、院生は一段と幅広い指導をうけることができた。いずれの先生も机上での理論先行の研究方法を戒め、徹底した実証分析の重要性を説かれたことから、いきおい地域での史料調査が指導の中心となり、ゼミ単独、ないしはゼミ共同での泊まり込みの現地調査がたびたび組まれ、それらの調査にゼミを越えて多くの院生が参加した。

地方文書に基づく実証分析を重視した指導は、丹羽先生の次のような言葉によく表われている。地域の史料調査から帰ってきた院生が、論文作成に関係する史料がなかったことを報告すると、「それはよかったネ。史料がないと分かっただけでも大きな収穫であったから」と答えられて、にこにこ笑っておられるので、調査の成果がなくて落胆していた院生が訝しげにその理由を尋ねると、「史料があるのに、それを見ないで論文を書いたのでは大変なことになるからネ」と答えられたとのことである。こうしたエピソードは数多く残っており、それらは、いずれも現地を踏査して、当地の地形、風土、人情などに触れてこなければ、決してよい論文が書けないことを教えている。そして、論文の評価についても、「すぐによい評価がでるのは余りよくない論文で、時間がたって、二〜三年後に評価されるようなら本物である」と諭されたことが、院生たちの胸中に深く刻み込まれている。実証分析の重要性と、時流に流されない研究スタイルの堅持といった教えは、日本経済史研究室で指導される先生方の共通認識であり、院生もまたその指導方針をかたくなに守って、今日まで研究を続けてきた。

丹羽、長倉両先生なきあとの日本経済史研究室の活動は一時停滞したものの、河野通明先生が同室の責任者となり、研究室の建て直しに尽力されたことから再び活動も軌道に乗った。まもなく河野先生の呼びかけで、一九九六年四月から「日本経済史資料室研究会」と名称も新たに、院生ＯＢや日本経済史専攻の松村敏先生を含めた研究会が再開された。その第一回の研究会では、石井日出男氏が「維新の変革と神領の社会構成」という題名で研究報告を行った。研究会は、その後一六回まで続き、二〇〇一年七月の一六回目の研究会では川鍋定男氏が「隠居と隠居免の土地観念」という題名で研究報告を行っている。五年余り続いたこの研究会で報告した研究成果のうち、八名分の論文が本書に収載されることになったのである。もちろん、本書に論文を掲載していない方たちのなかにも、専門研究雑誌などに投稿している者が多数いるなど、いずれも執筆活動に明け暮れ、研究者として活躍していることはいうまでもない。

最後に、私たちの論文集公刊の意義に共鳴していただき、本書の構成、題名、編集から刊行にいたるまで、すべてにわたって熱心かつ懇切に推進してくださった株式会社雄山閣の佐野昭吉元編集長、久保敏明氏に衷心から感謝の意を表したい。

二〇〇三年八月

神奈川大学日本経済史研究会
田上　繁

［な］

［は］

［ま］

［さ］

［た］

索　引

《著者一覧》

川鍋　定男	神奈川大学　講師	(第一章)
田上　　繁	神奈川大学　教授	(第二章)
泉　　雅博	跡見学園女子大学　教授	(第三章)
関口　博巨	神奈川大学 日本常民文化研究所 特別研究員	(第四章)
津田　良樹	神奈川大学　工学部建築学科助手	(第五章)
安藤　　哲	宇都宮短期大学　助教授	(第六章)
及川　清秀	神奈川大学日本常民文化研究所嘱託職員を経て現在フリー	(第七章)
有馬洋太郎	社団法人 農村生活総合研究センター 主任研究員	(第八章)

2003年９月10日　初版発行　《検印省略》

日本地域社会の歴史と民俗

編　者　神奈川大学　日本経済史研究会
発行者　宮田哲男
発行所　㈱ 雄山閣
〒102-0071　東京都千代田区富士見２－６－９
電話 03-3262-3231㈹　FAX 03-3262-6938
振替：00130-5-1685
http://yuzankaku.co.jp

組　版　創生社
印　刷　壮光舎印刷
製　本　協栄製本

Printed in Japan 2003
ISBN4-639-01822-3 C3021